比较

总第81辑

2015年第6辑

COMPARATIVE STUDIES

吴敬琏 主编

中信出版集团 · CHINA CITIC PRESS · 北京

比较

COMPARATIVE STUDIES

主管 中信集团

主办 中信出版股份有限公司

出版 中信出版股份有限公司

主编 吴敬琏

副主编 肖梦 吴素萍

编辑部主任 孟凡玲

编辑 包敏丹　马媛媛

封面设计 李晓军／**美编** 杨爱华

经营部

执行总经理 张翔

助理总经理 汪弘彬

发行总监 邱道姗

设计总监 石乐凯

品牌传播总监 马玲

独家代理： 财新传媒有限公司

电话：（8610）85905000 **传真：**（8610）85905288

广告热线：（8610）85905088 85905099 **传真：**（8610）85905101

电邮： ad@ caixin. com

订阅及客服热线： 400-696-0110（8610）58103380 **传真：**（8610）85905190

香港地区订阅热线：（00852）21726522

订阅电邮： circ@ caixin. com **客服电邮：** service@ caixin. com

地址： 北京市朝阳区工体北路 8 号院三里屯 SOHO 6 号楼 5 层（**邮编：** 100027）

卷首语

2016年即将到来，中国经济的“新常态”也将步入第三个年头。如何在新常态下实现“保增长、促改革”，回答“中国的崛起能否继续”的全球提问，恐怕更重要的是弄清状况，找对根源，走对方向，才能走好转型之路。许多经济学家们的老生常谈，其实都是常识，背离常识、经验、比较分析，自以为可以独创一套，是无法取得成功的。本辑《比较》围绕三个重要话题：中国经济转型和增长、比较制度分析与不平等，提供经济学家们的洞见和思考。

第一个话题是中国的经济转型和增长，参加讨论的经济学家有隆国强、王小鲁、许成钢、白重恩、田国强和埃里克•伯格洛夫。国际金融危机之后，全球经济依然存在诸多不确定性，而中国也处于增长速度换挡、结构调整阵痛、前期刺激政策消化叠加中。他们一致认为，在此背景下，进行深层次改革，转变经济增长方式，寻找新的增长源泉才是正途。隆国强强调了三点：一是转型增长的紧迫性；二是促进经济的转型增长，要特别着力推动机制的建立，包括改革国有企业、深化与专业人士流动有关的制度改革、推行有利于调动人的积极性的改革；三是一定要以全球视野，坚持在开放中推动转型，在开放中推动升级，在开放中保持中高速的可持续增长。王小鲁从消费和储蓄严重失衡的角度来讨论当前的经济政策。他认为，持续运用凯恩斯主义政策的做法需要反思，政策的重点应当转到适度提高消费，降低投资和储蓄，为此应当让产业投资回归市场，强化政府的公共服务职能，加大对人力资本的投资，降低企业的社保缴费率从而减轻企业负担，与此同时促进社保全覆盖。许成钢从软预算约束的角度，分析了当下中国高企的债务问题。他强调，中国债务的性质非常危险，其他发达国家的政府债和企业债，是以债券为主体在市场上发行，而中国债务的主体是银行，且大量以抵押贷款的形式存在。经济下滑时，抵押贷款的价值就会下降，银行坏账率会上升，严重威胁中国的金融安全和财政稳定。自2008年金融危机以来，中国经济出现了一些常规经济学无法解释的特殊问题，比如经济增速在下降，但实际利率在上升；实际利率上升，但投资回报率在下降；劳动力成本在快速上升，却出现了通货紧缩。白重恩将中国经济分为政策扶持部门和市场部门，用这个新的“二元结构”来解释上述特殊问题。他指出，要解决这些问题，就要降低政策扶持部门的投资和扩张速度，为此，需要容忍增长率的暂时下降；从政策着力点来看，则要从刺激投资转向降低企业成本，如减税、降低社保缴费等。田国强则指出，当前中国经济增长持续大幅下滑背后的深层原因，是市场化改革不够深入，市场经济制度不够完善，政府与市场、政府与社会之间的治理边界不够合理。因此，必须进行深层次的制度性方面的市场化改革，而深化改革还是要从经济学的基准点和参照系说起，违反经济学常识，改革只有失败。埃里克·伯格洛夫通过比较9个成功避开中等收入陷阱的经济体，找出了这些经济体的共同经验在于转变了增长模式。他指出，要成功避免中等收入陷阱，融入全球价值链、更好的信息技术和产业、表现良好的FDI、较高的全要素生产率、收入均衡、金融体系等都有重要影响。

第二个话题是关于比较制度分析。2015年7月，一直关注中国经济发展并致力于推动比较制度分析与经济学交流的青木昌彦教授不幸因病辞世，为纪念和推动青木昌彦的学术思想研究，特别邀请了相关学者进行讨论。钱颖一教授对青木教授推动建立的“比较制度分析”方法的演化发展进行了梳理，对他的学术贡献进行了全面的介绍。钱颖一在发言中指出，制度改革在中国经济改革中有特殊地位，这是经济体制改革的必然要求。这也是制度经济学在中国经济学界有突显位置，远比在发达国家受到更大重视的一个主要原因。斯坦福大学教授星岳雄，介绍了青木教授如何将主流经济学理论应用于分析日本经济，解释日本经济的特殊现象，既推动了日本经济学研究的一般化，还推动了一般经济学理论的发展；他又如何将比较制度分析方法应用于对中国、日本和韩国的经济分析。白重恩指出，目前中国的政策扶持部门和市场部门这样一个新二元结构，是和青木教授经济发展五个阶段其中的两个阶段有密切关系的，根据青木教授的框架，我们应该实现从G阶段到K阶段的过渡，然后再从K阶段过渡到H阶段。但是，从2008年以来，G阶段又回来了，政府在经济、在资本积累中所起的作用又变得越来越大，所以很难实现向人力资本积累为主的内生经济增长转型的目标。用青木教授的理论框架来分析中国结构的问题，对于我们理解中国经济有非常大的帮助。青木教授的学生李波指出，我们的资本市场还面临很多挑战，在制度互补性方面做得够不够，在资本市场发展方面还需要学习什么样的配套制度，如何从制度互补性和路径依赖的角度考虑，怎样将制度变革和对外开放以及向其他国家学习结合起来，在这些方面，青木教授的很多研究，可以给我们下一步的改革和制度设计提供很大帮助。周黎安从翻译《比较制度分析》的经历来讲述青木教授的学术精髓，特别是青木教授的分析把不同学科中与制度相关的概念和现象，用博弈论的语言和经济学的统一分析框架进行了系统整理和改造。车嘉华不仅是青木教授的学生，还是青木教授最后一篇论文的合作者，他谈到，青木老师的工作有两条线：一条线就是投身实践，尤其是亚洲的社会实践当中，既有益于社会，自己也学到了很多东西。另外一条线就是他的纯学术工作，尤其是比较制度分析。车嘉华教授认为青木教授的学术生涯经历了三个阶段：最初是研究日本的体制，到2001年，他又对比较制度有一个整体综合的分析，然后到生命的后阶段，通过对日本明治维新和中国辛亥革命的比较，更多地投身于从理论上探讨和分析制度变迁而非制度本身。

第三个话题是关于不平等。自金融危机以来，不平等问题再次引发全球关注，致使法国经济学家皮凯蒂讨论不平等的学术专著《21世纪资本论》成为一本超级畅销书，至今仍在引发学界的众多讨论。我们选取了四篇文章，讨论不平等产生的原因、该如何来度量、有什么样的政策能应对不平等。雅诺什•科尔奈谦虚地将自己的文章称为是一篇"《21世纪资本论》的读书笔记"。在这篇笔记中，科尔奈充分肯定皮凯蒂在研究收入不平等中做出的重要贡献，但更重要的是，他指出了皮凯蒂使用货币收入和财富的单一维度来分析不平等所带来的缺陷。他进而以资本主义和社会主义的制度比较为视角，分析了其他维度的不平等，如自由行动的权利、产品和服务的可及性、工作机会和同工同酬、性别种族歧视、政府服务和福利的可及性、知识和信息的普及程度等。正如他所说的："在我看来，与历史上真实存在过的社会主义制度进行比较是一种值得推荐给他人的分析工具。把资本主义制度同其对立面放在一起，可以让人更鲜明和清晰地感受到它的本质特征。研究从社会主义向资本主义的转轨过程能起到类似的作用，因为它展示了资本主义的基本特征在现实中的表现，是一种活体实验过程，而非人为的模拟。"他还着重剖析了技术进步和不同财富获取途径对不平等的影响、"激励→努力→不平等"的三角机制。对于皮凯蒂的政策主张，包括累进性质的所得税、提高对财富和继承的税收等，科尔奈表示认同。但是，他认为，应该全面研究这些改革对特定国家带来的短期和长期影响，因为他"不相信有放之四海皆能有效的良方"。

王一江教授的文章是对科尔奈"读书笔记"的解读。他从公平的内涵、公平与生产力的关系、公平与激励的关系、收入来源与社会道德、财富用途五个方面，概述了科尔奈对皮凯蒂的批评。由于皮凯蒂和科尔奈的问题与观点和马克思都有很深的渊源，他还比较了皮凯蒂、科尔奈与马克思的方法论和政治主张。王一江进一步强调，由于公平问题的复杂性和建立公平社会的艰巨性，仅在客观、可量化的指标体系中讨论公平问题是不够的，即使在科尔奈提出的复杂客观指标体系之上，还应该加入新的主观指标，即考虑人们对公平问题的主观认识和感受。

迪尔德丽•麦克洛斯基教授的文章，基于200多年来西方国家的发展事实，对皮凯蒂提出了几点批评：首先，皮凯蒂错误地测度了"资本"，将比重和重要性日益增长的人力资本排除在外，而经济增长的推动力主要来自创新的理念，而非物质资本的积累。其次，皮凯蒂延续了左派们的经济学理论错误，忽视了供给方对稀缺的反应，因此其趋势预测偏离了市场的调整过程。再次，皮凯蒂的研究重点和政策建议在伦理重要性上误入歧途，从伦理上看经济学和政策的重点应该是消除绝对意义上的贫困，皮凯蒂等人却执迷于以基尼系数和收入份额来衡量的相对不平等。大量的经济史实表明，自古典经济学的奠基者们的时代以来，"以贸易来衡量的经济进步"已经极大地富裕了世界上的大部分人口，见证了史无前例的个人生活水平的提升，使人类社会经历了两个世纪的大富裕时代。大富裕时代给穷人带来的好处，远远大于对富人征收累进性重税和市场管制等强制性的再分配。因此，从提升穷人生活水平的实际效果来看，关键是提高生产力水平，把蛋糕做大，并通过市场机制让穷人也能分享到发展的成果。

安东尼•阿特金森教授的文章选自他本人的著作《不平等，我们能做什么》。在文中，阿特金森教授构建了一个税收—福利模型，来分析缩小不平等的政策举措的可行性。他以英国为例，运用税收—福利模型，对15条降低收入不平等的政策建议进行了定量分析。在这15条建议中，只有5条是再分配性质的，其余的都是降低市场收入的非再分配性建议。定量研究的结果表明，“税收和福利这类传统的再分配政策，效果有限”。因此，“要在采用税收和转移支付的再分配手段之前，先降低市场收入的不平等。实现充分就业、更为公平的薪酬分配格局、更平等的资本所有权，是任何降低不平等策略中必不可少的要素”。

开篇的2014年诺贝尔经济学奖得主让•梯若尔在颁奖典礼上的演讲《市场失灵与公共政策》，对于我们理解什么是规制，政府与市场的关系，特别有帮助。文章简要回顾了产业组织理论的发展历程，讨论了规制的基本目标：保证更高的竞争分散程度，从而降低消费者支付的价格，同时允许企业获得公平的收益。梯若尔认为，经济中有很多领域，自由放任和随意规制都不能真正发挥作用，只有合理的经济学分析才行之有效，而“产业组织理论对我们思考经济中的一些重要挑战极为有用。它推动了反垄断和规制。它让我们认识到产业之间是有差异的，一刀切的方法不可行。它为规制者提供了大量知识，帮助他们更好地理解市场权力和政策干预的效应，也有助于企业谋划其战略。”在谈到经济学家的角色时，他说：“创造一个更美好的世界是经济学家的首要使命”，经济学家们一方面必须对市场运行提供缜密的分析，要考虑个别产业的特性和规制者已知与未知的信息；另一方面，还必须参与政策辩论，而决策者和媒体也必须愿意聆听经济学家的谏言。

“前沿”栏目是诺贝尔经济学奖评委会对2015年诺奖得主安格斯•迪顿的经济学理论贡献所做的概述。评委会将迪顿的贡献概括为三个方面：第一，迪顿的研究把对需求系统的估算（也就是对不同商品之间的消费选择的定量研究）提升到成熟的、具有普遍意义的新水平，他和约翰•米尔鲍尔的“近乎理想的需求系统模型”及其后续扩展，至今仍在学术研究和政策评价实践中被广泛采用。第二，迪顿对总消费的研究开创了对消费和储蓄的时间变化分析的微观计量学革命；他率先对特殊不确定性和流动性约束下的个体动态消费行为进行了分析；他发明了虚拟面板的方法，使研究个体行为的时间变化成为可能；他说明了研究者在理解总消费和总储蓄时为什么必须严肃考虑加总问题。第三，迪顿率先利用发展中国家的家庭调查数据，尤其是消费数据，来测算生活水平和贫困程度。由此，他帮助发展经济学从一门依靠粗略的宏观数据、以理论为主的学科，转变为以高质量的微观数据为基础的实证研究学科。评委会认为，迪顿“始终致力于利用娴熟的测算和统计方法，把理论和现实数据更紧密地结合起来。他始终致力于通过对加总问题的处理，把个人数据分析和总量数据分析更好地连接起来。很少有学者能够像他那样在研究中借助如此广泛的方法，并极大地促进我们对消费乃至人类福利的决定因素的理解”。

“法和经济学”栏目是斯坦福大学约翰•科克伦教授的文章《监管型国家的法治》。众所周知，美国等发达国家，向来以法治——限制政府的权力并保护人们的政治自由——著称，但是，作者发现，美国的法治正受到来自监管型国家的威胁。他对照法治的十一个方面，从银行监管、消费者金融保护、证监会、联邦药品食品监管局、环境保护署、互联网、竞选资金、教育等领域，分析了当前美国监管型国家对法治的侵蚀。在他看来，监管型国家的权力正在稳步增长，而且缺乏法治上的制衡。更危险的是，利用监管来实施政治控制。课以重惩的威胁和常规法治资源的缺乏，促使个人和企业必须同那些控制监管机构的政治组织或党派保持一致。因此，科克伦认为，要想及早遏制这种势头，就须改革监管型国家，“更深层次也可能更为重要的是，通过改革来保护我们的政治自由”。

“新书架”栏目是上海金融监管局廖岷为我们的新书《人为制造的脆弱性》所写的评论，他同时也是该书的译者。文章首先梳理了原书的分析框架，对该书给予了极大的肯定，但同时指出，由于原书作者跟踪中国不是很紧密，对中国金融状况的分析“有失偏颇，有些结论也比较简单”。尽管如此，“本书为银行危机领域的研究开启了新的视角，如何结合我国金融和银行业三十多年改革开放的成就以及依然存在的问题，去客观分析总结，应是当代中国金融从业者和学者共同的历史使命”。

目　录

Contents

CIDEG专栏 CIDEG Column

不平等专题 On Inequality

市场失灵与公共政策

让·梯诺尔

长期以来经济学家一直赞美市场的优点，认为自由竞争会保护消费者免于游说团体的政治影响，并迫使生产者按成本提供产品和服务。然而，完全竞争几乎不存在，因此我们必须控制市场失灵，约束市场权力（market power）——企业将价格提到远高于成本之上或者提供低质产品的能力①。

产业组织学的研究对象是市场权力的运用和控制。为此，产业组织学建立了能反映状态特征（essence of situation）的模型。我们可以对该模型的预测结

---

* Jean Tirole，2014 年诺贝尔经济学奖得主，法国图卢兹大学经济学院教授、产业经济研究所科研所长。本文由作者根据他于 2014 年 12 月 8 日在瑞典斯德哥尔摩发表的诺奖演讲修改而成。

本演讲也是为了纪念让·雅克·拉丰。这不同于作者曾经做过的任何一次演讲，它充满了感情和学术上的深深敬意和谢意，还有那些美好的回忆。

本演讲对那些曾致力于在发展产业现代组织经济学的研究共同体是很不公平的。实际上本演讲并不是一份综述，至多也就是产业组织经济学系列研究的子集，并没有试图被当作学术贡献。演讲的目的就是用我自己研究中的一些例子来阐明分析方法并应用产业组织理论。这不应该掩盖一个事实，即现在的产业组织学是由一个智慧的、充满活力的研究共同体集体努力的成果。

① 产业组织经济学家们一直研究各种市场失灵，包括市场力量缺失情况下的信息问题和外部性问题（比如说环境损害或银行业失灵）；一些小银行（比如最近西班牙的 Cajas 银行和德国的 Landesbanken 银行）也常常出问题，其损失最后由存款保险基金或纳税人来承担，没有市场权力的企业也常常造成污染问题。本演讲的重点是市场权力，它限制了产品、服务或者技术向下游企业和最终用户的扩散。

果进行计量检验，甚至可以在实验室或者在现场进行检验。最终，建模假设的合理性、稳健性以及经验拟合度（empirical fit），决定了经济学家有多大信心在公共政策决策者进行干预或者给公司设计商业模式时提出恰当的建议。

产业组织学有悠久的传统：首先，在学理上，有法国“工程师兼经济学家”（engineer - economists）安东尼·奥古斯丁·古诺（Cournot，1838）和朱尔斯·杜普伊（Dupuit，1844）的研究；然后，在政策导向上，有美国颁布的《谢尔曼法案》（1890）和此后的其他立法；随后，在描述性研究方面，有哈佛学派的结构—行动—绩效理论（Structure - Conduct - Performance），该理论支持并改善了反垄断运动（antitrust drive）；最终，芝加哥学派提出了质疑。芝加哥学派准确无误地指出了产业组织学缺乏基本的理论学说（theoretical doctrine）并开始怀疑产业组织学的整体框架。然而，芝加哥学派并没有发展出新的反垄断学说，或许是因为它对规制①的普遍怀疑。

到了 1970 年代后期和 1980 年代初期，反垄断和规制的学说显得杂乱无章，因而必须重构。随后涌现出的当代学术文献（intellectual corpus）完全是集体努力的结果，不仅包括我，还包括在这一论题同我合作的最亲密的伙伴②和很多其他学者，他们自身的研究工作以及我和他们之间的讨论深深地影响了我的思考。今天，我站在聚光灯下，与其说是因为我的才能，不如说是因为他们所做出的贡献。我也得益于在正确的时间到了正确的地方，还得益于产业组织领域及其他领域的优秀学者和学生给我的启发。

有时候是因为一点点运气。我在麻省理工学院的同学朱·弗登博格（Drew Fudenberg）和我一样也是埃里克·马斯金的学生，他告诉我一个有趣的领域（当时我对“产业组织”一无所知）。于是我选了这门课，坐在保罗·乔斯科（Paul Joskow）和迪克·施玛伦西（即 MIT 教授理查德·施玛伦西）的教室里，聆听他们的激情演讲，并开始了和朱·弗登博格的亲密合作，收获颇丰。

真正幸运的是，作为研究必备的两种工具，博弈论和信息经济学实现了一系列突破。

---

① regulation，又译监管，管制。——编者注

② 这对于和我有机会合作的其他学者是很不公平的，按合作的时间顺序来看，他们分别是 Drew Fudenberg、Eric Maskin、Jean-Jacques Laffont（本次演讲就是为了纪念他）、Patrick Rey、Jean Charles Rochet、Paul Joskow 以及 Josh Lerner。

在政策领域，人们普遍认识到，传统的公用事业规制是为了确保公用事业合适的成本绩效（cost performance），结果导致成本虚高和消费者满意度低下，因此必须对规制进行改革。

更幸运的是，制度变化支持了经济学推理（economic reasoning）的运用。原本由部长办公室解决争端和不透明地设计规制，改变为由独立机构实施透明的程序。比如，竞争管理局和监管机构在欧洲兴起，它们运用的就是经济学推理。

这种极为幸运的环境组合促成了新范式的诞生。正如诺贝尔奖评选委员会在科学背景报告（scientific background report）中强调的，这一范式既丰富又复杂。首先，在判断市场是否具有竞争性的时候，计算企业的数量或者其市场份额只是提供了一个粗略的指标。其次，每个产业都有其特质。信息技术、支付卡、创新、铁路或者水泥行业的竞争都是有差异的。

相应的，经济学家往往主张一事一议（case - by - case）或者“合理分析规则”（rule of reason）来解决反垄断问题，而不是采取严格的“本身违反规则”（per se rule）（从固定价格协议到维持转售价格，都机械地允许或者禁止某些特定行为）。然而，经济学家的范式要点涉及双重社会责任。首先，经济学家必须对市场运行提供缜密的分析，要考虑个别产业的特性和规制者已知与未知的信息。① 后者要求“信息灯”（information light）政策，也就是说规制者制定政策就必须有信息。

其次，经济学家必须参与政策辩论。金融危机就是一个恰当的例子，其实学术期刊在危机前就已经指出了危机的主要诱因。不过，责任当然是双方的。决策者和媒体必须愿意聆听经济学家的谏言。

一、约束市场权力，造福消费者

规制者可以通过以下几种方式来影响产业：

- 电信、电力、铁路和邮政服务行业的规制者可以规制现有运营商的收益率，并监控现有运营商在什么条件下会让竞争对手进入这些瓶颈产业。
- 反垄断当局可以允许或否决横向和纵向兼并和协议；反垄断当局裁定某些行为和合同条款是否构成滥用优势地位。

---

① 他们也必须考虑强制执行成本。

• 专利商标局和法院可以授予、鼓励或者驳回一项专利，决定专利使用的范围、宽度（breadth）以及受让人是否可以寻求禁令等。

总之，以上各种方式的规制都有一些共性。规制者要在以下两个方面进行利弊权衡：一是降低消费者支付的价格，从而保证更高的竞争分散程度；二是允许企业获得公平的收益。

A. 例子：封锁策略

下面我们考虑封锁理论（foreclosure doctrine）的现代形式①。在图 1 中，一家上游企业 U 可以排他性地进入某“关键设施”、“基础设施”或者“瓶颈投入品”领域。瓶颈投入品是指不能被别人以较低的成本复制或者绕过，比如铁路轨道和火车站网络、电力输送网、重要专利②等。

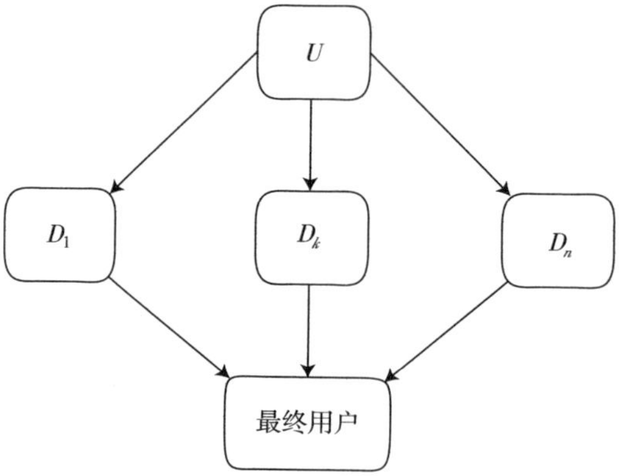

图 1　上游企业、下游企业与最终用户

注：U 为铁路基础设施、电网、重要专利等；D_1，…，D_n 为火车运营商、电力生产者、技术实施者等；最终消费者是指乘客/货物、电力消费者和技术使用者等。

竞争政策问题是指上游企业是否应该给予所有下游供应商（火车运营商、电力生产者、技术实施者，也就是图 1 中的 D_1，…，D_n）“平等”或“公平”的进入权利，是否应该给予上游企业“封锁权”——不再允许所有下游企业

① 该讨论请参见 Hart and Tirole（1990）、Rey and Tirole（2007），我们继续讨论其中悬而未决的部分。也可参见 Segal（1999）更广泛的分析，涵盖了产业组织理论以外的其他应用。

② 反垄断实践者经常不愿意将重要专利视为“关键设施”，因为关键设施通常会被共用。然而我将重要专利纳入关键设施类别是因为重要专利符合以下准则，即不能被别人以较低的成本复制或者绕过。我们将在后面讨论共用问题。

进入瓶颈领域，但是上游企业的一个或多个附属企业（联盟）除外。该理论认为，这样的公平进入允许下游企业在公平竞争的基础上为赢得最终用户而展开竞争。然而，正如我们将会看到的那样，什么构成“公平进入”，什么能“让下游企业展开竞争”，值得我们进一步的思考。

假设不排除上游供应者和个别下游企业之间的双边谈判，下游企业间的竞争会消耗掉从最终用户那里获得的利润。为直观起见，我们假设下游竞争者出售一种同质产品，其需求曲线为 $Q=D(p)$ 或 $p=P(Q)$；假设上游生产和下游生产都不需要成本；假设下游企业可以将 1 单位的投入转化为 1 单位的产出。问题在于：上游企业是否可以通过控制瓶颈产业来获得垄断利润 $\pi^m=\max\{QP(Q)\}=Q^m P(Q^m)$，其中 Q^m 和 P^m 分别为垄断产量和垄断价格。

让上游企业 U 和下游企业 D_i 就 q_i 进行谈判，q_i 由 U 提供，然后由 D_i 投入市场。假设 D_i 预计其他下游企业向市场提供的产量为 $Q_{-i}=q_1+\cdots+q_{i-1}+q_{i+1}+\cdots+q_n$，那么满足上游企业 U 和下游企业 D_i 利润总和①最大化的产量 q_i 就是对 Q_{-i} 最好的古诺（Cournot）反应解 $R^C(Q_{-i})$，于是

$$q_i=R^C(Q_{-i})=\arg\max\{q_i P(q_i+Q_{-i})\}$$

在这个例子中，双边私下谈判的结果就是有 n 个企业的古诺均衡解。上游企业在提高向下游企业 D_i 的供给时，会机会主义行事，并且不会将它对其他下游企业的负外部性内部化。

因为上游企业的利润（等于古诺产业利润）受制于下游企业的利润，所以双边谈判会危及上游企业从关键设施中获利的能力，也就是说上游瓶颈产业的所有者因做不到不让大量企业涌入下游市场而受损。下游产业的竞争越强（n 越大），利润下降得越多，上游企业就越渴望重新赢得市场权力（当 n 趋向于无穷大时，上游垄断利润为零，即使上游垄断企业在双边谈判中拥有完全的议价权力，也即侵吞联合剩余）。在完全自由的双边谈判中，下游企业的竞争可以削弱上游企业的市场权力。

因而在实践中，上游企业总是千方百计地讨好它的下游子公司（图 2 中的 D_1），比如拒绝和竞争对手做交易或者给竞争对手颁发许可证，征收高得吓人的进入价格，或者使自己的技术跟竞争对手的技术不兼容。如果不是纵向兼并，上游企业可能与下游企业达成一场“甜蜜交易”（sweet deal），以达到相

---

① 该产量可以最大化双方分享的“蛋糕”，蛋糕的分享将会涉及货币转移。

同的效果。例如，一个拥有新药专利的生物科技企业会在产品许可、生产和市场营销阶段授予某一家制药公司一些排他性权利，或者整合到内部（in－house），如赛诺菲（Sanofi）收购健赞公司（Genzyme），或者保留在外部。

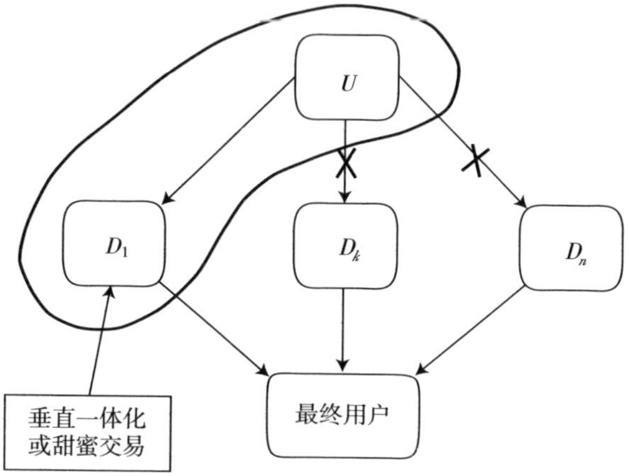

图2　上游企业与某下游企业的甜蜜交易

注：U 为铁路基础设施、电网、重要专利等；D_1，…，D_n 为火车运营商、电力生产者、技术实施者等；最终消费者指乘客/货物、电力消费者和技术使用者等。

一个善意的反垄断当局可能会要求上游企业对所有下游企业一视同仁，以此促进竞争。该项政策要求双方在签订合同时要透明，也就是说所有的合同必须是公开的。然而，这种同等进入的要求会自然而然地导致垄断定价！比如，上游企业可以根据下游企业支付的利润π^m/n，给所有下游企业提供产量Q^m/n，从而获得垄断利润。或者，只要某下游企业能够一次性支付π^m，那么上游企业就可以给予该下游企业某瓶颈产业的自由进入权；最多只有一家下游企业会接受该交易，因为第二家企业的进入就会破坏第一家企业的利润，而上游企业又不会退回一次性支付的π^m。这样，“同等待遇”绝不能保证最终用户的低价，如果有什么作用的话，那也只是确保了上游企业获取垄断利润而已。

总而言之，无论反垄断当局是否容忍这样的排他性行为，实际上都是在规制上游基础设施企业的收益率。当局应该取缔这样的排他性行为吗？图3总结的（常识）答案跟以下问题密切相关：该瓶颈来自于一笔投资还是一项创新？或者它跟什么因素有关？是政治关联、错误的市场设计还是单纯的运气？简而言之，是否存在有价值的投资？例如：

• 如果垄断地位是通过设计良好的竞争性拍卖获得的，那么高速路、港口和机场特许权受益人就应该享有市场垄断权力。如果该垄断地位是免费获得的或者通过不公正的拍卖获得的，那么受益人就不应该享有市场垄断权力。

• 如果某项发明是重要发明，那么发明者应该凭借该发明获利，或者通过授予排他性特许权而获利。如果该发明缺乏创新性或者平淡无奇（受知识产权法保护的除外），那发明者就不应该凭借该发明获利。

• 公共设施的所有者应该获得合理的投资利润，但不能因为幸运的成本和需求条件而获利。例如，该公共设施的所有者不应该因为一种关键投入的市场价格下跌而获益，却能在价格暴涨时通过重新签订规制合同而不受损。

表 1　市场权力是否应得

	应得	不应得
特许权	竞争性的，设计良好的拍卖	无偿的合法垄断权力
知识产权	重大创新	平淡无奇的，无新意的创新
公用事业规制	投资/努力	运气成本和需求条件

同样的逻辑也是很多反垄断学说的基石，这些学说都追随熊彼特，认为垄断权力并不是非法的，但是不赞成通过兼并或滥用市场主导地位来获取市场权力。①

可以确定的是，要评价市场权力的实质性好处还需要更精确的信息。软件市场在特定时点经常会被某家大企业所主导，该企业会因用户的网络外部性而获益。这样的网络外部性或许源于机会（用户刚好在平台上协调行动），或许是通过投资获得的。同理，我们往往很难分辨出某一公用事业的利润是来自成本降低？需求扩张？还是全凭运气？这就使我想到了规制的信息问题。

B. 处理企业的信息优势

规制者会面临双重信息不对称，分别是逆向选择和道德风险。

• 首先，被规制企业拥有更多关于其所处环境的信息，比如它们的技术

① 例如，反垄断当局可能不赞成在横向竞争对手之间制造障碍：比如当缺乏知识产权保护时，通过使其技术不兼容；或者通过签订长期合同锁定客户，而这些长期合同的效率是有限的（正如 Aghion and Bolton 在 1987 年的研究中所述）；或者通过不可取消的搭售行为（正如 Whinston 在 1990 年横向封锁模型所表明的那样）。

环境、投入成本情况、产品和服务的需求状况。

• 其次，他们可在以下方面采取行动以影响成本和需求，比如人力资源管理、工厂生产能力的策略选择、研发和品牌形象、质量控制、风险管理等。

企业的成本函数可以简化为：

$$C = f(\beta, e, \boldsymbol{q}) + \varepsilon$$

其中，β 是一个只有企业知道的效率参数，e（可能是多维的）代表降低成本的努力程度，$\boldsymbol{q} = (q_1, \cdots, q_n)$ 是产出向量，ε 代表最终成本的外生不确定性。规制者无法了解企业降低成本的努力程度 e，对企业而言降低成本的代价也是很高的。

因为忽视信息不对称，规制当局无法提供有效的低成本规制，这一点也不奇怪。举两个跟市场权力无关的例子：全世界环境规制的命令与控制，对法国裁员的商业辩护进行的司法规制，两项规制的效果都因为给产业带来的高成本而适得其反，因此我们开始怀疑这些政策的合理性及可持续性。同样的原理也适用于产业组织。

就市场权力而言，有两个宽泛的原则。第一个比较明显，即当局应该尽量降低信息不对称：必须收集数据，根据类似企业在不同市场上的运营情况来检测该企业的表现，竞卖垄断权（因为企业在互相竞争时会披露有关产业成本的信息）。

第二个原则就是不能一刀切。我们应该让被规制企业充分利用其所拥有的信息。在此之前，假设你正负责跟一个承包商签订合同。你可能会想到以下两种类似的合同：

• 你可以全额补偿对方的成本，外加一笔约定付款（set payment）。如果这些支出全部由纳税人承担，那么这种合同就叫作“成本加成”合同；如果成本和报酬都来自用户付费，这种合同就叫作“收益率”合同。

• 你可以设定总支付额，并告诉企业这笔支付额将覆盖它的收益和成本，而不管收益和成本最终是多少。这样的合同就叫作“固定价格”合同（由纳税人融资的项目）或者“价格上限”合同（由用户融资的项目）。

这两种合同对承包者的激励强度是不一样的。在成本加成合同下，企业不受成本绩效波动的影响；而在固定价格合同下，企业要完全承担成本绩效波动带来的影响。举例来说，对非市场产品而言，企业的净收益 t 是：

$$t = a - bC$$

成本加成合同中 $b=0$①，固定价格合同中 $b=1$，一般情况下 $0<b<1$。斜率 b 叫作“方案的激励力度”或者“成本分担参数”。

固定价格合同显然会使企业更加努力地降低成本。然而它的缺点在于会使企业在幸运的条件（成本特别低或者需求特别高）下获得丰厚的利润，而这跟企业降低成本的努力无关。在上面的例子中，固定费用 a 必须设定得非常高，以便于诱导企业在高成本情况下也能生产。

回到“不能一刀切”的原则，规制者应当给被规制企业很多选择菜单，简单来说，这个菜单可以是固定价格合同与成本加成合同之间的某种形式。然后企业自行选择，一个有效率的企业会选择承担成本，而低效率的企业则会选择成本加成合同提供的保护。②

加大激励力度已经成为补救传统规制糟糕的成本绩效的重要措施。然而，理论和实践都对高激励措施提出了一些警示。③

首先，让企业为自己的成本绩效负责也可以给企业一种激励，即不在产品质量上偷工减料，因此强有力的激励措施必须伴随着更加全面的质量监控。

其次，研究发现强有力的激励措施既能使企业努力降低成本，又能提高企业的利润或租金，这意味着规制者不能“又想马儿跑，又想马儿不吃草”。企业应该得到奖励，一方面因为努力降低成本（应该如此），另一方面因为幸运的环境（不应该如此，这是企业不应得的租金）。但是在信息不对称情况下，我们无法将两种情况区分开来。虽然规制者处于公众压力下会在事后尽力将该租金收回，但是这种政策的逆转会破坏企业降低成本的动力。④ 如果能更充分地了解这一规律，那么在引入强有力的激励机制时规制者就不会再痴心妄想。因而，强有力的激励机制需要承诺，该承诺反过来又需要一个独立的规制机

---

① “努力”对企业而言代价很高（企业所做的超越了其内在动机或职业考虑），$e=0$ 为努力的最小值。成本加成合同使得 $e=0$，企业获得独立于 β 的租金。因此，租金可以任意变小而不影响企业的成本分担。

② 见 Laffont and Tirole（1986）。在我与 Laffont 的研究工作之前，已经有 Loeb and Magat（1979），Baron and Myerson（1982），Sappington（1982）等人的研究。在某些条件下，最优规制框架可以让企业在一系列线性激励合同 $t=a-bC$ 中进行选择，每一种合同都有一对（a，b），其中 a 为固定支付，b 为成本分担参数。

③ 更多强有力的激励机制的注意事项以及相关的理论模型可以参见 Laffont and Tirole（1993）。

④ 这是所谓的“棘轮效应”。参见 Freixas、Guesnerie and Tirole（1985），Laffont and Tirole（1988）。

构，该机构能够免受公共舆论的压力。

再次，高租金的可能性提高了企业俘获规制者的收益。因此，如果你不能保证规制者与产业的独立性（并且没有足够的竞争），就不要诉诸强有力的激励措施。

C. 小心矫正价格结构

规制的精髓常常是确保不应得的市场权力不会转化成高价。但是传统上，规制者已经不限于对价格水平的规制，他们也会规制价格比率，也就是价格结构。同样，在规制价格结构时，他们也会面临很多信息获取障碍。相比于对价格水平的干预，是否有必要干预价格结构远非那么显而易见。尽管垄断者定价过高的动机是显而易见的，但是让鲍勃而不是让安娜来承担市场权力的冲击，这种选择的偏向性肯定不是显而易见的。

1956 年，马塞尔·布瓦特（Marcel Boiteux）在弗兰克·拉姆齐（Frank Ramsey）早期工作的基础上提出，被规制企业的固定基础设施成本应该如何从企业所售商品的加价（markup）中得到补偿。这部分固定成本可能很高，规制的动机就是为了控制这些企业的垄断权力，由于进入者不愿意投入高额固定成本，从而保护了在位企业的垄断权力。布瓦特提出，规制机构应当给被规制企业提供一个和普通的无规制企业相类似的价格结构：在方程（1）中，如果 i 部分的成本很低（c_i很低），并且需求弹性η_i很高（即价格提高意味着需求更大程度的下降），那么该部分的价格 p_i应该很低。当通过产品加价来补偿的固定生产成本提高时，这些产品加价也应该提高①（即 θ 提高）。这样，被规制的价格就应该是“商业导向的”，这跟没有被规制的垄断价格（其相关系数 θ 应该等于 1）相似但是要低得多。

$$\frac{p_i - c_i}{p_i} = \frac{\theta}{\eta_i} \tag{1}$$

而且在某些条件下②，规制问题可以分解为：租金和降低成本的努力之间的权衡应该通过成本分担或利润分享规则来解决；定价应该遵循拉姆齐—布瓦

① 我们这里考虑的是独立需求（Independent Demand）的情况，在有替代品或互补品时，必须调整公式以考虑“交叉弹性”。

② 见 Laffont and Tirole（1990a，b）。二分法在缺乏可度量的成本或利润时不适用（Baron and Myerson，1982），单个工具（价格向量）必须实现两个目标：获取企业的租金，限制定价偏离拉姆齐—布瓦特原则。

特（Ramsey－Boiteux）原则。这种二分法有一定的实践价值，我们简单做一分析。

规制者惯于强迫被规制企业采用经济上低效率的价格结构。通常，公用事业企业会对无弹性的部分收取低价，例如与电力或者电话网络相关的月租费，而对有弹性的消费收取高价，例如长途电话。他们也会对企业收取高价，对居民消费者收取低价，尽管前者有更多的规避机会（bypass opportunity）。对此情况的一个解释是再分配问题，但是这些交叉补贴也对富人有益，而且再分配问题为什么不能通过其他更有效率的方法（比如收入税）来解决，这一点还未经讨论。

偏离拉姆齐—布瓦特原则的价格矫正，是因为规制者缺乏关于成本和需求的信息，从而无法以商业导向的方式对价格进行微调。

然而，这忽略了利用分散化信息的可能性。上面提到的激励与定价二分法为使用商业导向的定价开辟了道路。在价格上限规制中，企业必须遵守某个加权①平均价格上限，这不仅可以通过使企业为自己的成本负责来创造强有力的激励机制，而且可以让企业自由选择一种商业导向的价格结构。

当垄断者提供的某种“产品”是中间品时，就会出现一种特殊情况：制定有关竞争对手进入关键设施的条款。通过强制实行等同于边际成本（假设规制者可以测量）的进入价格，规制者实际上扭曲了价格结构，并且将加价集中在关键设施所有者无需面临竞争的终端领域。② 这在总体上肯定是无效率的。

---

① 这当然是非常理想化的。理论上，权重应该等于拉姆齐—布瓦特价格下的预期产量（而不是来自于企业的选择，这样可以避免企业操纵权重）。直觉上，p_i 的提高会减少消费者剩余（这与商品 i 的产量减少是相当的）。因此，基于预期产量的价格上限会使消费者剩余正好“内部化”。这种情况当然是信息不对称的：规制者不知道拉姆齐—布瓦特产量。该前沿问题需要更多的研究［见 Armstrong and Vickers（2000）在这方面的贡献］。然而在实证方面，价格上限的运用已经对拉姆齐—布瓦特导向的价格结构产生了相当大的再平衡效应。

② 为了说明这一点，假设商品 i 由一家竞争性下游企业以边际成本 c_D 提供。被规制企业拥有瓶颈投入，并且允许下游企业经营该瓶颈投入。上游企业的边际成本为 c_U。令 $c_i = c_D + c_U$。如果进入价格为 $a = c_D$，那么 $p_i = c_i$ 就低于拉姆齐—布瓦特公式中的值。固定成本必须通过很高的商品价格完全得到补偿，企业在该商品生产中没有任何竞争。对于更多有关“单向”进入定价的研究，请参见 Laffont and Tirole（1994）。这里我将不会讨论“双向”进入定价——竞争性瓶颈产业（例如手机公司）的所有者允许相互进入。自从 Armstrong（1998），Laffont、Rey and Tirole（1998a，b）研究该问题以来，目前已有大量的研究文献。

二、双边市场

一种特别有趣的价格结构选择出现在所谓的双边市场中。双边“平台”将渴望互动的多个用户社区集中起来：视频游戏的玩家和游戏开发者；操作系统的用户和应用程序开发者；搜索和媒体平台的“眼球”和广告商；支付卡交易的持卡人和商户（图3）。双边平台的挑战在于找到一种可行的商业模式，使双方都可参与其中。

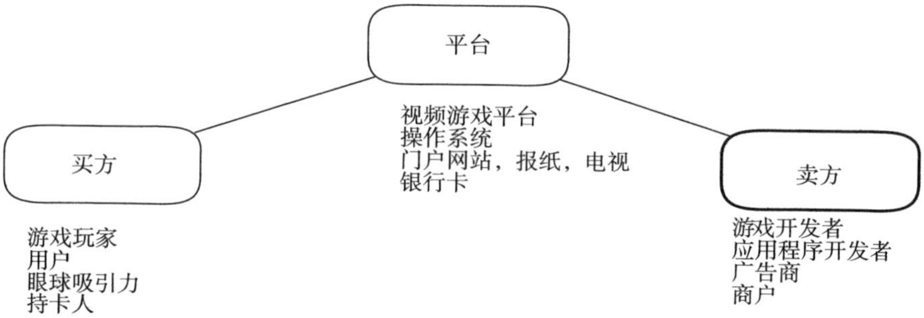

图3　双边平台的基本框架

无论是谷歌还是自由报纸，如 Metro，虽然其市场权力不同，但共同之处是：

- 他们选择分配给一方（比如 i 方）较低的负担，这一方的存在有利于另一方的大多数用户。在方程（2）中，v_j代表j方的用户如何评价 i 方额外用户的价值。平台可以通过提高对j方的价格来补偿它为了让j方和 i 方的额外用户互动而支付的成本。因此，平台的真实成本或机会成本就是它为每一次互动付出的生产成本 c（可能等于0）减去 v_j。
- 像普通企业一样，他们选择让需求弹性（公式中的η_i）相对较高的一方承担较低的成本。

$$\frac{p_i - (c - v_j)}{p_i} = \frac{1}{\eta_i} \tag{2}$$

方程（2）经常导致非常扭曲的价格结构：一方什么都不支付（免费的搜索引擎、门户网、报纸）或者享受服务还赚钱（比如，持卡人收到返现的奖励)①，而另一方却要承担重负。最简单的例子就是赞助链接（sponsored links）或者广告融资（advertising - financed）平台。广告商支付很高的价格 v_j 与买家（尤其是富裕的买家）互动，而后者根本不重视这些广告或者认为是垃圾。②

规制者如果不理解双边市场的本质，可能会错误地抱怨对低价方的掠夺，或者抱怨对高价方的过高定价，其实小规模的进入平台也会选择这样的价格结构，所以规制者应该避免机械地误用标准的反垄断思想。

这不意味着他们应该对双边平台故意视而不见。为成员服务的平台提供了一个恰当的例子，但这些平台不是唯一的购买渠道（见图4）。例如，美国运通公司给持卡人提供服务，但是其他的支付方式如现金、支票或者其他银行卡也都是可以的。一家宾馆或某条航线可以通过在线订票系统（例如 Booking. com）预定，也可以直接在现场预定。

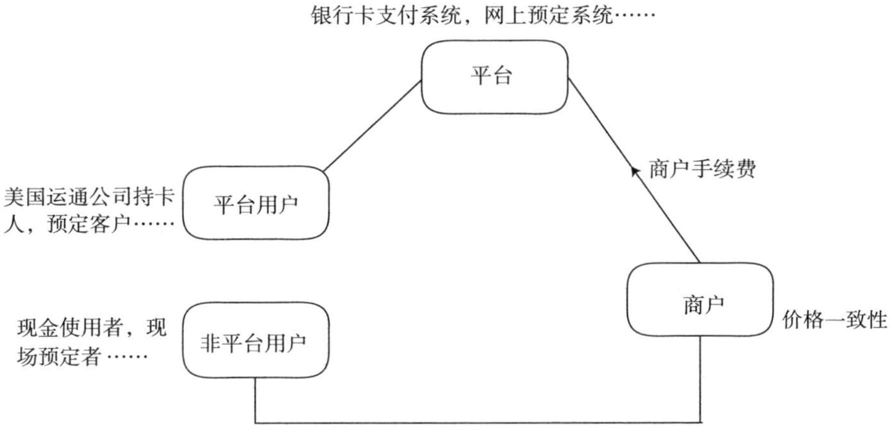

图4　双边平台不是唯一的购买渠道

---

①　支付卡的情况要比其他情况复杂，因为决定用银行卡还是现金支付，同时就要决定是否去店里亲自购买。这意味着商户可能愿意接受银行卡，即使他因为接受银行卡支付获得的收益小于现金支付，因为他要为银行卡支付交“商户手续费”。原因有二：他可能想通过接受银行卡支付来吸引知情客户（Rochet and Tirole，2002），他也可能害怕因拒绝接受银行卡支付而丧失不知情客户（Bourguignon、Gomes and Tirole，2014）。不管怎样，商户都会认为“必须接受银行卡”。

②　有很多关于双边市场的理论和实证分析，包括 Armstrong（2006）、Caillaud and Jullien（2003）、Rochet and Tirole（2003，2006）早期的理论研究。

这样的平台通常收取商户手续费并要求“价格一致性”（商户不能对平台上的交易额外收费，要和不通过平台交易的收费一致）。尽管价格一致性有一定的合理性（防止商户额外收费），① 但是这也带来一些风险：比如较高的商户手续费部分被转嫁给第三方，也就是那些不使用平台的消费者，这可能导致过度的商户手续费②。这个例子中的市场失灵并不是偏向定价模式（这是典型的双边市场），而是对非签约方的外部性。

该分析显示商户手续费应该遵守下列庇古原则：在银行卡支付中，商户手续费应该等于商户从银行卡支付系统中获取的收益。③ 消费者有权决定支付方法，从而不会对商户产生外部性。现在欧洲委员会规制维萨（Visa）和万事达（MasterCard）系统就是运用了这一原则。

在这个领域跟在其他许多领域一样，自由放任和随意规制都不能真正发挥作用，只有合理的经济学分析才能行之有效。

三、知识产权

竞争政策的“合理分析规则”要求我们对效率和反竞争这两者谁占主导有所了解。在这方面，简单的规则就能大大增强我们对政策选择的信心。

关于知识产权问题，我们不得不考虑数据的严重短缺和技术尚未落地的情况。生物技术和软件技术通常涉及专利的多样性、不同的重要性以及不同的所有者。这一“专利丛”（patent thicket）有利于“专利许可费叠加”（royalty stacking），在经济学上被称为“多重边际化”（multiple marginalization）。

专利许可费叠加是古诺（1838）提出来的，最近卡尔·夏皮罗（Carl Shapiro，2000）也有研究，这有助于我们用类比法（见图5）来理解。让我们回到中世纪的欧洲，河流的航道被多重收费站阻塞；比如，14 世纪的莱茵河上设有 64 个收费站。④

---

① 见 Bourguignon、Gomes and Tirole（2014）和关于要挟（hold-ups）或隐瞒等特性的研究。

② 见 Rochet and Tirole（2002）、Edelman and Wright（2015）近期巧妙的分析框架。

③ 该原则叫作“可避免成本测试”（avoided-cost test）或者“游客测试”（假设顾客在店里，既可以用卡也可以用现金支付，商户是宁愿让顾客用卡支付而不是用现金支付吗？如果商户接受游客用卡支付，难道未来就留不住游客了吗？参见 Rochet and Tirole（2011）。

④ 在美因茨和科隆之间有 13 个收费站。类似的现象还可见于易北河，或者是法国的罗纳河、塞纳河、加伦河和卢瓦河。参见 Spaulding（2011）。

每个收费站的目的都是收益最大化，它既没有考虑对用户的影响也没有考虑对其他收费站的影响。一直等到 1815 年维也纳大会的召开和随后立法的出台，欧洲才盼到这些层层收费站的取消。①

当前，高科技正在降低专利许可费，这与 19 世纪的河道运输类似。新指导原则的出台鼓励专利持有人通过专利池（patent pool）来实现知识产权的联合营销。专利池降低了互补性专利许可的总价格，受益的不仅是知识产权所有者，还有技术的使用者，这是双赢。

可是，即使有知识产权池和更普遍的联合营销安排，企业也可以提价。比如，两个可替代专利的所有者（就像图 6 中两条河道上的收费站）可以通过建立专利池，将许可价格提高到垄断水平（相当于图 6 中在下游入河口建一个合谋的收费站），类似于卡特尔或者是兼并，接近于垄断。

图 5　一条河道上的多重收费站

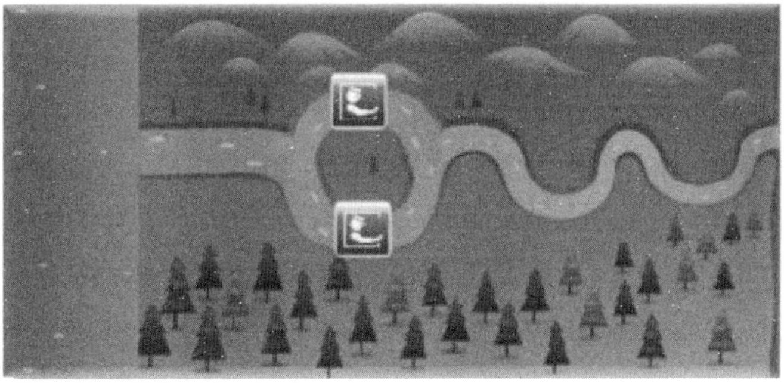

图 6　两条河道上的收费站

① 实际上，莱茵河上所有的收费站都取消了。

回顾历史依然是有帮助的。很少有人知道，在1945年以前，当时的大多数高科技产业都是由专利池经营的。① 但是，对联合营销可能导致卡特尔的担忧直接促使美国最高法院在1945年通过了一项不受欢迎的裁决，由此，专利池消失，直到最近我们才重新燃起对专利池的兴趣。

但是，难道竞争当局就不能禁止坏的（涨价的）专利池而留下那些好的（降价的）专利池吗？不幸的是，他们无法掌握重要信息。所以，许可往往是短期的，替代性或互补性的模式会随着技术的用途而发生变化。②

然而，简单的规制会带来如下分类。首先，当专利池抬高价格时，“单个许可”（单个所有者在联盟外发放许可的能力，见图7）可重新带来竞争。因此，有单个许可的专利池既能中和坏专利池，同时又能使好专利池降价。③

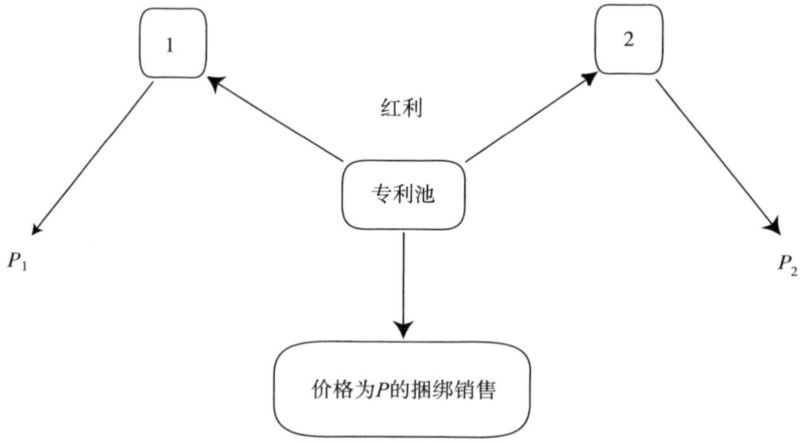

图7　专利池以价格 P^* 进行捆绑销售

用两个可替代专利的简单例子就可以很好地说明上述逻辑推理。许可的竞争性价格就等于0（假设没有任何许可成本）。比如说，某个专利池有能力把价格提高到垄断价格 P^m。假定该专利池试图将价格设定为 P（$\leq P^m$）。那么，每个知识产权的所有者就得到了 $PD(P)/2$ 的红利，用 $D(\cdot)$ 来表示对许

① 这包括飞机、铁路、轿车、电视机、收音机、化学品及其他产品。

② 另一个问题是，专利可能在低价格下是互补品（使用者会在这一价格下使用全套产品，并且许可价格的上升会减少对整体技术的需求），在高价格下是替代品。

③ 参见 Lerner and Tirole（2004）。

可的需求函数，并假设平等地共享许可①。然而，每个知识产权所有者不想只得到一半红利，因为他如果以稍低于专利池的价格出售其专利权，就可得到（大约）全部利润 $PD(P)$。②

其次，为了应对默示共谋（在上述推理中，单个知识产权所有者通过较低价格许可专利，削弱打破专利池，进而获得短期收益，但它可能会放弃这种短期收益，以防止价格战，并使专利池可以在未来继续收取高价），明智的做法是附加一个无需相关信息的要求（infromation - free requirement），即所谓的“非捆绑”（unbundling）：用户可以从专利池购买单个许可，而多个许可的价格就是单个许可的价格的总和（见图 8）。非捆绑的单个许可意味着允许专利持有人成立专利池并不会降低福利。③

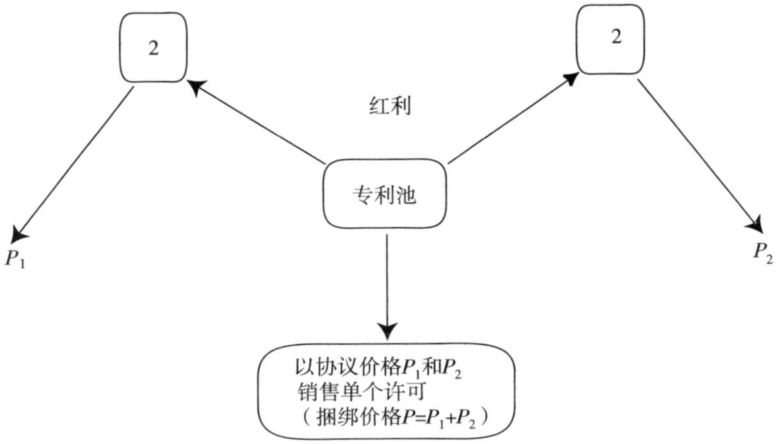

图 8　专利池非捆绑销售的情况

有趣的是，从经济学理论中得出的这两个概念——独立许可和非捆绑——已经纳入了欧洲的规制指导原则（2004 年和 2014 年）；而且早在 1990 年代后

① 不平等的共享意味着那些拥有较低份额知识产权的所有者更有动机低价出售其知识产权。

② 对一个坏专利池来说，如果有两个以上专利以及（或者）专利是不完全的替代品，均衡仍然可以恢复到专利池形成之前的竞争水平。但是协调问题可能会导致多重均衡（当 $n>2$ 时）。Boutin（2014）指出，附加的非捆绑要求（下文讨论）就可以重归竞争均衡。

③ 参见 Rey and Tirole（2013）。

期，美国司法部就已经要求在商业审查函（Business Review Letters）中体现独立许可内容。

源于理论分析的知识产权规制的另一种无需信息的规则就是：建议在标准确立前，知识产权的所有者应对其许可设置最高价格。当标准确定后，很多情况下，会有多种渠道解决既定的技术问题。每一种情况可能都是切实可行的，但是确定标准的主体将会选择其中一种渠道（如图9，公共部门可能通过在上游支流修建闸门来实现上游河段的通航；或者大城市的出现使上游河段成了更优选择）。然而，在做出决定后，被选中的专利就成为技术标准中的核心专利（standard - essential patent，简称SEP）。假如专利所有者以其他方式设计了该技术，尽管其他专利已经提供了可比价值，他还是会收取较高的专利费用。

图9　公共部门在上游支流修建闸门的情况

在企业的专利因为被列入标准而不是因为技术优势幸运地成为核心专利后，为了防止企业利用这一地位，设定标准的当局通常会要求企业事先承诺在公平、合理和非歧视的条件下（简称FRAMND）对其专利发放许可。这种方法存在的问题是，FRAND承诺是模糊不清的：到底什么是公平、合理的价格？还有，事实上，因承诺的模糊不清而引起的大量法律诉讼在全球非常普遍。

一个人如果事先不知道地价，就不会盖房子。技术的使用也是如此。我们建议知识产权的所有者应当在最终标准被设定前，对其许可条件做出承诺；我们还试图说明为什么这一承诺要求不可能产生于标准制定者之间的竞争。①

① 参见Lerner and Tirole（2015）。

四、结论

事实证明，产业组织理论对我们思考经济中的一些重要挑战极为有用。它推动了反垄断和规制。它让我们认识到产业之间是有差异的，一刀切的方法不可行，它为规制者提供了大量的知识，帮助他们更好地理解市场权力和政策干预的效应，也有助于企业谋划其战略。

产业组织学虽然获得了长足的发展，但是仍有很多研究待完成。尤其值得欣慰的是，当前产业组织领域的研究欣欣向荣，很多年轻有为的学者正在开展激动人心的研究工作。

“创造一个更美好的世界”是经济学家的首要使命。我坚定地认为，研究产业组织学的全体同人都对这一使命做出了卓越的贡献。我代表他们，以谦恭之心，以荣幸和感激之情，来接受瑞典银行颁发的2014年诺贝尔经济学奖。

（首都经济贸易大学　金融学院　唐伟霞　经济学院　李婧　译）

参考文献

Aghion, Philippe, and Patrick Bolton. 1987. “Contracts as a Barrier to Entry.” *American Economic Review* 77 (3): 388 – 401.

Armstrong, Mark. 1998. “Network Interconnection in Telecommunications.” *Economic Journal* 108 (448): 545 – 64.

Armstrong, Mark. 2006. “Competition in Two-Sided Markets.” *RAND Journal of Economics* 37 (3): 668 – 91.

Armstrong, Mark, and John Vickers. 2000. “Multiproduct Price Regulation under Asymmetric Information.” *Journal of Industrial Economics* 48 (2): 137 – 60.

Baron, David P., and Roger B. Myerson. 1982. “Regulating a Monopolist with Unknown Costs.” *Econometrica* 50 (4): 911 – 30.

Boiteux, M. 1956. “Sur la gestion des Monopoles Publics astreints à l'équilibre budgétaire.” *Econometrica* 24 (1): 22 – 40.

Bourguignon, Hélène, Renato Gomes, and Jean Tirole. 2014. “Shrouded Transaction Costs.” Unpublished.

Boutin, Aleksandra. 2014. “Screening for Good Patent Pools through Price Caps on Individual Licenses.” Unpublished.

Caillaud, Bernard, and Bruno Jullien. 2003. “Chicken & Egg: Competition among Intermediation Service Providers.” *RAND Journal of Economics* 34 (2): 309 – 28.

Cournot, A. A. 1838. *Recherches sur les Principes Mathématiques de la Théorie des*

Richesses. Paris: Imprimerie d' Amédée Gratiot.

Dupuit, J. 1844. "De la mesure de l' utilité des travaux publics." *Annales des Ponts et Chaussées*, Paris.

Edelman, Benjamin G., and Julian Wright. 2015. "Price Coherence and Excessive Intermediation." *Quarterly Journal of Economics* 130 (3).

Freixas, Xavier, Roger Guesnerie, and Jean Tirole. 1985. "Planning under Incomplete Information and the Ratchet Effect." *Review of Economic Studies* 52 (2): 173 – 91.

Hart, Oliver, and Jean Tirole. 1990. "Vertical Integration and Market Foreclosure." In *Brookings Papers on Economic Activity: Microeconomics* 1990, edited by Martin Neil Baily and Clifford Winston, 205 – 86. Washington, DC: Brookings Institution.

Laffont, Jean-Jacques, Patrick Rey, and Jean Tirole. 1998a. "Network Competition: Overview and Nondiscriminatory Pricing." *RAND Journal of Economics* 29 (1): 1 – 37.

Laffont, Jean-Jacques, Patrick Rey, and Jean Tirole. 1998b. "Network Competition: Price Discrimination." *RAND Journal of Economics* 29 (1): 38 – 56.

Laffont, Jean-Jacques, and Jean Tirole. 1986. "Using Cost Observation to Regulate Firms." *Journal of Political Economy* 94 (3): 614 – 41.

Laffont, Jean-Jacques, and Jean Tirole. 1988. "The Dynamics of Incentive Contracts." *Econometrica* 56 (5): 1153 – 75.

Laffont, Jean-Jacques, and Jean Tirole. 1990a. "The Regulation of Multiproduct Firms: Part I: Theory." *Journal of Public Economics* 43 (1): 1 – 36.

Laffont, Jean-Jacques, and Jean Tirole. 1990b. "The Regulation of Multiproduct Firms: Part II: Applications to Competitive Environments and Policy Analysis." *Journal of Public Economics* 43 (1): 37 – 66.

Laffont, Jean-Jacques, and Jean Tirole. 1993. *A Theory of Incentives in Procurement and Regulation*. Cambridge, MA: MIT Press.

Laffont, Jean-Jacques, and Jean Tirole. 1994. "Access Pricing and Competition." *European Economic Review* 38 (9): 1673 – 1710.

Lerner, Josh, and Jean Tirole. 2004. "Efficient Patent Pools." *American Economic Review* 94 (3): 691 – 711.

Lerner, Josh, and Jean Tirole. 2015. "Standard-Essential Patents." *Journal of Political Economy* 123 (3).

Loeb, Martin, and Wesley A. Magat. 1979. "A Decentralized Method for Utility Regulation." *Journal of Law and Economics* 22 (2): 399 – 404.

Rey, Patrick, and Jean Tirole. 2007. "A Primer on Foreclosure." In *Handbook of Industrial Organization*, Vol. 3, edited by Mark Armstrong and Robert H. Porter, 2145 – 2220. Amsterdam: Elsevier North-Holland.

Rey, Patrick, and Jean Tirole. 2013. "Cooperation vs. Collusion: How Essentiality Shapes Coopetition." Institut d' ? conomie Industrielle Working Paper IDEI – 801.

Rochet, Jean-Charles, and Jean Tirole. 2002. "Cooperation among Competitors: Some Economics of Payment Card Associations." *RAND Journal of Economics* 33 (4): 549 – 70.

Rochet, Jean-Charles, and Jean Tirole. 2003. "Platform Competition in Two-Sided Markets." *Journal of the European Economic Association* 1 (4): 990 – 1029.

Rochet, Jean-Charles, and Jean Tirole. 2006. "Two-Sided Markets: A Progress Report." *RAND Journal of Economics* 37 (3): 645 – 67.

Rochet, Jean-Charles, and Jean Tirole. 2011. "Must-Take Cards: Merchant Discounts and Avoided Costs." *Journal of the European Economic Association* 9 (3): 462 – 95.

Sappington, David. 1982. "Optimal Regulation of Research and Development under Imperfect Information." *Bell Journal of Economics* 13 (2): 354 – 68.

Segal, Ilya. 1999. "Contracting with Externalities." *Quarterly Journal of Economics* 114 2 : 337 – 88.

Shapiro, Carl. 2000. "Navigating the Patent Thicket: Cross Licenses, Patent Pools, and Standard Setting." In *Innovation Policy and the Economy*, Vol. 1, edited by Adam Jaffe, Joshua Lerner, and Scott Stern, 119 – 150. Cambridge, MA: MIT Press.

Spaulding, Robert Mark. 2011. "Revolutionary France and the Transformation of the Rhine." *Central European History* 44 (2): 203 – 26.

Whinston, Michael D. 1990. "Tying, Foreclosure, and Exclusion." *American Economic Review* 80 (4): 837 – 59.

前沿

Guide

Comparative

消费、贫困与福利

诺贝尔经济学奖评委会

产品和服务的消费是决定人们福利水平的基本因素，消费在不同个人之间的分配涉及若干重要的经济、政治和社会议题，如不平等和贫困等。消费在大多数国家是总需求中最大的组成部分，也是经济活动随时间波动的重要原因。在既定的收入水平上，消费决定储蓄，并通过资本供给决定着投资。很自然，消费在上个世纪一直处于经济学研究的中心位置。

对消费的研究在过去三四十年取得了巨大进步，许多学者做出了贡献，其中安格斯·迪顿尤为突出。他取得的几项有相互联系的、基本性的成果，直接关系到对消费的测量以及对消费的理论和实证分析。他的主要成就有如下三个方面。

第一，迪顿的研究把对需求系统的估算（也就是对不同商品之间的消费选择的定量研究）提升到成熟的、具有普遍意义的新水平。他和约翰·米尔鲍尔（John Muellbauer）在35年前引入的“近乎理想的需求系统模型”（Almost Ideal Demand System，以下简称AID）及其后续扩展，至今仍在学术研究和政策评价实践中被广泛采用。

第二，迪顿对总消费的研究开创了对消费和储蓄的时间变化分析的微观计

---

* 本文为诺贝尔经济学奖评委会对2015年经济学奖得主安格斯·迪顿（Angus Deaton）学术贡献的总结报告。——编者注

量学革命。他率先开展了特殊不确定性和流动性约束下的个体动态消费行为分析。他发明的（在缺乏真实面板数据时）从重复抽样调查数据中设计面板分析的方法，使研究个体行为的时间变化成为可能。他澄清了研究者在理解总消费和总储蓄时必须严肃考虑加总问题的原因。随着微观数据日益丰富，后来的研究也的确是主要通过微观数据来理解宏观经济问题。

第三，迪顿率先利用发展中国家的家庭调查数据（尤其是消费数据）来测算生活水平和贫困程度。由此，他帮助发展经济学从一门依靠粗略的宏观数据、以理论为主的学科，转变为以高质量的微观数据为基础的实证研究学科。他证明了利用消费和支出数据来分析穷人的福利状况的意义，并指出了对生活水平进行跨时期和跨地域比较时的不足之处。

迪顿的研究涉及若干具有重大现实意义的议题，其成果对发展中国家和发达国家的政策制定都产生了影响。他的研究覆盖很广泛的领域，从极为高深的理论探索到极为琐碎的测算方法，其共同主题是把理论和测算相结合，并借助统计方法使微观数据和宏观数据兼容。

本文将分别介绍迪顿的三个主要研究成果。第 1 节概述他对既定时点的不同产品的需求所做的分析，重点是迪顿—米尔鲍尔近乎理想的需求系统模型。第 2 节介绍他对总需求的时间变化分析所做出的最重要贡献，尤其是如何利用个人或家庭层面的数据以及谨慎处理加总问题。第 3 节介绍他对发展中国家的福利状况测算所做出的贡献，重点是对穷人的生活水平的测算和分析。第 4 节将简要提及其他相关成果。

1. 需求分析

1.1 背景

对于消费的个人决策有多种分析方法。一种常见做法是，区分给定时期（一个月或者一年）对不同产品的消费决策和不同时期之间的消费决策（例如多少用于现期消费、多少用于储蓄）。在某些情况下（例如存在跨期的可分割性），这种两阶段分析方法等同于更一般性的研究方法——即同时决定给定时期的不同产品组合和当期的总支出水平，确定每种产品（j）在每个时期（t）的消费数量 q_{it}，使跨期效用函数的预期值最大化（Deaton and Muellbauer, 1980b, 第 5 章）。

本节的内容是关于给定时点的不同产品的消费选择，这样的选择可以由“需求系统”（demand system）来描述，其含义是由一组方程式来描述产品的需求数量同价格以及总支出之间的关系。对此类系统的测算，可以通过个体数据——如果我们掌握了（H个）个人和（J种）产品的消费数量和价格；也可以通过总量数据——如果我们掌握了多个时期（T）的消费总量和价格。

在任意给定时期 t，某个家庭 h 的需求系统可以表述为如下公式：

$$q_{ih} = g_{ih}(p, c_h) \quad j = 1, \cdots, J, H = 1, \cdots, H \tag{1}$$

其中，q_{jh} 是家庭 h 对产品 j 的需求，它是函数 g_{jh}（·）在价格 $p = (p_1, \cdots, p_j)$，家庭支出为 c_h 时的结果，c_h 在本节被视为外生变量。就是说，产品 j 的需求取决于其自身的价格、其他所有产品的价格以及总支出。这个系统显示，家庭对每个产品的需求量会如何随各种产品的价格和总支出的变化而做出反应。总需求系统可以用类似的形式来描述，取消公式（1）中的下标 h 即可。个人需求 q_{jh}和市场需求 q_j 的关系是所谓加总问题的核心，将在 1.3 节进行介绍。

从 19 世纪开始，就有某些研究者采用过参数化的此类模型，早期最有名的案例或许是对恩格尔曲线的估算，以德国统计学家恩斯特·恩格尔（Ernst Engel）命名。家庭 h 的恩格尔曲线将花在某种产品 j 上的名义支出 $p_j q_{jh}$或者预算份额 $w_{jh} = \frac{p_j q_{jh}}{c_h}$同家庭总支出联系在一起。

确定公式（1）这样的模型的参数，意味着从数据中找出价格、支出和需求之间的确切关系。迪顿之前的大多数经济学家采取的方法是，假设公式（1）反映的是单个的理性个人或家庭的需求。这里的理性是指，追求个人或家庭的效用函数最大化。通过该假设，产品价格 p 和总支出 c 同市场需求 q_j 之间建立了联系。

假设需求来自理性消费者的福利最大化追求，不但从统计的角度看较为便利，而且能让研究者借助强大的消费者理论工具来测算福利水平，如消费者剩余、收入的等量和补偿变动，以及理论上构建的价格指数（生活成本指数）等。此外，该方法还能对行为反应进行测算，可用于预测政策变化给需求造成的影响。

1984 年的诺奖得主理查德·斯通爵士早期曾尝试把统计分析结合到经济学理论中（Stone，1954a，b），在他设计的线性支出系统（Linear Expenditure

System，LES）中，对给定时期 t，市场需求、价格和总支出的关系可以描述为：

$$q_j = \gamma_j + \frac{\beta_j}{p_j}(c - \sum_k \gamma_k p_k), j = 1, \cdots, J \quad (2)$$

这个需求系统解决了在线性预算约束条件下实现个人效用函数（Stone - Geary 函数）最大化的问题。其中的参数 β_i 和 γ_i 是效用函数的组成部分：γ_i 代表生存必需的支出水平，β_j 代表个人用于产品 j 的支出份额（在有足够支出、超出必需水平时）。

消费理论的三个推论

标准的消费理论认为，理性消费者的需求函数具有如下三个特性：

i. 同质性：名义变量为零次齐次，如果所有价格和总支出都翻番，那么对任何产品的需求将保持不变。有时这被称为不存在货币幻觉。

ii. 对称性：产品 i 相对于产品 j 的价格的希克斯补偿需求导数，等于产品 j 相对于产品 i 的价格的补偿需求导数。

iii. 半负定性：希克斯需求函数的所有导数的 $J \times J$ 替代（斯拉茨基）矩阵应该是半负定性的，即产品 j 的价格提高不会增加其希克斯需求量。

此外还有个加总性（可行性）约束条件：对不同产品的各项支出 $p_j q_{jh}$ 之和，必须等于总支出 c_h。该条件已经隐含在数据中，总支出的定义就是各项支出之和。

线性支出系统（2）中的这三个特性是由定义来满足的，在估算时不管采用真实的个人数据还是总量数据，都会加入这三个特性。也就是说，不能利用该模型来验证这三个特性是否真正成立，无法证实需求系统背后的假设是否符合现实生活中的行为。

因此，为证实观测到的需求数据是否符合效用最大化的假设，需要更为通用的模型。首次检验能否排除上述三个特性的是巴尔腾（Barten，1967，1969），他用荷兰的总量数据测算了更通用的线性需求系统“鹿特丹模型”（Rotterdam model，以最早提出的荷兰经济学家命名）。他的重要发现是，这三个特性都可以排除，或者说，实际数据同理性消费者理论似乎存在矛盾。

1.2 迪顿的批评意见

巴尔腾的令人沮丧的结论受到了迪顿的质疑（Deaton，1974a）。他在论文中利用英国1900—1970年的总量数据测算了鹿特丹模型的另外几种变形，其结果同巴尔腾的相似，但他的细致分析显示，理性假设（尤其是同质性假设）不能被明确排除。迪顿继而指出，统计结果拒绝理性假设可以有两种解释，要么人们并不真的理性，要么人们是理性的，但实证模型的结构形式（specification，又译设定）有差错。

迪顿的另一篇论文对后一种解释展开了分析（Deaton，1974b），重点是两个相互关联的问题：第一，消费者选择理论是针对个人构建的，即使所有个人都具有理性，该理论也未必能在总量层面成立；① 第二，线性需求系统和鹿特丹模型采用的函数形式可能难以准确反映现实世界的数据模式，也就是说，鹿特丹模型虽然提供了检验理性的工具，同时却给适合检验的消费者行为施加了过多限制。

迪顿关注的是个很严肃的问题。例如，利用需求系统分析来评估税收和补贴政策的效果，就高度要求这个系统能精确测算某个特定产品的支出对收入和价格变化的反应。而迪顿的研究令人信服地显示（Deaton，1974a，b），已有的需求分析系统难以实现此类目标。

迪顿以不可知论的语气概括了他的结论：我们需要更多基于其他国家和不同时期的研究，或许还需要构建比线性支出系统和鹿特丹模型的限制性更小的消费者需求模型。

1980年，迪顿与约翰·米尔鲍尔提出的“近乎理想的需求系统”把需求系统研究提升到了新的高度。新的分析系统足够灵活，能对理性假设进行检验；也足够简化，容易进行测算；此外还允许具体产品的支出同总支出保持非线性的变化。

1.3 加总问题

如上文所述，研究者通常假设需求系统（1）是来自个人的消费选择。如果该系统是基于行为人的福利最大化的理性选择，那么从理论上可以证明，它必然满足上述三个特性。然而需求系统分析还有一个重要方面是加总问题，也就是不同个人的需求系统能否加总起来，形成同样满足这些特性的市场需求

① 有学者指出（Sonnenschein，1973），即使所有个人的需求函数满足上述三个特性，这些需求的总和或均值却未必满足。深入讨论可参考Rizvi（2006）。

系统。

自戈尔曼的开创性研究后（Gorman，1953，1961），学术界一直在寻找最少的偏好约束条件，能够把总量消费者行为解释为代表性的单一消费者的行为。如果不同个人具有相同偏好，但有不同的总支出水平 c_h，那么总量模型有时也可以诠释为描述代表性消费者的行为。其需求为 q_j，等于平均水平；支出水平为 c_r，未必等于平均水平。如果采用 Stone - Geary 偏好函数，那么总需求和个人需求都将具有线性支出系统（2）中的函数形式，把个人需求由总体的平均需求替代，个人支出 c_h 由总体的平均支出 c 替代，就是种极为简化的加总方式。

到 1970 年代，加总问题的研究跨越了一大步，米尔鲍尔推导出了允许加总的一系列对偏好的最低限制条件（Muellbauer，1975，1976）。他研究了"独立于价格的一般线性偏好"（PIGL，Price - Independent Generalized Linearized preferences），其中的一类"独立于价格的一般对数偏好"（PIGLOG，Price - Independent GeneralizedLogarithmic preferences）在需求分析中尤其能发挥作用。这种偏好的特性是，每个人的预算份额 $w_{jh} \equiv \frac{p_j q_{jh}}{c_h}$ 可以表述为如下公式：

$$w_{jh} = q_j(p) + b_j(p)\log\left(\frac{c_h}{k_h}\right) \tag{4}$$

其中，系数 q_j 和 b_j 是价格的函数，参数 k_h 是各个家庭的特殊值。对 k_h 的一个很有吸引力的解释是对不同规模的家庭的等值人数，c_h/k_n 就代表每个等值成年人的家庭支出。

公式（4）采用的偏好使支出 $p_j q_{jh}$ 可以同 c_h 保持非线性关系，相对于早期的需求系统具有了更大的灵活性。此前的一些研究也已经证明，对个体产品的支出同总支出之间确实呈现非线性关系（Working，1943；Leser，1963）。

PIGL 偏好或者 PIGLOG 偏好能保证，存在"代表性"的支出水平 c_r，使得这一支出水平上的个人有着与总体经济相同的预算分配份额（$c_h = c_r$）。代表性的支出水平 c_r 等同于线性支出系统中的整体经济的平均支出 $\bar{c}$，但一般来说，是取决于 c_h 在个人之间分布的更高阶矩。代表性的行为人的需求函数同样满足三个理性特性，即其行为符合理性假设。

公式（4）的一个有趣之处是，个人不需要有相同的偏好，个人的需求函数可以各不相同（由不同的参数值 k_h 来代表），但存在一个有代表性的消费者。

1.4 近乎理想的需求系统

迪顿和米尔鲍尔（1980a）设计的“近乎理想的需求系统”是基于PIGLOG偏好。借用特殊的参数选择 a_j（p）和 b_j（p），总预算份额可以描述为：

$$w_j = \alpha_j + \sum_k \gamma_{jk} \log p_k + \beta_j \log\left(\frac{c_r}{P}\right) \tag{5}$$

其中，p 是价格指数，参数 β_j 显示产品 j 是属于奢侈品（$\beta_j > 0$）还是必需品（$\beta_j < 0$），γ_{jk} 显示产品 j 的需求对产品 k 的价格的弹性。

公式（5）相比早期的需求分析系统有若干优势：允许消费者的支出 $p_j q_j$ 具有非线性特征；可以用于对理性假设的检验，同质性、对称性和半负定性意味着对参数向量 α，β 和 γ 的限定，通过对公式（5）的估算，可以验证这些限定在现实世界的数据中是否成立；依靠比以前模型更宽泛的偏好假设，就能实现消费者选择的加总；产品 j 的平均预算份额 w_j 可以视为有代表性的消费者的需求，其支出为：

$$c_r = exp\left(\frac{\sum_h c_h \log\left(\frac{c_h}{k_h}\right)}{\sum_h c_h}\right)$$

其中下角标 h 代表单个个人或家庭，而 k_h 的含义与方程（4）中相同。尽管假设所有个体消费者都具有相同的偏好函数，但他们的偏好参数 k_h 可以各有不同，如果将其看作人口指标，该系统就包含了年龄构成或家庭规模上的多样性。

相关研究

大约在同一时期，其他研究者（Jorgensen，Lau and Stoker，1982）提出了超越对数需求模型（Transcendental Logarithmic Demand Model，Translog）。①该模型有许多与AID模型相同的特征，如支出份额同支出是对数线性关系，也可以进行加总等。两种模型都被广泛应用于后来的研究，AID模型则更为突

---

① 超越对数需求模型是基于更早期的研究Jorgenson、Lau and Stoker（1980）。与之有关的超越对数效用模型则由Christensen、Jorgenson and Lau（1975）创建。

出，至少部分原因在于其测算很容易，有极为便利的近似式可以用 OLS（普通最小二乘法）来估算，这在计算技术还不够发达时显得尤其重要。后来的研究则是基于更为一般的需求系统模型，以 AID 系统和 Translog 系统作为其中的特例。①

对 AID 系统的测算

迪顿和米尔鲍尔从英国的总量数据中得出了同过去的研究一致的统计结果：理论推导出的三个特性被推翻。然而，他们得出了不同于前人的结论（Deaton，1974a，b），认为被推翻的原因更可能是模型的设定有错误，而非消费者不理性。在论文的结尾以及同时出版的教材中（Deaton and Muellbauer，1980b），他们强调当时的所有需求模型可能存在若干结构形式上的错误。他们特别指出，对消费者需求进行理想的理论和实证分析，应以异质性的消费者的谨慎加总为基础。还有，除现期价格和现期总支出外，需求系统还应考虑其他变量（如可能的信贷约束）的影响，才能有效反映观察到的需求模式。

迪顿和米尔鲍尔对 AID 系统的研究强调了其缺陷和需要改进之处，认为该系统凭借其简单架构、通用性和理论兼容性，提供了可继续发展的平台（Deatonand Muellbauer，1980a，第 323 页）。事实证实这是英明的预见。AID 系统催生了大量的研究成果，它的可塑性和实用性被海量的文献所证明，在初创 35 年后，该模型系统依然是世界各国开展需求测算的基石，无论是利用总量、个人或者家庭层面的数据。②

1.5 后续研究

多项研究发现，支出份额与总支出呈非线性变化。对某些产品（如食品）的支出份额，用对数线性来表示是很好的近似，但对其他类型产品，恩格尔曲线表现为别的形态，需要用更为灵活的模型来描述，例如用收入的二次项来描述恩格尔曲线，即二次项 AID 系统（Quadratic Almost Ideal Demand System，QAID，Banks et al.，1997）。

还有明确证据显示，支出份额同家庭的人口协变量存在系统联系，包括儿童的数量以及家庭成员的年龄等。在今天，妥善处理这样的异质性是需求系统

---

① 参见 Lewbel（1989）。

② 迪顿和米尔鲍尔的这篇论文被阿罗等人（Arrow et al.，2011）列为《美国经济评论》创刊后 100 年里发表的 20 篇最有影响力的论文之一。

分析的核心研究内容（Blundell and Stoker, 2005）。

消费者需求分析还被用于研究总量问题，如何利用从异质性消费者的个体数据中估算的需求模型，来推测平均需求、平均收入和平均人口结构等信息（Blundell and Stoker, 2005）。与之相关的一个问题是，对于总量数据中测算的结构性价格和收入系数，如何评估其可能的偏差（Blundell, et al., 1993）。

今天，AID 系统及其拓展，还有 QAID 系统和准 AID 系统（Lewbell and Pendakur, 2009）有着广泛的应用，如在农业经济学、CPI 的实际测算（Hamilton, 2001；Costa, 2001）、国际福利水平比较（Almas, 2012；Neary, 2004）以及国内的不平等和贫困测算（Pendakur, 2002）中都有广泛影响。此外，该系统在宏观经济学（动态一般均衡模型）中也显示出了重要价值（Boppart, 2014）。

我们可以利用 AID 或 QAID 系统来分析税收改革引发的反应及其分配效应，如增值税、庇古税和外贸税的调整等。① 包含人口因素的需求分析系统可以用来研究人口结构的变化如何在长期影响消费者需求。在统计机构的政策建议、智库的报告以及个人研究者的政策论文中，该系统也被广泛应用，对政策有着深刻影响。

总之，迪顿在需求系统研究中成为革命性的学者，他发现了早期分析模型的重要缺陷，他与米尔鲍尔合作开发的模型克服了其中某些不足，成为现代需求研究的基础。他还指出了 AID 系统的许多局限，给消费者需求研究揭示了广阔的前景。

2. 对消费的时间变化的研究

2.1 背景

上节介绍的需求系统研究方法，把个人的消费决策默认为两阶段过程。首先是决定在每个时点把多少钱用于消费，在决定这个总支出额度后，再决定把多少钱用于不同产品或产品类型的消费。在需求系统（5）中，总支出 c 是提前给定的。

在 1980 年代的系列论文中，迪顿着手分析第一阶段的决策：在每个时点，

① 有关税收政策的应用参见 Crawford、Keen and Smith（2010）。有关外贸改革的应用参见 Atkin（2013）。

人们把多少收入或财富用于消费，或者换个角度看，把多少钱用于储蓄。

在 1930 年代，当凯恩斯思考消费者支出的时间变化时，他假定人们把收入的边际变化的固定比例用于消费。到五六十年代，总消费分析更为贴近实际，1976 年的诺奖得主米尔顿·弗里德曼提出了永久收入假说（Permanent Income Hypothesis，PIH），1985 年的诺奖得主弗兰克·莫迪格利亚尼提出了与之密切相关的生命周期模型（Life – Cycle Model，LC）。这些理论能够解释实证数据显示的储蓄率随短期收入波动发生的变化，但不足以解释长期收入趋势的影响。当时的推测是，消费者会把部分短期收入增长储蓄起来，以便在长期中维持平稳的消费水平。类似的是，这些理论还能解释抽样调查中发现的个人的储蓄率随收入增加而提高的现象。直到 1970 年代，经济学界的普遍看法是，这些理论同实际数据拟合得很好，并将其广泛用于宏观经济学研究。虽然这些模型是基于个人选择而构建的，但也通过实证工具来分析消费和收入的总量数据特征。

到 1970 年代后期，新一代学者给消费和储蓄研究重新注入了活力。在理性预期革命影响下，有学者对家庭跨期最优化问题进行了分析，发现在最优状态下，消费的边际效用应该等于财富的边际效用，然而，后者呈现出随机行走的鞅性概率特征（Hall，1978；MaCurdy，1981）。

在个人追求每个时期的效用的现值之和最大化时，实现最优化的必要条件是欧拉公式。对于行为人利用的任何资产 a 来说，欧拉公式要求：

$$u'(c_t) = \beta E_t[u'(c_{t+1})(1 + r^a_{t+1})]$$

其中，c_t 代表时期 t 中的总消费支出，$u'(c_t)$ 是时期 t 中的边际效用。β 是代表主观贴现率，E_t 代表时期 t 中的条件预期，r^a_{t+1}代表资产 a 在时期 t 和时期 $t+1$ 的回报。由于回报率的随机性质，可以推断出消费也具有随机性质。反过来，由于消费的随机性质，对资产回报率也具有影响。这方面的理论探讨包括布里登和 1995 年诺奖得主卢卡斯等人发展起来的消费—资本资产定价模型（Douglas Breeden，1979；Robert Lucas，1978）。

霍尔的研究关注对消费的影响（Robert Hall，1978），假设个人能利用具有不变回报率 r 的某项资产，如果用 v_{t+1}代表预测误差 $E_t[u'(c_{t+1})] - u'(c_{t+1})$，欧拉公式可以描述为：

$$u'(c_t) = \beta(1 + r)[u'(c_{t+1}) + v_{t+1}] \tag{6}$$

在理性预期假设下，预测误差的期望值为零，并且与时期 t 的各种信息无关，或者说时期 t 的任何已知变量都无法预测 v_{t+1}。公式（6）改写如下：

$$\frac{1}{\beta(1+r)}u'(c_t) - u'(c_{t+1}) = v_{t+1}$$

从可观测变量 c_t 和 c_{t+1} 中，很容易计算出不可观测变量 v_{t+1}，并检验它是否真的不可预测。

上述思考带动了1980年代对消费和劳动力供给的大量实证研究。迪顿是该领域的重要贡献者之一，他的成果对于把研究焦点从总量数据转向个人消费数据至关重要。

2.2 消费随时间变化的理论和实际证据

迪顿与布林德的一篇文章（Blinder and Deaton，1985）探讨了消费和收入的总量数据能否用于有代表性行为人的霍尔版（Hall，1978）生命周期/永久收入（PIH/LC）模型，这方面的早期研究成果还包括其他学者（Flavin，1981；Hall and Mishkin，1982）。迪顿和布林德证实了以前的结论，即此类模型的随机行走性质可以在较高的置信度上推翻。尤其是与此类模型的推测相反，现实世界的总支出增长对总收入、财富和其他变量的预期变化有强烈反应。公式（6）中的 v_{t+1} 误差项可以进行预测，理性预期和稳定回报率假设下的欧拉公式并不成立。

永久收入、现期收入和消费的关系

除具体结论外，与布林德的合作研究还让迪顿认识到了前人没有注意到的生命周期/永久收入模型的理论含义。其中一个创见是（Deaton，1987），在理性预期下，此类模型如用于总量数据，将意味着消费的变动不如收入变动平稳。这对经济学家们来说很震惊，他们本来认为在理论和现实世界中消费都应该比收入更平稳。原因有二：一是凹性的效用函数导致收入随机变动时消费更为平稳；二是永久收入接近于长期的平均收入，而临时收入波动在计算永久收入时会被平摊掉。但是，如果把现实的总量收入数据用生命周期/永久收入模型，会发现第二个原因并不成立。迪顿认为，从理论和实证上都没有理由假设，收入会始终保持确定的走势，或者说，收入冲击可能具有永久性的作用。最简单的例子就是随机行走模式，各个时期的收入冲击之间没有相关性。在此情况下，对未来收入的最好预测就是现期收入，即永久收入等同于现期收入。如果消费等于永久收入，两者必然有相同的方差。

迪顿（1987）还指出，总量消费数据对于利率变化的反应并不像代表性消费者理论的描述。采用随时间变化的利率 r_t，欧拉公式将变成：

$$u'(c_t) = \beta(1 + r_t)E_t[u'(c_{t+1})]$$

该公式显然意味着预期消费增长应该同利率呈正相关。然而迪顿证明这种相关关系在总量数据中并不存在，然后又举出一个简单而鲜明的例子来说明，为什么不能以此否认个体数据中存在消费增长和利率的正相关关系。如果有两个假想的经济体，均由生命有限的个人组成，每个时期都有老人去世、小孩出生。两个经济体的总收入都恒定不变，但其中一个的利率水平更高。根据构造，收入和消费总量都保持不变，但在利率较高的经济体中，个人收入的增长速度会更高，也就是说，新出生的人的初始消费水平较低（相对于利率低的经济体），但增速更快。显然在这个例子中，总量数据不能反映个人消费增长同利率的关系。

总消费和总收入的变动性

迪顿与坎贝尔的研究深化并实证分析了收入的变动性和消费的变动性之间的关系（Campbell and Deaton，1989），同样是借助总量数据。他们采取了很直接的分析方法，假设有无限期的时间，贴现率 r（>0）保持不变，永久收入 y_p 定义为全部预期收入的现值换算的年金：

$$y_t^p = \frac{r}{1+r}E_t\left[\sum_{s=1}^{\infty}\left(\frac{1}{1+r}\right)^s y_{t+s}\right] \tag{7}$$

其中，E_t 是时期 t 的预期算子，y_{t+s}是时期 $t+s$ 的现期收入。下面假设收入采取随机行走过程 $A(L)\ y_t = \varepsilon_t$，其中 $A(L)$ 是滞后多项式，ε_t 是一个独立同分布（i. i. d.）过程，于是，公式（7）可以改写为：

$$y_t^p = \frac{r}{1+r}\cdot\frac{y_t}{A\left(\frac{1}{1+r}\right)} \tag{8}$$

这里可以看到设定恰当的收入过程的重要性，假设 $\lambda > 0$ 时，收入过程是个自回归过程 AR（1）：

$$y_t = \lambda y_{t-1} + \varepsilon_t \tag{9}$$

在此情况下，$A(L) = 1 - \lambda L$，结合公式（8），永久收入变成：

$$\bar{y}_t^p = \frac{r}{1+r}\cdot\frac{y_t}{1-\frac{\lambda}{1+r}} = \frac{r}{1+r-\lambda}y_t \tag{10}$$

显然，对于 $\lambda<1$ 的情况，永久收入的变动小于现期收入，因为 $\frac{r}{1+r-\lambda}<1$。如果消费等于永久收入，则消费的变动也会小于现期收入，这同消费和收入的总量数据一致。但仍有一个难题。迪顿和坎贝尔认为，公式（9）的自回归过程 AR（1）没有正确描述数据中观察到的总收入的变化，而这对未观察到的永久收入的变化具有极其重要的影响。对实际的总量收入的更好模拟是将其增长率描述为：

$$\Delta y_t = \lambda \Delta y_{t-1} + \varepsilon_t$$

其中，$0<\lambda<1$，就是说，收入增长率较高（较低）的时期之后，往往是收入增长率较高（较低）、但变化放缓的时期。在这里 $A(L)=1-(1+\lambda)L+\lambda L^2$，结合公式（8）描述的永久收入，可以得到：

$$y_t^p = \frac{r}{1+r} \cdot \frac{y_t}{1-(1+\lambda)\left(\frac{1}{1+r}\right)+\lambda\left(\frac{1}{1+r}\right)^2} = \frac{1+r}{1+r-\lambda} y_t \qquad (11)$$

用公式（11）来描述永久收入，结果与公式（10）有显著不同。此时的 $\lambda>0$ 意味着永久收入的变动比现期收入更大（即 $\frac{1+r}{1+r-\lambda}>1$）。给人的直觉是，如果时期 t 中的收入增速异常高，那么暂时的高增速预计将持续一段时间。由于收入增长将持续地快于时期 t 之前的预期，对永久收入的冲击就大于对现期收入的冲击。

迪顿和坎贝尔对季度数据的研究显示，$\lambda=0.442$，意味着 r 约等于 1.8。永久收入的变动幅度几乎是现期收入的 2 倍，如果消费等于永久收入，其变动幅度也将是现期收入的 2 倍（Campbell and Deaton，1989）。不过实际数据表明，消费的变动幅度小于现期收入。

迪顿和坎贝尔的研究结果令经济学家们深感吃惊，然而，该结论在理论上并无瑕疵，又是基于现实的时间序列收入数据。相对于生命周期/永久收入模型来说，总消费表现出了过度的平滑特性，这被称为“迪顿悖论”。这个发现并不足以让所有人相信现实世界的消费过于平滑，但是让大家都认识到，个人面临的收入过程的时间序列特性对分析跨期消费模式至关重要。

把关注焦点转向个人数据

从总量数据得到的实证结果拒绝了生命周期/永久收入模型，这可以用三个说法来解释。第一是理论模型出错，消费者可能不是理性的。第二是利用总量数据和代表性消费者的方法有问题，个人可以是理性的，但加总的条件在现实中不满足。第三是理性的个人可能面临模型中没有考虑到的许多约束条件，例如，借款的约束对行为和加总都有明显的影响。在对消费研究文献所做的综述中，迪顿指出，在探讨这些可能性时，“最有希望取得进步的办法是，严肃考虑加总问题，并利用日益丰富和有价值的微观数据来解答宏观经济课题”（Deaton，1992）。由此他认为，应该深入研究个人消费，因为这些可观察的行为可能反映了一定程度的持续理性选择，然后专门处理加总问题。在这里，他又表现出了对后来研究工作发展的高度预见性。

迪顿的这些思考产生了长期影响，例如，今天的宏观经济学家把动态收入分析作为重要研究领域。如今的宏观经济学不止是研究总量变量的作用，还关注个体经济行为人之间的配置的整体均衡分布。①虽然我们还远没有找到确切答案，但迪顿的研究成果（Deaton，1987；Campbell and Deaton，1989）对推动这个转变功不可没。

2.3 个人消费的时间变化

个人数据的研究带来了新的挑战，为正确分析跨期因素，迫切需要能长期跟踪的个体家庭的面板数据。还有，为分析现实环境中的理性个人的跨期选择，需要引入标准预算约束以外的其他约束条件，并考虑到宏观经济中的劳动和收入的不确定性。在这两个领域，迪顿在 1980—1990 年代都做出了重要贡献。

虚拟面板数据

消费方面的真实面板数据在今天很缺乏，1980 年代时更甚。许多国家经常开展抽样家庭调查，但由于每次调查会加入新的样本，难以利用调查数据去追踪个体家庭的长期趋势。迪顿做出的重要突破（Deaton，1985），则是利用相同年龄段的个人或家庭群组的抽样调查数据来构建“虚拟面板”。他的灵感是，如果有足够多的数据，连续的抽样调查就能产生每个组别的连续的随机样本。对这些随机样本进行汇总统计，就能模仿真实面板数据，得出整个组别的行为模式。

迪顿还指出，虚拟面板得出的结果未必比真实面板数据更差，因为它们不

① 引自 Heathcote et al.（2009）。有关的研究综述参见 Attanasio and Weber（2009）。

会受到大多数面板数据调查所遇到的磨损问题的困扰。居民会搬家，或者因系统性的原因脱离面板调查，从而给数据造成偏差，尤其是还有测量误差。而在分析消费的时间变化时，研究不同群组的横截面数据可以减轻测量误差问题。

迪顿对面板数据的研究极具实际应用价值。1980 年代中期，世界银行决定投资开展大规模家庭调查项目，一个关键问题是要不要收集面板数据。迪顿根据上述逻辑提出，重复开展抽样调查获得的数据不但采集起来更为方便和节约，而且在使用时可能更有效。在某些情况下，不值得为面板数据付出太高的成本和精力。这方面的成果还显示出迪顿的一个重要品质，他对实际问题开展的精心研究，是针对政策制定者（如世界银行）最关注的议题。

个人的收入和流动性约束

个人消费研究的另一项挑战是理论方面的，也就是说，如何求解面临特定不确定性和流动性约束时的个人消费选择。迪顿为此发表了一篇重要论文（Deaton，1991），分析流动性约束下的最优消费，以及特定冲击与总量冲击下的个人行为加总问题，并提出了解释迪顿悖论的关键思路。

上文提到的欧拉公式可以预测相邻时期的消费水平，这种预测的检验不需要多少信息，计量学家不用知道个人的收入和资产，只需要其消费数据即可。这是该方法的主要优势。但如果研究目的是分析消费同收入和资产的关系，又会成为严重的劣势。此时，必须从理论上提出一个把内生过程（如收入）和状态变量（如资产）纳入消费选择的消费函数。① 当时的学者清楚，这样的消费函数不可能从现实的风险和偏好假设下推导出来。

泽尔戴斯（Zeldes，1989）采用了多种方法来推导消费函数，证明金融财富相对于收入很少的那些家庭，由于有预防性储蓄动机，劳动收入的风险对消费有强烈影响（Leland，1968；Sandmo，1970）。在 1990 年前后，学者们已经知道这种收入风险会导致永久收入模型的偏差，但其具体效应尚不明确。泽尔戴斯提出的假设是，主观贴现率等于储蓄和借款的利率，即 $\beta = 1/(1+r)$，使得 $\beta(1+r)=1$。此时，家庭愿意通过预防性储蓄来积累资产，以便完全摆脱借款约束。

迪顿则注意到（Deaton，1991），当时的实证数据表明消费对收入的可预

---

① 当然，把收入视为外生变量是一种简化做法。后来的研究遇到的挑战是加入内生决定的收入变化过程，在一般均衡理论框架中，让个人来选择劳动力供给水平。

期变化有所反应，这违反了欧拉公式。他还指出，许多美国家庭的金融财富很少，难以通过借款来支持消费。欧拉公式（6）背后的一个关键假设是，在给定利率 r 的水平上所有家庭都能储蓄或借款，但这对许多家庭来说或许并不成立。

迪顿希望推导出有借款约束条件的消费函数，这样的约束条件与预防性储蓄动机相互作用，造成了更强烈的储蓄激励。他认为（Deaton，1991），如果在强烈的储蓄意愿下仍有很大部分消费者缺乏金融资产，那就说明，有相当多比例的家庭可能比 $\beta(1+r)$ 的情况更缺乏耐心。因此，他着重分析了 $\beta(1+r)<1$ 的情况，其含义是尽管能通过积累资产而摆脱借款约束，但许多家庭还是选择了接近借款约束时的支出水平。

根据后来发表的理论架构（Deaton and Laroque，1992），迪顿利用了多种方法来推导现实的总收入过程的消费函数（Deaton，1991），由此表明，理论上推导出来的消费行为与总量消费数据很不一致，他的结论是，代表性行为人理论必须用加总前的个人消费理论模型来替代。

迪顿尤其强调，个人收入冲击比总量冲击的持续影响更小。某些消费者的收入在特定时期增加，其他人的可能在下降，这种特质性的冲击会在总量上被抹平，使总量收入比个人收入更为稳定。他进而表明，按照标准理论从对应于个人收入的个人消费之和中得出的总量消费变动，大大不同于从总量收入过程中的代表性家庭的行为中得出的总量消费变动。迪顿的研究（Deaton，1991）显示，当消费者面临借款约束时，从包含总量和异质性冲击两方面影响的收入过程中推导出的个人消费行为，可以更好地拟合微观和宏观数据。这些结论给迪顿悖论的解答提供了关键的启示。虽然要严格限定个人收入的随机特性非常困难，但这方面的研究依旧非常活跃（Guvenen，2007，2009）。

迪顿的研究是局部均衡分析（Deaton，1991），把利率视为外生变量。①这符合迪顿的关注点：分析个人消费。而在现代宏观经济学中，以特质性收入冲击和借款约束为背景来分析经济体的一般均衡，已成为核心内容之一（Imrohoroğlu，1989；Hugget，1993；Krusell and Smith，1998；Heathcote et al.，2009）。

个人消费和保险

迪顿等人开辟了一个重要研究领域，利用个人消费数据来分析个人能获得

① 早期针对有借款约束的消费者的一般均衡分析模型，参见 Bewley（1977）。

多少收入保险（Townsend，1994；Deaton and Paxson，1994）。这个议题对消费、福利的研究和政策分析都很重要。如果非正式的保险制度确实存在并有效率，对社会保险的需求就会变小，引入社保项目还可能挤出现有保险制度。

迪顿和帕克森的想法是，在个人能完全保险覆盖异质性收入冲击时，所有个人的边际效用都会随时间发生平行变化。假定偏好足够稳定，个人的消费轨迹也会呈现平行变化。另一方面，如果没有保险，异质性收入冲击的持久影响将随着组别成员的老化导致消费不平等加剧。

对美国、英国和中国台湾的实证数据研究证实了这个推论。迪顿和帕克森还注意到，研究个人收入和消费的共同特征，可以帮助评估防范收入冲击的家庭保险的可行性。完全保险（complete insurance）假设或者完全缺乏保险假设都不符合现实，保险有多种形式，包括正式的和非正式的，可以通过朋友和家庭提供，把这些保险机制都纳入模型很困难。因此迪顿和帕克森展望，利用消费和收入的面板数据来构建和检验有部分保险的市场模型将获得丰硕成果［后来的研究成果包括 Heathcote et al.（2007）和 Blundell et al.（2008）等］。

总之，迪顿对消费者行为时间变化的研究的特点是关注理论与数据的关系，关注个人行为与总量结果的关系。他对消费与储蓄的研究表明，只有严格基于个人收入变化过程来描述个人消费行为，总量数据才能与理论相符。对于推动宏观经济学对消费和储蓄的研究转向有微观实证基础的模型，他发挥了根本性的作用。

3. 发展中国家的福利

3.1 背景

在 1980 年代，许多学者认为发展经济学遇到了严重的瓶颈，当时用于解释发展或发展失败的理论，缺乏大多数其他经济学领域所具有的严格性。用于检验发展理论、评估脱贫政策的数据极为稀少。此外，利用现成数据（主要是国民账户）对消费进行的实证分析难以准确反映家庭（尤其是穷人）的经济福利水平。贫困的程度、贫困家庭如何应对其经济和物质环境等基本问题，由于缺乏数据与合适的分析方法，难以给出可信的回答。

这种情况如今已大为改观，发展经济学变成了以基于高质量的家庭调查数据和其他微观数据的微观计量研究为主体。过去 20 年来的研究增进了我们对发展中国家基本经济运行机制的认识，并提供了大量与政策制定高度相关的见解。

迪顿在这一转变中发挥了关键作用，与需求分析及总量消费和储蓄领域一样，他对发展研究的贡献涉及广泛的方法论和实质性课题，从测算特定国家和全球的贫困水平，到开拓对家庭调查的微观数据的实证分析等。

3.2 对家庭调查数据的实证分析

家庭调查数据

在1980年代，迪顿主张利用家庭调查作为测算贫困和生活水平，并分析其决定因素的手段。他通过与世界银行的合作开拓了新的研究领域。1980年代早期，世界银行准备大力收集家庭调查数据——生活水平测算研究项目（Living Standards Measurement Study，LSMS）——迪顿在其中扮演着关键角色，为该项目撰写了多篇背景论文，包括如何测算家庭福利水平，这是家庭调查项目设计中最重要的议题（Deaton，1980，1981）。他在确保搜集支出数据作为福利水平测算基础方面同样发挥了重要作用。在今天低收入国家的贫困程度测算中，消费（而非收入）依然是核心指标，因为其测算通常更为便利，并且在一年中的收入有季节变化时能更准确地反映物质福利水平（Deaton and Grosh，2000）。

随着家庭调查数据在1980年代后期积累得越来越多，迪顿成为这方面的实证研究的先行者，利用此类数据开展了坚实的需求分析。他的一项成果成为以家庭调查为基础的贫困和发展研究的标准参考文献（Deaton，1997），展示了如何利用家庭调查数据来有效分析关系人类福利的个人行为。该书介绍了迪顿在方法论和实际课题上的若干贡献，并给后来的很多家庭调查研究奠定了基础。

收入与卡路里

迪顿和苏布拉马尼扬利用传统的恩格尔曲线来调查低收入国家的收入与营养状况（以卡路里摄入量来测算）的关系（Subramanian and Deaton，1996）。这种调查的重要性至少来自下列三个方面：第一，贫困与人们有没有足够的食品有着密切联系，家庭调查很关注的一项内容，就是以营养是否充足来记录穷人的生活水平。第二，对于营养和收入的关系的认识，在减贫政策设计中极为重要，如果卡路里摄入量相对于收入的弹性较高，那么促进增长的经济政策（假设收入分配状况不会发生剧烈改变）就能改善穷人的营养水平、减少饥饿。但如果像1990年代早期的几篇论文的结论那样，卡路里相对于收入的弹性较低甚至接近于零——在收入增加时，人们会选择吃更美味但营养未必更好的食品——那么政策制定者就应该把关注点从促进增长转向满足基本需要。第三，至少自莱宾斯坦的研究以来（Leibenstein，1957），经济学家们一直关心的是营养状况对生产率乃至收入的影响，特别是基于营养状况的效率工资理论认为，营养对生产率有着（非线性的）正向作用。这意味着，缺乏足够食品（卡路里摄入）的人就没有充足的生产率，在现有的市场工资水平上找不到工作，会陷入低生产率和低收入的失业和贫困陷阱。

利用印度翔实的家庭调查数据，迪顿和苏布拉马尼扬发现总体的食品消费弹性接近于0.8，而卡路里摄入量的弹性约为其一半，并随着收入提高缓慢下降。也可以说，食品消费随着收入提高而增加，但由于人们会用奶肉等食品替代谷物等食品，单位卡路里的成本会提高。尽管存在这种替代效应，政策结论还是清楚的：促进穷人收入增长的政策有助于减少营养不良的状况。

这项研究的主题是收入对营养的影响，但同时也给营养不良对贫困的反向作用提供了间接论证。迪顿和苏布拉马尼扬发现，人们一天活动所必需的卡路里的花费还不到日工资的5%，因此很难（像基于营养状况的效率工资理论那样）把营养不良作为贫困的起因。营养不良应该是贫困的后果。

家庭内部的歧视

家庭调查数据可以给政策问题提供启示的另一个例子，是迪顿对家庭内部的歧视现象的研究（Deaton，1989）。尽管有充分证据表明，在许多发展中国家儿子比女儿更受宠爱——最让人震惊的案例或许是“消失的女性”现象（Anderson and Ray，2010）——但这种歧视的具体机制安排并不清楚。一种可能性是女孩得到的资源投入长期少于男孩，但检测很困难，因为家庭调查数据很少包含每个家庭成员的消费信息。

为克服这个测算难题，迪顿设计出一个巧妙的办法，以利用家庭消费数据间接估算女孩得到资源是否更少。他的主意很简单：在孩子出生时，由于人数增加，家庭的贫困程度会加剧；那么测算成年人服装、烟酒等“成年人消费品”的消费额度的减少，就能间接估算养育孩子的花费。如果生育女孩以后成年人消费品的支出降幅少于生育男孩以后的降幅，就说明存在对女孩的歧视。从几个发展中国家的家庭调查数据里，迪顿发现在正常情况下不存在系统性的男女孩支出差距。后来的研究也证实了他的看法，但也发现在家庭经济面临不利情况时，对男女孩的支出模式存在明显的歧视。①

① 参见Duflo（2012）。

3.3 测算贫困程度

消费数据通常能在家庭层面收集，但贫困是在个人层面上测算的。由此带来的重要问题是，在仅有家庭层面的消费数据时，如何对不同规模和构成的家庭中的个人进行比较。从理论上讲，这可以通过权重体系来处理，把成人视为相同权重，某个年龄段的儿童视为成人的一定系数。在经济学研究中，对不同的家庭结构构建恰当的权重体系有着悠久历史，但就何种做法最好并无共识。同时，等值人口数的选择对贫困的测算可能有较大影响，如果按通常做法那样，以简单的全家人均支出来测算个人福利水平，由于儿童对大多数产品的需求少于成年人，那么对儿童（或有儿童的家庭）的贫困程度的测算就会被夸大。迪顿的若干论文对该研究领域做出了重要贡献。

迪顿和米尔鲍尔讨论了对不同规模家庭的福利水平的比较，并分析了对儿童养育成本的测算（Deaton and Muellbauer，1986）。他们证明，两种最简单和最常用的方法——恩格尔法和罗斯巴斯法——对儿童生活成本的测算产生了差异很大的估计值。他们还从理论和实证上指出，实际成本可能介于这两种传统测算方法的结果之间。① 利用斯里兰卡和印度尼西亚的数据，在对罗斯巴斯法进行修订后得出的结果表明，儿童的生活成本约为成年人平均支出的30%—40%。

福利水平测算的另一个关键议题是如何处理有不同价格和质量的产品。家庭调查中经常没有包含穷人的许多消费物品的价格，也没有这些产品的质量的信息。然而家庭调查通常搜集了同一个村子的多组家庭的数据，可以假定同一个群组的家庭面临相同的市场价格水平。还有，许多家庭调查搜集了有关支出和实物数量的信息，两者相除就能得到单位物品的价值。

这些单位价值的信息表明，许多发展中国家存在巨大的地域价格差，原因或许是运输成本偏高。能否利用这些单位价值作为真实市场价格的替代，来分析需求模式和测算贫困程度？答案通常是否定的，因为个人消费的产品非但数量不同，而且质量各异，单位价值的测算又存在误差。为探讨这个问题，迪顿首先提出了质量和数量选择的理论模型（Deaton，1988），然后借助科特迪瓦的家庭调查数据进行模型预测，发现在对质量效应和测量误差进行校正后，单

---

① 关于等值人口数理论，参见 Deaton and Muellbauer（1980b）。

位价值数据能够提供有关地域价格差的有效信息。各地价格的差异又能结合需求模式的变化，用于估算价格弹性。该论文的一个关键的方法论成果，是证明在缺乏地方市场的价格数据时，可以用单位价值来反映有关信息。

迪顿的研究对测算贫困程度的实际工作有巨大影响（Deaton，1988）。印度的极端贫困人口占全球总数的三分之一（Chen and Ravallion，2010），该国在2000年代中期修订了原有的价格测算方法，部分原因正是迪顿的批评（Deaton and Tarozzi，2000；Deaton，2003b，c，2008）。新的价格测算方法直接采用了迪顿的建议（Deaton，1988），结果发现农村贫困率显著高于以前的测算，并引发了对贫困测算方法以及贫困和增长之间关系的政治讨论。

3.4 不同时期和不同国家的福利水平比较

不同时期和不同国家的福利水平比较是迪顿最感兴趣的课题之一，也是许多现实政策讨论的焦点。

增长、贫困和福利

经济增长是否减少了贫困？如果增长导致所有人的收入同比例增加，低于某个固定贫困线的人口比例必然下降，绝对贫困率的降幅将取决于原先靠近贫困线的人口的比例。但如果增长的效果不是很均摊，对减贫的贡献可能就较为有限。

这方面的实证研究得出了一些矛盾的结果。迪顿的一篇文章有助于我们了解背后的缘由（Deaton，2005），他讨论了一个重要的事实：在测算贫困时采用的通过家庭调查得到的总消费水平，其增速低于通过国民账户测算的总消费水平。也就是说，家庭调查数据给人的印象是贫困没有很快地减少。迪顿指出了对消费和收入的这两种测算方法出现偏差的若干原因，认为它们或许都没有准确反映消费的实际增长。例如，国民账户中的消费未包括市场交易之外的服务（如做饭）。而随着人们经济条件的改善和家务市场的发展，这些服务会更多地被交易服务行为所替代，导致消费增长率的测算值被高估。相反，基于家庭调查的测算会低估平均消费（同时高估贫困人口的比例），因为富裕家庭参与家庭调查的概率往往低于贫困家庭。迪顿的结论是，低收入国家的现行统计手段可能低估了全球的减贫速率，但高估了全球的经济增长率。

全球贫困状况

与贫困测算有关的问题是，如何最准确地反映全球贫困状况。迪顿和杜普利兹利用 62 个发展中国家的家庭调查构建了穷人的购买力平价汇率换算体系（Deaton and Dupriez，2011），然后利用这个体系和穷人的特有消费组合，来计算全球贫困线与贫困人数。结果表明，在测算全球贫困状况时，利用通常的购买力平价和穷人的购买力平价得出的结果差别不大。

迪顿在美国经济学会的主席致辞（Deaton，2010）主要介绍了对全球贫困状况的测算，以及对他在过去十年的重要研究议题的总结。对全球贫困状况的最新测算显示（Chen and Ravallion，2010），过去 25 年以来贫困率有大幅下降。不过根据更大规模的家庭调查数据库和 2005 年的国际比较项目的购买力平价，计算出来的全球贫困人口数却比之前对同一年的测算值增加了近 5 亿人。迪顿认为，与很多人的判断相反，这个数量增加与购买力平价的修订关系并不大，而主要是源于全球贫困线提高了。其背景是印度的贫困线标准较低，甚至低于人均收入远低于它的许多国家，而在这次设定全球贫困线时，没有把印度纳入基准国之列。迪顿在发言中指出，“印度和全球之所以显得比以前更穷，其实是因为印度变得更富了”（Deaton，2010，第 16 页）。迪顿在致辞的结尾处呼吁，更多地采用受访者自己报告的幸福度指标。

总之，迪顿倡导利用发展中国家的家庭调查数据，尤其是消费数据，来测算生活水平和贫困程度。他证明这些数据能够给重要的发展议题提供有用的参考。严密的微观计量分析如今已成为现代发展经济学的基石，迪顿是促成这一转变的主要推动者之一。他的研究具有广泛的实用价值，极大地提升了我们对跨期和跨地域的贫困比较的认识。

4. 相关贡献

消费显然能带来幸福感，但不是唯一的决定因素。在近期的某些研究中，迪顿也分析了其他的决定因素。

健康

人们的健康不仅影响着他们的收入和消费前景，本身也是影响福利的一个关键要素。因此，对福利的测算和认识要求弄清楚健康和收入的关系，及其在人群中的分布状况。迪顿对此做出了重要贡献，包括对收入分配差距与健康之间关系的分析（Deaton，2003a）。

主观幸福感

第 3 节提到，迪顿呼吁更多利用受访者自己报告的幸福度指标。作为盖洛普世界调查（Gallup World Poll）的一位专家，他加入了这方面的调查设计。他还利用盖洛普的数据来分析不同社会群体和不同国家的人们在主观幸福度上的差异。①

5. 结语

安格斯·迪顿在三个领域的理论和测算研究中做出了杰出贡献：消费需求系统模型、消费的时间变化，以及对发展中国家的消费和贫困的测算。他在这三个领域都撰写了重要的教材或专著（Deaton and Muellbauer，1980b；Deaton 1992；Deaton 1997 等）。这些著作及其带动的研究发挥了开拓性作用，给后来的研究工作指明了清晰的方向。这三个领域的内容各有不同，而迪顿对它们的研究却有着共同的主题。他始终致力于利用娴熟的测算和统计方法，把理论和现实数据更紧密地结合起来。他始终致力于通过对加总问题的处理，把个人数据分析和总量数据分析更好地连接起来。很少有学者能够像他那样在研究中借助如此广泛的方法，并极大地促进我们对消费乃至人类福利的决定因素的理解。

（余江　译）

参考文献

Almås，I.（2012），"International Income Inequality：Measuring PPP Bias by Estimating Engel Curves for Food"，*American Economic Review* 102（1），1093 – 1117.

Anderson，S. and D. Ray（2010），"Missing Women：Age and Disease"，*Review of Economic Studies* 77（4），1262 – 1300.

Atkin，D.（2013），"Trade，Tastes and Nutrition in India"，*American Economic Review* 103（5），1629 – 1663.

Attanasio，O. P. and G. Weber（2010），"Consumption and Saving：Models of Intertemporal Allocation and Their Implications for Public Policy"，*Journal of Economic Literature* 48（3），693 – 751.

① 例如，迪顿的一些研究分析了不同国家和年龄段人们的不同幸福维度（Stone、Schwartz、Broderick and Deaton，2010；Steptoe、Deaton and Stone，2015）。另一项研究讨论了养育子女能否提升人们幸福感的问题（Deaton and Stone，2014），由于家庭之间存在大量已观测和未观测到的异质性，养育子女的决策又与之关系密切，因此很难说这对幸福感会有怎样的影响。出于类似的兴趣，迪顿与2002年的诺奖得主卡尼曼合作研究了收入增长能否提高生活满意度的问题（Deaton and Kahneman，2010），这方面的数据也受到个人之间大量观测到和未观测到的异质性的干扰。

Arrow, K. J. , B. D. Bernheim, M. S. Feldstein, J. M. Poterba, and R. M. Solow (2011), "100 Years of the American Economic Review: The Top 20 Articles", *American Economic Review* 101 (1), 1 -8.

Banks, J. , R. Blundell, and A. Lewbel (1997), "Quadratic Engel Curves and Consumer Demand", *Review of Economics and Statistics* 79 (4), 527 -539.

Barten, A. P. (1967), "Evidence on the Slutsky Conditions for Demand Equations, *Review of Economics and Statistics* 49 (1), 77 -84.

Barten, A. P. (1969), "Maximum Likelihood Estimation of a Complete System of Demand Equations", *European Economic Review* 1 (1), 7 -73.

Bewley, T. F. (1977), "The Permanent Income Hypothesis: A Theoretical Formulation", *Journal of Economic Theory* 16 (2), 252 - 92.

Blinder, A. and A. Deaton (1985), "The Time Series Consumption Function Revisited", *Brookings Papers on Economic Activity* 1985 (2), 465 -521.

Blundell, R. , P. Pashardes, and G. Weber (1993), "What Do We Learn About Consumer Demand Patterns from Micro Data?", *American Economic Review* 83 (3), 570 -597.

Blundell, R. and T. M. Stoker (2005), "Heterogeneity and Aggregation", *Journal of Economic Literature* 43 (2), 347 -391.

Blundell, R. , L. Pistaferri, and I. Preston, (2008), "Consumption Inequality and Partial Insurance", *American Economic Review* 98 (5), 1887 -1921.

Boppart, T. (2014), "Structural Change and the Kaldor Facts in a Growth Model with Relative Price Effects and Non -Gorman Preferences", *Econometrica* 82 (6), 2167 -2196.

Breeden D. T. (1979), "An Intertemporal Asset Pricing Model with Stochastic Consumption and Investment Opportunities", *Journal of Financial Economics* 7 (3), 265 -296.

Campbell, J. Y. and A. Deaton (1989), "Why Is Consumption so Smooth?", *Review of Economic Studies* 56 (3), 357 -373.

Chen, S. and M. Ravallion (2010), "The Developing World Is Poorer Than We Thought, but No Less Successful in the Fight Against Poverty", *Quarterly Journal of Economics* 125 (4), 1577 -1625.

Christensen, L. R. , D. W. Jorgensen, and L. J. Lau (1975), "Transcendental Logarithmic Utility Functions", *American Economic Review* 65 (3), 367 -383.

Costa, D. (2001), "Estimating Real Income in the United States from 1888 to 1994: Correcting CPI Bias Using Engel Curves", *Journal of Political Economy* 109 (6), 1288 -1310.

Crawford, I. , M. Keen, and S. Smith (2010), "Value Added Tax and Excises" in Mirrlees, J. , S. Adam, T. Besley, R. Blundell, S. Bond, R. Chote, M. Gammie, P. Johnson, G. Myles, and J. Poterba (eds.), *Dimensions of Tax Design: The Mirrlees Review*, Oxford University Press. Oxford, for Institute for Fiscal Studies.

Deaton, A. (1974a), "The Analysis of Consumer Demand in the United Kingdom, 1900 -1970", *Econometrica* 42 (2), 341 -367.

Deaton, A. (1974b), "A Reconsideration of the Empirical Implications of Additive Preferences", *Economic Journal* 84 (3), 338 -348.

Deaton, A. (1980), "Measurement of Welfare: Theory and Practical Guidelines", LSMS Working Paper No. 7, The World Bank, Washington, D. C.

Deaton, A. (1981), "Three Essays on a Sri Lanka Household Survey", LSMS Working Paper No. 11, The World Bank, Washington, D. C.

Deaton, A. (1985), "Panel Data from Times Series of Cross – Sections", *Journal of Econometrics* 30 (1 – 2), 109 – 126.

Deaton, A. (1987), "Life – Cycle Models of Consumption: Is the Evidence Consistent with the Theory?" in Bewley, T. (ed.): *Advances in Econometrics*, Vol II, North – Holland, Amsterdam.

Deaton, A. (1989), "Looking for Boy – Girl Discrimination in Household Expenditure Data", *World Bank Economic Review* 3 (1), 1 – 15.

Deaton, A. (1991), "Savings and Liquidity Constraints", *Econometrica* 59 (5), 1221 – 1248.

Deaton, A. (1992), *Understanding Consumption*, Oxford University Press, Oxford.

Deaton, A. (1997), *The Analysis of Household Surveys: A Microeconomic Approach to Development Policy*, Johns Hopkins University Press, Baltimore, MD.

Deaton, A. (1988), "Quality, Quantity and Spatial Variation in Price", *American Economic Review* 78 (3), 418 – 430.

Deaton, A. (2003a), "Health, Inequality, and Economic Development", *Journal of Economic Literature* 41 (1), 113 – 158.

Deaton, A. (2003b), "Adjusted Indian Poverty Estimates for 1999 – 2000", *Economic and Political Weekly* 38 (4), 322 – 326.

Deaton, A. (2003c), "Prices and Poverty in India, 1987 – 2000", *Economic and Political Weekly* 38 (4), 362 – 368.

Deaton, A. (2005), "Measuring Poverty in a Growing World (or Measuring Growth in a Poor World)", *Review of Economics and Statistics* 87 (1), 1 – 19.

Deaton, A. (2008), "Price Trends in India and Their Implications for Measuring Poverty", *Economic and Political Weekly*, 43 – 49.

Deaton, A. and J. Campbell (1989), "Why Is Consumption So Smooth?", *Review of Economic Studies*, 56 (3), 357 – 373.

Deaton, A. (2010), "Price Indexes, Inequality, and the Measurement of World Poverty", *American Economic Review* 100 (1), 5 – 34.

Deaton, A. and J. Drèze (2009), "Food and Nutrition in India: Facts and Interpretations", *Economic and Political Weekly* 44 (7), 42 – 65.

Deaton, A. and O. Dupriez (2011), "Purchasing Power Parity Exchange Rates for the Global Poor", *American Economic Journal: Applied* 3 (2), 137 – 166.

Deaton, A. and M. Grosh (2000), "Consumption", in Grosh, M. and P. Glewwe (eds.) *Designing Household Survey Questionnaires for Developing Countries: Lessons from 15 Years of the Living Standards Measurement Study*, Oxford University Press, New York, NY, for the World Bank.

Deaton, A. and D. Kahneman (2010), "High Income Improves Evaluation of Life but not Emotional Well - being", *Proceedings of the National Academy of Sciences of the United States of America*107 (38), 16489 - 16493.

Deaton, A. and G. Laroque (1992), "On the Behavior of Commodity Prices", *Review of Economic Studies* 59 (1), 1 - 23.

Deaton, A. and J. Muellbauer (1980a), "An Almost Ideal Demand System", *American Economic Review* 70 (3), 312 - 326.

Deaton, A. and J. Muellbauer (1980b), *Economics and Consumer Behavior*, Cambridge University Press, Cambridge, UK.

Deaton, A. and J. Muellbauer (1986), "On Measuring Child Costs: With Applications to Poor Countries", *Journal of Political Economy* 94 (4), 720 - 744.

Deaton, A. and C. Paxson (1994), "Intertemporal Choice and Inequality", *Journal of Political Economy* 102 (3), 437 - 467.

Deaton, A. and A. Stone (2014), "Evaluative and Hedonic Wellbeing among those with and without Children at Home", *Proceedings of the National Academy of Sciences of the United States of America* 111 (4), 1328 - 1333.

Deaton, A. and A. Tarozzi (2000), "Prices and Poverty in India", Princeton Working Paper.

Diewert, E. (1974), "Applications of Duality Theory", in Intriligator. M. and D. Kendrick (eds) *Frontiers of Quantitative Economics*, Vol. II, North - Holland, Amsterdam.

Duflo, E. (2012), "Women's Empowerment and Economic Development", *Journal of Economic Literature* 50 (4), 1051 - 1079.

Flavin, M. (1981), "The Adjustment of Consumption to Changing Expectations about Future Income", *Journal of Political Economy* 89 (5), 974 - 1009.

Gorman, W. M. (1953), "Community Preference Fields", *Econometrica* 21 (1), 63 - 80.

Gorman, W. M. (1961), "On a Class of Preference Fields", *Metroeconomica* 13 (2), 53 - 56.

Guvenen, F. (2007), "Learning Your Earning: Are Labor Income Shocks Really Very Persistent?" *American Economic Review* 97 (3), 687 - 712.

Guvenen, F. (2009), "An Empirical Investigation of Labor Income Processes" *Review of Economic Dynamics* 12 (1), 58 - 79.

Hall, R. E. (1978), "Stochastic Implications of the Life - Cycle - Permanent Income Hypothesis: Theory and Evidence", *Journal of Political Economy* 86 (2), 971 - 987.

Hall, R. E. and F. S. Mishkin (1982), "The Sensitivity of Consumption to Transitory Income: Estimates from Panel Data on Households", *Econometrica* 50 (2), 461 - 481.

Hamilton, B. (2001), "Using Engel's Law to Estimate CPI Bias", *American Economic Review* 91 (3), 619 - 630.

Heathcote, J., K. Storesletten, and G. L. Violante (2009), "Quantitative Macroeconomics with Heterogeneous Households", *Annual Review of Economics* 1, 319 - 354.

Heathcote, J., K. Storesletten, and G. L. Violante (2014), "Consumption and Labor Supply with Partial Insurance: An Analytical Framework", *American Economic Review* 104 (7), 2075 - 2126.

Huggett, M. (1993), "The Risk - Free Rate in Heterogeneous - Agent Incomplete - Insurance Economies", *Journal of Economic Dynamics and Control* 17 (5 - 6), 953 - 969.

Imrohoroglu, A. (1989), "Cost of Business Cycles with Indivisibilities and Liquidity Constraints", *Journal of Political Economy* 97 (6), 1364 - 1383.

Jorgenson, D. W, L. J. Lau, and T. M. Stoker (1980), "Welfare Comparison under Exact Aggregation", *American Economic Review* 70 (2), 268 - 272.

Jorgenson, D. W., L. J. Lau, and T. M. Stoker (1982), "The Transcendental Logarithmic Model of Aggregate Consumer Behavior", in Basmann R. L. and G. Rhodes (eds.) *Advances in Econometrics*, Vol. 1, JAI Press, Greenwich.

Krusell, P. and A. A. Smith (1998), "Income and Wealth Heterogeneity in the Macroeconomy", *Journal of Political Economy* 106 (5), 867 - 896.

Leibenstein, H. A. (1957), *Economic Backwardness and Economic Growth: Studies in the Theory of Economic Development*, Wiley, New York, NY.

Leland, H. (1968), "Saving and Uncertainty: The Precautionary Demand for Saving", *Quarterly Journal of Economics* 82 (3), 465 - 473.

Leser, C. (1963), "Forms of Engel Functions", *Econometrica* 31 (4), 694 - 703.

Lewbel, A. (1989), "Nesting the AIDS and the Translog Demand Systems", *International Economic Review* 30 (2), 349 - 356.

Lewbel, A. and K. Pendakur (2009), "Tricks with Hicks: The EASI Demand System", *American Economic Review* 99 (3), 827 - 863.

Lucas, R. E. (1978), "Asset Prices in an Exchange Economy", *Econometrica* 46 (6), 1429 - 1445.

MaCurdy, T. E. (1981), "An Empirical Model of Labor Supply in a Life - Cycle Setting", *Journal of Political Economy* 89 (6), 1059 - 1085.

Muellbauer, J. (1975), "Aggregation, Income Distribution and Consumer Demand", *Review of Economic Studies* 42 (4), 525 - 543.

Muellbauer, J. (1976), "Community Preferences and the Representative Consumer", *Econometrica* 44 (5), 979 - 999.

Neary, J. P. (2004), "Rationalizing the Penn World Table: True Multilateral Indices for International Comparisons of Real Income", *American Economic Review* 94 (5), 1411 - 1428.

Pendakur, K. (2002), "Taking Prices Seriously in the Measurement of Inequality", *Journal of Public Economics* 86 (1), 47 - 69.

Rizvi, S. A. T. (2006), "The Sonnenschein - Mantel - Debreu Results after Thirty Years", *History of Political Economy* 38 (suppl.), 228 - 245.

Sandmo, A. (1970), "The Effect of Uncertainty on Saving Decisions", *Review of Economic Studies* 37 (3), 353 - 360.

Sonnenschein, H. (1973), "Do Walras' Identity and Continuity Characterize the Class of Community Excess Demand Functions?", *Journal of Economic Theory* 6 (4), 345 - 354.

Steptoe, A., A. Deaton, and A. Stone (2015), "Subjective Wellbeing, Health, and Ageing", *Lancet* 385 (9968), 640 - 648.

Stone, R. (1954a), *The Measurement of Consumers' Expenditure and Behaviour in the United Kingdom*, 1920 – 1938, Vol. I, Cambridge University Press, Cambridge, UK.

Stone, R. (1954b), "Linear Expenditure Systems and Demand Analysis: An Application to the Pattern of British Demand", *Economic Journal* 64 (255), 511 – 527.

Stone, A., J. Schwartz, J. Broderick, and A. Deaton (2010), "A Snapshot of the Age Distribution of Psychological Wellbeing in the United States", *Proceedings of the National Academy of Sciences of the United States of America* 107 (22), 9985 – 9990.

Subramanian, S. and A. Deaton (1996), "The Demand for Food and Calories", *Journal of Political Economy* 104 (1), 133 – 162.

Townsend, R. M. (1994), "Risk and Insurance in Village India", *Econometrica* 62 (3), 539 – 591.

Working, H. (1943), "Statistical Laws of Family Expenditure", *Journal of the American Statistical Association* 38 (221), 43 – 56.

Zeldes, S. P. (1989), "Optimal Consumption with Stochastic Income: Deviations from Certainty Equivalence", *Quarterly Journal of Economics* 104 (2), 275 – 298.

《历史上的企业家精神》

不管是被誉为英雄，还是被视为贪婪逐利和破坏社会秩序的败类，企业家及其创新与创业活动都对经济增长和国家繁荣产生着巨大影响。本书首次汇集众多主流经济史学家，探讨古往今来的企业家在经济发展中扮演的重要角色。

全书详述了美索不达米亚和新巴比伦时期的创业历史，引领读者回溯至伊斯兰教时期的中东史，提出了有关中国、日本和殖民时期印度企业家精神史的诸多洞见，描述了从中世纪至今企业家在欧洲和美国创新活动中发挥的关键作用。作者们不仅考察了企业家精神的重大贡献，而且探讨了创新和创业活动为何并不总是生产性的，有时甚至会破坏繁荣。他们试图说明不同历史背景下的社会和制度如何促进或阻碍了创新，如何影响了推动新技术采用和传播的各种激励机制。此外，作者们还论述了不同历史时期全球创业活动的地域差异。书中随处可见丰富翔实的历史案例和事件，既令人耳目一新，又不乏启示意义。

本书堪称创新、创业与企业家精神的寻根之作。

中信出版集团 · CHINACITICPRESS

改革论坛

Roform Forum

Comparative

转型与增长

隆国强　王小鲁　许成钢　白重恩　田国强　埃里克·伯格洛夫

编者按： 转型与增长是中国当前乃至未来发展的两个关键词，一方面在经济进入新常态的情况下，转型已经成为一个必要的目标，但另一方面为了实现到2020年比2010年人均收入翻一番的目标，“十三五”规划明确提出未来五年我们要保持年均GDP增长6.5%。转型和增长之间是一种什么样的关系？是相辅相成、相互促进，比如说只有实现转型才能更好地实现增长，还是说这两个目标之间是需要我们权衡和取舍的。实现转型是不是需要我们牺牲一定程度的增长，取得一个黄金的平衡点？这些问题都需要我们认真思考、认真讨论，给出严谨和科学的答案。“转型与增长”讨论会由中国发展研究基金会副秘书长方晋主持，参与讨论的学者有隆国强、王小鲁、许成钢、白重恩、田国强、埃里克·伯格洛夫。我们将此次讨论内容整理成文，供读者们参考。

转型增长的三个方面

隆国强　国务院发展研究中心副主任

第一，要充分认识转型增长的紧迫性。很多年前，我们就在讲转变经济增长方式，或者转变经济发展方式。纵观世界各国包括中国经济发展的历程，我们会发现，转型实际上并不是一夜之间的突然变化，而是一个渐变的过程。在

* 本文根据2015年11月5—7日财新峰会“转型与增长”学术专场的录音整理而成。

过去这么多年，中国经济的增长无论是结构还是动力都在发生转变，但是我们觉得和理想中的目标仍有差距，转型增长的速度还不够快。今天，再次讲转型和增长的时候，紧迫性可能比以往的任何时刻都更加强烈。从国际的角度来看，过去我们依靠出口的快速增长拉动经济，但在金融危机以后，全球还处在金融危机后的调整期，外需低迷不振，经济出口的高速增长已经没有可能，同时我们自己的比较优势也在发生着深刻的变化。以前依靠低成本的劳动力来支撑的出口竞争力现在也面临着严峻挑战。从国内的角度来看，原来我们靠高速投资来驱动增长，但是现在投资的比例已经非常高，而投资效率却大大降低，边际资本回报率已经降到了5%，甚至低于5%，在现有的框架下，如果不能实现转型，仍想依靠大量的投资来推动经济增长，本身也实现不了以往的效果。所以无论从国际还是国内来看，我们都到了一个不得不加速推进转型，进而推动中国经济可持续发展和增长的一个关键时期，这个紧迫性比以往任何时候都更加强烈。

第二，推动经济的转型增长，要特别着力推动机制的建立。经过这么多年，大家对新的增长模式、对转型的目标基本已达成共识，就是要从过去依靠大规模要素投入和规模扩张，转向通过创新、结构升级、效率提升来驱动，保证中国经济继续以中高速增长。目标很明确，但是如果我们没有一套相应的机制来保障，很难成功实现这种转型。现有的粗放增长模式和现有的机制是为了适应当时我们快速推进工业化的需要而设计的。在十八届三中全会和刚刚颁布的“十三五”规划里，对全面深化改革和保障“十三五”期间的转型增长做了全面设计，特别是对体制机制的设计有全面的论述，其中有特别重要的几点要给予充分重视：

一是国有企业改革。国有企业，处在技术和资本密集行业，还有一些专业服务领域，占有大量的研发资源。想要靠创新来驱动经济增长，只能通过深化国有企业改革，真正把国有企业改革成创新取向的企业，这是一项艰巨的任务。

二是要深化与专业部门的生产要素、专业人士流动相关的改革。在过去几十年中，最大的改革之一就是让劳动力脱离农村进入城市，在制造业部门、服务业部门工作，大大提高了劳动生产率。但是，今天仔细审视一下，我们就会发现，涉及专业人士流动的体制还不具备，在不同的机构里，比如政府部门、事业单位、企业，专业人士的顺畅流动在人事制度上还有很多障碍，更不用说跨地域流动。要保证这种生产要素流动，就要建立一个开放、统一、竞争有序的市场。这其中特别是生产要素市场，而生产要素市场里，最重要、最活跃的是人，因此，推进人事制度改革以及相应的全国统一的社会保障体制改革等，至关重要。

三是在相关领域，比如科研体制，也需要出台一系列改革，调动人的积极性。例如在深圳有一个先进技术研究院，是中国科学院在深圳设立的试点性体制创新机构。在成立短短的几年里，这个研究院建立了一套全新的科研管理体制，充分调动了科研人员的积极性，正是在这种新制度的激励下，研究院每年能够做出的科研成果以及发表在《科学》这类高端国际刊物上的文章，在全国占到相当高的比重。这说明中国的科学家、工程师的聪明和智慧是毋庸置疑的，但是，怎么能够用一套全新的体制来充分激发专业人士、科研人员的积极性，是需要深化体制改革来实现的。

第三，中国的转型和增长一定要放在开放的环境下进行。要以全球视野，坚持在开放中推动转型，在开放中推动升级，在开放中保证维持中高速、可持续的增长。我们必须要用好全球的资源，全球的市场。这是我们过去这么多年的一个重要经验，当我们推进转型增长的时候，就意味着我们要推动资本和技术密集的产业开放。过去这些产业保护程度是相对较高的，在某些部门可能还存在着保护过度的问题。而在全球化的新局面下，我们要转型增长，就要加快推动服务部门、资本和技术密集的制造业部门的开放。既要让它们感受到来自全球竞争的压力，也要让这些部门更好地吸收外部资源，引进新的投资者、新的竞争者。另外，还要让这些部门主动走出去，利用全球的研发资源。在这些资本技术密集部门的企业，你会看到，比如华为、中兴，往往都是立足于两个市场，利用两种资源，用全球视野整合全球资源，在全球竞争中求得创新，增强竞争力。放到整个国家也是如此，所以一定要坚持进一步扩大开放，利用好全球资源来加速转型增长。

消费和储蓄的结构失衡

王小鲁　国民经济研究所副所长

最近一个时期，我们可以看到一个非常有意思的趋势，就是资本存量的增长在加速，同时资本的边际生产率有明显下降，产能利用率在不断下降，产能过剩的情况越来越严重，经济增长也在减速，特别是从 2008 年开始，这一现象表现得特别突出。根据国内外几个不同的研究，都可以看到基本上相同的趋势。如果我们计算资本边际生产率，就会发现现在的边际生产率大约只相当于2000年的1/3，呈急剧下降趋势

这些问题说明目前的经济疲软主要是结构性的。首先不是供给方面的障碍，而基本上是需求制约的，表现为企业生产的东西卖不出去。其次，靠政府扩大投资和用宽松的货币政策来刺激投资，扩大总需求来拉动经济增长，这种传统模式看来基本上走到了尽头，基本原因是结构失衡，是储蓄和投资过度，而消费相对不足。研究过去GDP中储蓄和消费结构，我们可以看到一个明显的现象：大致从2000年到现在，消费率急剧下行，在此之前我国的消费率大体上保持在60%以上，而在最近十几年中降到了50%左右，也就是说十多年下降了十几个百分点。同一个时期储蓄率从30%多上升到大约50%，上升了十几个百分点。资本形成率也有大体上同等幅度的上升。总体来说，出现了一个急剧的结构变化，即消费少了，储蓄和投资多了。

以这样的结构变化为背景，再来考虑我们当前的政策，也即持续用凯恩斯主义的政策来应付需求不足，用投资刺激投资，拉动总需求，将面临什么样的问题呢？恐怕需要反思。首先凯恩斯主义认为，用货币政策和财政政策来扩大投资，包括社会和政府直接刺激扩大投资可以有效解决需求不足的问题。但是这个论断实际上是有条件的，即凯恩斯理论研究的主要是短期问题，短期的高投资确实可以拉动需求，但是高投资在中长期也会扩大供给，于是就有可能造成供给和需求之间的分离进一步加剧。扩大基础设施和房地产领域的投资是不是可以避免产能过剩、东西卖不出去的情况？是否在某种程度上好于产业投资？答案是否定的，实际上，基础设施和房地产投资也是不能无限扩张的，现在就已经出现了大量的存量房卖不掉的现象。基础设施建设的某些领域也出现了饱和与过剩，有些地方修建高速公路但是没有车跑。由此可以想到一个问题，凯恩斯主义认为消费需求和投资需求之间是可以完全替代的，但实际上不然，消费需求和投资需求不能完全替代，特别是像我国这样一个高储蓄、高投资的经济体。如果我们持续用刺激政策扩大投资，结果将会造成产能不断扩张，加剧投资和消费之间的比例失调。

有些人认为投资当然是越多越好，因为投资越多经济增长就会越快。经济增长理论早就有过证明，存在一个长期稳态的黄金储蓄率或者资本积累的黄金率。按照这个理论，过高和过低的储蓄率、投资率都会造成资源配置的恶化，

导致效率降低，影响社会福利的总水平和长期的经济增长。我们用中国过去60多年的数据做过一些实证分析，初步证明大概65%左右的消费率对长期增长是最有利的，而我们现在的消费率只有50%左右。我们需要适度提高消费率，降低储蓄率，怎么样才能把储蓄率降到一个合理的水平呢？我认为有下面几个方面的事情要做：

第一，产业投资的功能应该回归市场。产业投资应该主要由企业来进行，而不是由市场来进行。第二，政府主要承担公共服务的职能。减少不必要的政府投资和行政支出，以扩大公共服务的供给来实现社会保障的应保尽保。第三，加大对人力资本的投资。我们在这个领域的投资还很缺欠，而且人力资本投资相比物质资本投资而言长期回报更高。第四，减轻企业的社保缴费负担，促进社保的全覆盖。现在企业社保缴费大约是工资总额的40%—50%，对企业来说，是很沉重的负担。改变这种情况非常重要的一点就是用国有资本来充实社保基金，这一点在十八届五中全会已经提出。首先这种充实的力度要大，另外在这样做的同时要减轻企业的社保缴费负担，如果说现在是40%的话，那么至少降低10个百分点，才能起到作用。第五，改善收入分配，缩小收入差距。目前过高的储蓄实际上和过大的收入差距有直接关系，收入两极分化导致了高储蓄低消费。第六，减少垄断，维护公平的市场竞争。最后需要加快推进户籍制度改革，让2亿多没有户口、没有被社保覆盖的新城镇居民与其他居民享受同等的福利待遇，能够在城市安家落户。

概而言之，中国长期增长仍然有巨大的潜力，但是需要一些条件：合理的收入分配，平衡的储蓄和消费结构，健全的公共服务和全覆盖的社会保障来维护社会公平，加快人力资本的增长速度，保持企业的合理负担水平，维护企业的创新能力，保护公平竞争的市场环境，维护城市化协调和健康的发展。

新形势下的老问题：债务和软预算约束

许成钢　香港大学教授

2008年以来中国经济发生了一个非常显著的变化，一方面经济增速迅速下降，另一方面投资在上升。经济增速持续下降的直接原因，简单地说就是内需不足、产能过剩和与此连在一起的债台高筑。债台高筑的问题是我们要关心的长远的经济增长问题，因为债台高筑会给经济带来非常重大的危险。

另外，为何近年来中国经济出现了严重的产能过剩，而杠杆率一直居高不下。实际上产能过剩和债台高筑背后有一个共同的机制，即软预算约束问题。软预算约束问题的核心在于国有企业和地方政府在资不抵债的时候不会破产，他们靠政府对其进行救助。这会带来非常严重的问题：他们不受破产的威胁，没有自我约束，不负责任地扩张，形成严重的道德风险问题。软预算约束是个老问题，是计划经济和转轨经济中早就有共识的最基本问题。换句话说，苏联和东欧在经历长期的经济改革失败后，最后最解决不了的就是软预算约束问题。软预算约束问题也一直是中国国有企业和政府机构面对的最基本问题。

中国在过去的二三十年里有很好的经济发展，原因就在于中国早期的改革部分解决和缓解了软预算约束问题。这里面解决的部分可被称为硬预算约束，最突出的就是八九十年代私有部门的快速发展，产生了大批民营企业。现在的中国经济中，民营企业占了中国经济的主体，这部分是硬预算约束，也是中国经济改革与苏联、东欧经济改革最不同的地方。90 年代后期和 21 世纪前几年，大批中小国有企业民营化，就是当时所谓抓大放小里面“放小”的部分，这一部分也明显硬化了预算约束，但是还有非常大的一部分并没有解决，而只是缓解。缓解就是包括本世纪早期的几个重大措施：一是剥离国有银行坏账，二是向国有银行大规模注资，三是抓大里面的改造大型国有企业。这些都使得一段时间里，软预算约束问题有所缓解，但是并没有根除。目前的问题是当初“抓大”带来的问题积累到现在，这个老病开始以新的形式复发。“抓大”的一面就是国企越来越大。另一方面地方政府以土地作抵押在银行大量借债，不过不是以债券的形式在市场上发行，而是银行债务。软预算约束以新的形式重新产生，无论是国企还是地方政府，预期面对的都是软预算约束，因此没有金融纪律。

以新形式出现的老问题现在极端严重，表现在以下几个方面：第一，地方政府以土地抵押的融资平台欠债 30 多万亿。第二，各类国有企业以巨额的银行债务为支持快速扩张。在去年的一年中，全国的总债务量占 GDP 的比例，已经超过了 280%，这个数字非常高，超过了美国。真正最严重的问题还不是单纯的数字，而是增长的速度非常快。由迅速扩张的债务作为支持，中国的国有企业积累了大量的产能过剩，根据 OECD 的估算，2014 年中国对全球的产能过剩贡献了 37%，而另一个研究结果是 2012—2014 年间全球增加的 41% 的产能都来自中国。最严重的问题就是当整个经济下滑而债台还在继续增高的情况下，谁来还债？如何还债？这是一个非常严重的基本问题。

现在中国经济面对的真正最大的问题不是债务本身高，而在于它恶化的速度和债务的性质。数据显示，2008 年全国总债务占 GDP 的比例是 76%，从 2008 年到 2014 年的短短几年时间就已经涨到了 280% 以上。2015 年 9 月中国全部国有企业债务一个月内增加了 6 万亿，也就是 10%。按照这个恶化速度，危险是非常大的。再看债务的性质，也是非常危险的，无论是美国、英国、日本，所有发达国家的政府债和企业债，主体是以债券的形式在市场上发行，而中国债的主体是银行，这是相当危险的。因为银行债务大量是以抵押贷款的形式发行，当经济下滑时，抵押贷款的价值在下降，导致原本不是坏账的银行债务都变成了坏账，这会严重威胁中国的金融财政乃至经济的稳定和安全。

中国的软预算约束还有一个特别新的形式，就是进入证券市场。软预算约束在证券市场的表现形式为：第一，上市企业资不抵债时，不会破产，也不会退市，而是由政府通过各种各样的方式向这些业绩差、严重亏损的上市公司注资。这里想要强调的是，之所以发达国家的证券市场这么重要，之所以风险资本主要集中在证券市场发达的国家，原因就在于证券市场是一个硬预算约束的市场，因此在操作的时候，不容易产生严重的道德风险问题。换句话说，硬预算约束实际上是保证证券市场健康的必要条件，当把这个约束破坏后，整个证券市场便会出问题。

那么，软预算约束问题从何而来呢？根本的原因就在于政府是不是能够对硬预算约束做出承诺并信守承诺，这是第一点。在改革和规划的设计中，在法规的制定与合同的设立中，是否事先非常清楚地规定当一个机构资不抵债的时候必须破产。事实上政府机构和国有企业几乎不存在这种硬性承诺，因为这本身就是顶层设计和具体设计中的第一个问题，可以被视作认识问题。第二，在有了这个承诺之后，当某个机构资不抵债时，我们的制度能否真的执行破产，这个承诺能否得到信守，决定了预算约束的软硬。我们知道，事实上得到中央政府帮助的国有企业和地方政府不会破产，而相比之下，受市场制约的民营企业资不抵债时就会破产，所以我们可以看软预算约束和硬预算约束的清楚界限。这实际上也可以看成是对改革的顶层设计和对合同的具体设计中的第二个基本问题。

必须强调的是，信守承诺是整个金融发展的基础，为了金融发展政府必须做出承诺，并信守承诺，这是对市场的尊重。这次股灾的教训表明，政府必须承诺并且信守不把股市当作政策工具。与此相关的两个基本问题是：第一，为何中国最强的创新型民营企业大多数在执行英美法系的境外市场上市；第二，推进沪港通这些改革措施会带来什么后果，也就是说，如果我们不能解决软预算约束问题，不能解决企业治理中的最基本问题，一旦在海外出现问题，会有什么后果。

能否信守承诺取决于制度，当把所有的权力集中在一起的时候，这个制度实际上是不能信守承诺的，这里面就包括预算约束方面的承诺、经济方面的承诺、法律方面的承诺和政治方面的承诺。在没有约束的权力下，即便政府是完全善意的，它也会善意地用它的权力违反自己的诺言。只要违反了诺言，由此带来的后果和它是善意还是恶意就不再有关，因为只要违反了承诺就破坏了市场秩序。换句话说，制度的力量超出了意志。在信守承诺的制度中，不同的权力之间一定是相互独立的，原因很简单，只有相互独立的权力才能够保证这些权力之间的相互制衡，这才是管住政府、管住企业的预算约束的基础，硬预算约束依靠的一定是这种制度上的安排。这些独立的制度包括独立的产权和控制权、独立的司法权。民营企业面对的是硬预算约束，道理非常简单，因为每一个民营企业都有各自的产权，它们之间的产权不联在一起。控制权相互之间独立决定了它的硬预算约束。如果我们通过大规模集权进行金融监管，虽然能解决某些协调问题，但是无法从根本上解决软预算约束的问题。

从软预算约束的角度来看金融监管，可以给我们新的启发。金融市场产生于法治也成长于法治。简单看一下历史便知，在宪法的保护下，即便早期全世界的金融市场都没有政府监管，也获得了巨大的发展，支持了人类前两次的工业革命。在没有金融监管的时候，维持金融市场秩序靠的就是法治和独立的司法。直到 1933 年，美国才率先出台了金融监管法律，但是，其基础和背景仍然是独立的司法。由此可见，这其中的核心问题是法治要求政府受独立司法的约束，使政府无权直接把市场作为工具。这些就是硬化预算约束，也是促进金融发展的基础。

投资结构与经济增长

白重恩　清华大学经管学院副院长

在考察经济结构转型与经济增长时，除了传统上的投资与消费的结构外，我在这里还要强调投资结构，也就是说，不同类型投资之间的关系，有三个原因：第一，投资结构刻画了中国经济的基本特征。第二，投资结构可能带来很大的影响。第三，要想改变目前投资结构的状况难度很大，并且还可能形成一个陷阱。

首先，为什么说投资结构反映了中国经济的基本特征？可以用以下几个现象来说明，这些现象很难用传统的经济学教科书理论推导出来：

第一，尽管经济增长速度在下降，但实际利率在上升。一般情况下经济增长下降的时候，投资乏力，对资本的需求减少，实际利率应该下降。但是我们看到的实际情况正好相反，经济在减速，而实际利率一直在上升。

第二，经济增长减速，但是劳动力成本增长的速度仍然很快。即使剔除掉价格因素，劳动力成本的实际增长速度仍然超过 GDP 的实际增长速度，这也是一个反常现象。因为当经济增长乏力的时候，对劳动的需求会减少，所以劳动力的价格也应降低，但是我们看到的正好相反。

第三，尽管实际利率在上升，但是资本的回报率在下降。这也是一个反常现象，因为人们之所以愿意选择支付一个实际利率，必须是资本的回报率要高于实际利率。当资本回报率降低的时候，实际利率应该下降，而我们看到的现象正好相反，即资本回报率下降，但实际利率在上升。

第四，劳动力成本在上升，却出现了通缩。这也是不应该发生的事，一般来说工资增长是造成通货膨胀最主要的原因之一，如果劳动力成本不断上升，应该发生通胀而不是通缩。这四个通常教科书理论不能解释、在其他国家也难以观察到的现象，是中国特色，而要解释这四个现象必须研究中国的投资结构。

为了把我国的投资结构的特殊之处讲得更清楚，可以把整个经济分成两个部门：一个是政策扶持部门，另一个是市场部门。政策扶持部门的范围要比国有企业更大，因为如果政府要投资更多的公路，修公路的企业并不一定全部是国有企业，一旦政府投资大量的钱修公路，造公路的企业即使是民营企业也获利了，所以这里讲的政策扶持部门是范围更广的部门。而我们有很多政策扶持部门的企业不仅存在该垮台没垮台的软预算约束问题，相反在大家都不盈利的时候，它可能还在盈利，这就超出了软预算约束的范畴。

为什么把经济分成政策扶持部门和市场部门就能解释上述几个教科书里看不到的现象呢？比如，今年前三季度的投资，固定资产投资增速大概在 10%

左右，其中基础建设投资的增长速度是18%，就是说基础建设投资占固定资产投资的比重在增加，这不仅仅是今年前三季度才有的现象，2008年以来一直如此。2008年我们非居民建筑安装投资占总投资的比重是38%，现在是50%，也就是说固定资本形成的结构从2008年到现在发生了巨大的变化，其中基础建设投资所占的比重越来越大，这个和刚才说的四个现象有什么关系呢？首先第一个现象，实际利率在上升，因为政策扶持部门所占的资源越来越多，包括资本，市场部门能获得的资源就少了，政策扶持部门挤压了市场部门，使得市场部门的成本增加，也就是说资本的成本增加了，因为大量资本用在了政策扶持部门，所以市场部门的实际利率就上升了。劳动力也是如此，当政策扶持部门扩张很快的时候，需要雇用大量的劳动力，所以市场部门就要为劳动力付出更高的成本，这就解释了第二个现象，经济下行的时候还会有比较高的劳动力成本增速。第三，如刚才所说，当政策扶持部门越来越大的时候，对市场部门的挤压越来越严重，所以劳动力成本上升，工资成本上升，而政策扶持部门的效率和市场部门相比又较低，资本回报也较低，当资本回报较低的部门在经济中占的比重越来越大，总体回报率就会下降，这解释了第三个现象。第四，为什么劳动力成本上升这么快的时候会出现通缩，这跟软预算约束有很大的关系。尽管劳动力成本上升，但是有一些企业的成本受劳动力成本上升的影响很小，因为这些企业是软预算约束的，即使亏损了还会继续生产，当这些部门有过剩产能的时候，就会造成通缩。对这类企业扶持的力度越大，通缩的情况可能就会越严重。所以政策扶持部门和市场部门这样一个结构变化，政策扶持部门越来越大这样一个现象，可以解释中国经济中一些非常特殊的特征。

这种二元结构问题给经济带来的成本很高。首先我们刚才已经看到了，尽管实际利率很高，但是资本回报率在下降。当你付出的资本成本高而得到的回报低的时候，必然造成另外两个问题：一是企业面临的风险加大，企业的盈利下降；二是企业的债务上升。因为企业的收入不足以还债，所以有一些企业借新债还旧债，导致债务不断扩大，同时实际利率还比较高，造成了进一步的债务上涨压力。不仅仅是投资回报率下降，衡量整体经济效率的重要指数全要素生产率的下降也和投资结构有关。对中国30多个省份、从1978年到现在的全要素生产的数据做分析就会发现，全要素生产率的增长速度和投资结构有明显的关系，所以上述结构问题带来了非常严重的后果。

为了走出这样一个结构，需要降低政策扶持部门扩大的速度，降低政策扶持部门投资的速度。但是这样做，短期来看会导致增长率下降，而我们又不能容忍增长率下降过多。如果不能容忍增长率下降过多，就必然走不出靠扩大投资来维持经济增速的怪圈。

因此，想走出这个怪圈，首先可以做的，就是容忍增长率的短期下降。从一个增长模式转变到另一个增长模式，会有一个过程，在这个过程中增长率自然会受到一定的影响，如果我们不允许增长率的临时下降，就不可能完成这样的调整。第二，我们的财政政策应该从刺激性的投资转向降低企业成本这个方向。政策扶持部门的投资造成的挤压效应，导致市场部门的企业的成本过高，其解决的办法，一是通过财税手段降低企业成本，比如减税，更重要的是降低社保缴费率，这就可以有效降低企业的劳动力成本，至少给企业一个喘息的机会。第三，推进国有企业改革，如果国有企业能够改革，让国有企业占用的资源能够有效地释放到市场中，并且能盘活，让它更有效地被使用，也可以部分解决这个问题。第四，政策扶持部门和市场部门新的二元结构，可以帮助我们设计更好、更有针对性的货币政策。

深化制度改革才能解决增长与转型两难

田国强　上海财经大学经济学院院长

现在国内外都很关心中国经济转型过程中的增长下滑问题。说实话，当前中国经济形势很不乐观。许多机构，包括我们上海财经大学高等研究院年中宏观经济分析所做出的预测，结果都显示今年保 7 的难度很大，并且会伴随 PPI 持续下行，通缩风险抬头。由于要素边际收益递减规律，中国经济增长的中枢已经下移，但不应该像现在这样下滑得这么快，弄得不好会引发连锁反应的恶果，会危及政治经济社会的稳定。

我的一个基本判断是：如不尽快进行实质性的、制度性的、深层次的市场化改革，中国经济持续快速下滑的劣势很难止住。随着经济下行压力增大，出现大批民营企业倒闭潮和银行坏账，乃至广东、浙江、江苏、福建、山东这些民营经济发达、经济增速一直很高的地区都是如此。根据《每日经济新闻》对公开报道的不完全梳理，今年以来珠三角地区有 76 家企业关门，其中东莞占 27 家，比例超过关门企业总数的 1/3。中国制造业也许正面临继 2008 年以来的第二次大规模企业倒闭潮。

尽管在市场经济条件下，企业倒闭尤其是中小企业的破产倒闭并不鲜见，但是与经济增长持续大幅下滑一挂钩，问题就会放大，极其不寻常。目前，实体经济增长减缓和企业批量倒闭叠加效应正在向银行业加速传导，银行不良资产风险有扩大的趋势。据《财经》最新报道，截至今年三季度末，中国16家上市银行不良贷款余额为9080亿元，比2014年末增长了近三成，不良贷款率全线急速上升。尤其是许多产能过剩行业的企业债务负担沉重，杠杆率加速攀升。如果应对不当，更大的风暴可能还在后面。

同时，与上世纪90年代国有企业大量倒闭和工人下岗还有政府兜着不同，这一轮倒闭潮是民营企业批量倒闭，大量农民工返乡，形成了“逆城镇化”现象，其中很多人又成为新的失业者或重新回到农地耕作，而国家的失业救济社会保障制度基本还没有建立健全，如果处理不好，基本的生存权都没有保障，就会带来一系列严重的政治经济社会方面的问题。

面对经济困局首先要破除认识上的误区

对前面提及的问题，许多人却很不以为然，有许多似是而非的观点和误区。这里仅举几例。

1. 将中国经济的增速和发达国家的增速进行简单类比，从而将危机当成成绩。不少人认为，中国增速哪怕低到6%以下也很不错，仍然要比发达国家如美国现在2%或3%的经济增速高多了。其实，这是一种盲目的自信，不仅没有忧患意识，反而将危机当作成就而洋洋自得。殊不知，这种将不同发展阶段（就像年轻人长身体阶段和已经成熟的成年人阶段）放在一起的简单类比是很有问题的，弄不好是会误国的。也可以用卫星来做比喻，发达国家的经济就像已经进入预定轨道环绕飞行的卫星，虽然也会受经济周期和技术进步所带来的结构调整的影响而有所波动，但总体已经基本处于平衡增长轨道。中国则不同，作为一个仍处于发展中的经济体，就像一个处于腾空上升阶段的卫星一样，还需要一定的速度保障，否则动力不足，就可能不仅达不到预定目标轨道，弄得不好，也可能像火箭发射失败落地一样导致政治不稳、经济衰退、社会失衡，出现灾难性后果。

2. 将现有农村土地制度和国企这些生产性行业或单位当成变相的社会救济制度和保障制度而鼓吹，从而认为国企好，民企靠不住。现在许多人，包括一些政府部门可能也是这么想的，将现有的农村土地制度作为失业农民工的一种救济制度的替代，但这恐怕是世界上最差的社会保障救济制度，将一个关系到民生的生产行业当成本应由政府提供的公共服务的替代，这是既没有考虑到效率（这种无法形成规模经济的现有土地制度使得中国农产品生产成本持续上升导致价格不断上升，导致中外粮食价格悬殊，超出50%以上），更没有考虑到对农民的公平，是政府职能错位、缺位的表现。政府的基本职能就是维护和服务，这显然是政府失职的表现。

此外，我们也看到许多国有企业以降低效率为代价利用政府的补贴或垄断利润进行所谓的"稳就业"。特别是很多传统工业企业虽然库存高企、产销下降、开工率不足，但并未裁员，而是通过减少薪水、无薪休假、缩减工时、在职培训、推迟入职等将显性失业转化为隐性失业。地方政府有很强的动力去遏制显性失业。这种将本应注重效率的生产行业当成社会保障制度的替代，对低效国企进行补贴，其实是政府职能越位和错位的表现。

更严重的是，这种为国有企业所谓的"稳就业"向政府表功、邀功和民营企业的"倒闭潮"，容易给人们带来一种错觉，错误地认为还是国有企业好，民营企业靠不住，从而否定过去三十多年让经济大发展的民营化改革方向。其实，事实胜于雄辩，从今年的经济数据来看，恰恰是那些国有经济比重越大的地方，经济受到的冲击越大，增长下滑越严重，如东北几个省份。

3. 认为当前出现的许多问题是改革惹的祸，从而认为往回走，否定改革也是改革。现在很多人都号称要反思改革，借改革中出现的这样那样的问题，怀疑甚至否定改革开放的正确大方向，将经济问题上纲上线到阶级斗争、政治层面和意识形态方面的问题，民族主义和民粹主义盛行，对改革方向及深化改革形成了极大的干扰。

由于这些误区和错误的看法，现在从上到下对于改革还没有完全形成共识和内在动力机制，所以就出现了"上面猛加油门，中层挂空挡，下面频踩刹车"的现象。并且，一旦遇到问题，政府就想到或仍采用政府主导的方式去解决，其负面作用很大。不让市场发挥决定性作用，中国面临的就仍然是一个发展型的政府，仍然会一如既往地出现"重政府轻市场、重国富轻民富、重发展轻服务"的"三重三轻"现象。实际上，改革越往后推，代价越大，难度也越大。并且，创新驱动不是靠喊口号就能实现的，需要实实在在的市场化改革。

转型和制度性改革滞后是增长大幅下滑的肇因

面对中国经济增长的大幅下滑，如果不找出问题的内在根源，不分析深层次的内在原因，仅仅只是指出问题的表象和我们需要做什么，而不是试图从根源上去找原因，从制度层面上去解决问题，那么很容易采用头痛医头脚痛医脚的方式去解决问题，治标不治本。因而，更重要的问题应该是怎么改、谁去做、怎么做的问题。任何指望国企，相信国企能搞好，政府深度介入的民企和经济也能弄好的想法都是一厢情愿，这样的顶层设计从长远看，是达不到长治久安这一既定目标的。我已经研究国企改革二十多年，早在二十年前我就研究清楚，即使混合所有制也只是次优，是过渡性制度安排，它不能从根本上同时解决国企的效率低下、贪腐猖獗、挤压民企、不利于创新及造成社会不公这五大弊端。

所以，无论提法多美好，无论是需求侧还是现在热门的供给侧，还是要看最基本的，也就是说，方向性、原则性、制度性安排。首先需要明确的：是让市场发挥决定性作用，还是让政府发挥决定性或主要作用？是让国有企业发挥主导作用，还是让民营经济发挥主体作用？如果在这些根本性问题方面都没有弄明白，就会在改革的具体措施、政策的具体制定等方面发生重大偏差，很难从根源上阻止经济继续下滑，最终导致改革失败。

当前中国经济下行有一定周期性的原因，但更多还是自身经济结构的问题。除了这两个原因，中国更面临发展驱动和经济体制双转型滞后的问题。发展驱动转型滞后是指从要素驱动向效率驱动乃至创新驱动的转型滞后，这一转型基本上是所有经济体必须经历的，但这个转型是内生的，还是要归结到体制转型滞后上来，因为制度才是根本，中国向现代市场经济体制转型的滞后才是导致中国实际经济增长低于潜在经济增长更为关键的根源因素。

如我和合作者发表于最新一期《中共中央党校学报》的“新阶段中国经济的发展驱动转型与制度治理建设”所叙述的那样，追赶式经济发展方式已经明显不再具有可持续性，当前经济下滑主要是由下列五重原因的叠加造成的：（1）要素驱动红利衰减；（2）政府主导动力枯竭，特别是地方政府庞大的土地财政和土地抵押债务不具有可持续性，同时导致政府的发展属性过强，公共服务功能欠缺，使居民消费意愿和消费能力不足，无法拉动内需；（3）国企产能过剩挤压民营经济，资金继续流向了本来就充裕的国有企业，其后果就是重复投资、无效投资的不断累积（现在许多行业库存都超出30%），导致经济严重乏力，造血机制不足。试图通过财政政策进一步给国企输血来解决经济下滑的举措只可能导致进一步的产能过剩；（4）政府施政过程中出现的严重不作为的问题；（5）对于“新常态”的理解偏差，本应该在提高市场效率与社会公平正义安定有序治理方面要有新作为，而不是将经济持续大幅下滑当作新常态。

可以看出，所有这五重原因的背后都是市场化改革不够深入，政府与市场、政府与社会之间的治理边界不够合理，市场经济制度不够完善造成的。如不进行深层次的制度性方面的市场化改革，导致经济增长持续大幅下滑的这五重因素就不可能得到根本性的解决。

因此，转型发展和深化改革需要同时兼顾发展和治理两大逻辑，正确理解它们之间的内在辩证关系：发展的逻辑主要是提升一个国家的硬实力，而治理的逻辑则注重软实力方面的建设，当然是多方面的治理，包括政府和市场的治理制度、社会公平公正、文化、价值观等方面的建设。这样，无论是发展逻辑还是治理逻辑都需要加快深入进行理顺政府与市场、政府与社会之间治理边界的制度性和结构性改革，消除不利于企业创业创新和挤压民营经济的制度性障碍，真正让市场在资源配置中发挥决定性作用，这是中国顺利从要素驱动向效率驱动乃至创新驱动转变，跨越潜在“中等收入陷阱”的关键所在。同时，如不从制度上根本解决，过去的经验告诉我们，腐败依然会死灰复燃。反腐的根本出路还是在于进一步推进市场化改革和民营化进程，通过合理界定政府治理边界让官员没有机会贪，通过法治让官员不能贪，通过问责和社会监督让官员不敢贪，否则不可能根治。

从经济学基准点出发深化制度改革

那么，如何深化制度改革呢？其实我们做任何事都是相对而言的，因此必须有一个基准点或参照系作为比较，否则无从着手。中国下一步推进深层次市场化变革，也要从经济学的基准点和参照系说起，违反经济学常识，改革只有失败。现代经济理论以理想经济环境为基准点，以自由竞争市场为参照系，严格给出了市场导致有效配置从而成其为好的市场经济的前提条件，而这些前提条件正好指明了改革的长远取向，从而起到明道、指明方向的前瞻性指导作用，通过理论指导改革、变革及创新来促使现实经济运行不断向理想状态逼近。

当然，在现实经济中市场也不是孤立存在的，它要运行良好及向理想状态逼近，还需要政府、市场与社会各归其位这样一个国家治理三维结构能够实现有效的耦合和整合才行，为此需要合理界定和厘清政府与市场、政府与社会的边界。这就涉及两个层次的问题：

第一个层次是治理边界的界定。我们首先要知道政府与市场及社会之间的合理边界在哪里。市场有效和社会规范的必要条件是需要一个有限而定位恰当的有效政府。其原则就是，市场能做的让市场去做，市场不能做或做不好的政府才去做。归纳起来，政府的基本作用就是两条、四个字：维护、服务。例如，前面提到的基本社会救济制度就属于服务的范畴，中国做得还很不够。

第二个层次是主次之分。谁是关键？答案是制度。我们一旦知道它们之间的边界后，还需要厘清。那么，谁去厘清呢？由于政府是主体，市场是客体，社会也是客体，从而当然也就是要靠作为主体的政府去做，去厘清。但政府、市场和社会，三者正好对应一个经济体的治理、激励和社会规范三个基本安排。那么，谁能规范主体，也就是政府的定位呢？法治。这样，法规治理是最关键、最根本的，它奠定了最基本的制度环境，具有极强的正负外部性，决定了政府定位是否适度，从而决定了市场激励机制的效果和社会规范形成的好坏。人们可能会问，政府及其部门愿意去限制自己的权力吗？一般来说，当然不愿意去限制自己的权力，因此在中国现有国体之下，需要对权力进行划分，行政部门、立法部门和执法部门要各司其职。

总而言之，最基本的治理制度是关键，是决定性的，只有从规范、制约和监督政府权力的制度、法治和公民社会这三个维度的综合治理着手，合理界定好政府与市场、政府与社会的治理边界，同时解决好效率和社会公平正义的问题，才能根除腐败和行贿受贿现象，建立起健康的政府、市场、社会、企业及个人关系，实现良性互动，唯其如此，政府方才可以不断通过法律法规的制定及执行，强化市场方的效率、效能。

此外，在这样一个总的制度变革方向之下，我们还需要在一些具体的市场化改革领域有所突破。市场化改革千头万绪，针对前面所提到的问题及现实中存在的种种认识上的误区，我们认为下一步在一些关键领域的改革方向至少有三——民营经济主体化、金融市场自由化、土地要素市场化。这三点其实也都跟政府与市场在资源配置中究竟应该分别发挥怎样的作用这条主线有关。这方面的详细讨论，见我和合作者的文章，这里不再叙述。

最后，总结一下我的发言。中国经济增长大幅下滑，影响因素很多，包括一定的外部因素，但深层次因素是自身内部的体制转型滞后造成的，对其显性和潜在负面效应不能掉以轻心。只有深化市场化方面的根本性制度改革，才有可能解决增长与转型的两难。现代市场经济制度对中国而言依然是不可替代的，其建立健全需要在政府、市场和社会这样一个三位一体有机耦合的整体框架下完成，在合理界定和厘清政府与市场、政府与社会的治理边界方面需要有明显的改革进度，可以民营经济、金融市场、土地要素为深化改革切入点，转化产生出新的经济增长动力。

制度是关键，是根本。只有深化市场化及国家治理体系和治理能力现代化方面的制度改革，才能真正推动中华民族的伟大复兴和国家的长治久安！

发展中国家经济转型和增长的经验

埃里克·伯格洛夫　伦敦经济学院教授

我正在和世界银行的一组经济学家共同开展一个研究项目，这个项目主要是为了研究中等收入国家如何向高收入国家转型，探讨这些国家成功转型的经验。根据我们的研究，有几个方面的经验值得关注：

首先，增长速度和平等之间的关系。在社会流动性更高的社会，增长速度和平等之间并不存在此消彼长的替代关系。在转型期，我们可以有很高的增长，这并不意味着没有平等，也不是说之前的增长率不可以长期持续。

其次，我们的研究对中等收入陷阱有很多讨论。有些国家在某一个阶段陷入了中等收入陷阱，这样的陷阱并非不可避免。传统的中等收入陷阱主要指的是阿根廷。阿根廷1870年以后增长非常快，1930年以后的增长就开始和美国呈现出比较大的差异，比美国低了很多，此后的70年，阿根廷的增长都非常慢。

有些国家成功避开了中等收入陷阱，达到了比较高的水平，而且，增长都非常迅速，超过了那些陷入中等收入陷阱的国家。陷入中等收入陷阱的国家有一个特点，即一旦陷入就很难摆脱。为了摆脱陷阱，我们需要改变增长模式，提高全要素生产率（TFP）。

我们看到，那些成功的国家往往是从农业国迅速转型为工业化的国家，采取出口导向的模式，而且有比较稳健的宏观调控。

在世界银行的这个研究项目中，我们主要研究2000年以后比较成功的国家和经济体，我们希望能够更好、更多地研究这些经济体到底经历了什么。我们对 9 个成功从中等收入向高收入转型的经济体进行了比较。此外，我们还比较了其他一些国家，这些国家在中等收入陷阱中停留了 15 年甚至更久。

通过比较，我们发现了一些主要特点：那些摆脱中等收入陷阱进入高收入行列的经济体，在全球价值链中所处的位置更好，有更好的信息技术产业；它们的 FDI 也非常强，主要依赖于非常有优势的资本积累。它们的全要素生产率非常高，收入水平也比较平均，交易也非常好；不管是国际还是地区性的评分都比较好；长期增长更加稳定，增长率没有太多的起伏，而且它们的金融发展和金融稳定也比较一致，这是我们从研究中发现的摆脱中等收入陷阱的国家所具备的一些特点。

对新兴经济体来说，在向高收入国家的转型过程中，我们发现技术转让、要素流动、管理的改善、通过直接或间接的方式减少腐败、加强中小企业的发展、改进教育质量等，都是经济增长转型中的重要因素。非常重要的一点，之前也讲过，在此需要重申：增长模式和社会流动性之间有非常强的联系，可能会导致社会不平等加剧。如果你既想拥有比尔·盖茨，又不想有城市贫民窟，就需要有更为均等的增长。

总而言之，为了理解经济转型与平等之间此消彼长的关系，必须要考察政策间的互补。为此，我们做了一些案例研究，研究了相关国家及其政策。如果我们离世界技术前沿越来越近，政策就需要一些变化，需要提高社会的流动性。我们也需要实施创新型增长的政策，促进社会的双向流动性，包括教育、劳动力市场的灵活性。

CIDEG专栏

CIDEG Column

Comparative

青木昌彦的学术思想

钱颖一　星岳雄 等

编者：2015 年 7 月，一直关注中国经济发展并致力于推动中外经济学交流的青木昌彦（Masahiko Aoki）教授不幸因病辞世。2005 年，在青木昌彦教授和时任清华公共管理学院院长陈清泰的积极努力下，促成了由日本丰田汽车公司资助的“清华大学产业发展与环境治理研究中心”（简称 CIDEG）。今年 10 月 25 日 CIDEG 举办成立十周年庆典活动，特设了一个环节，讨论青木昌彦的学术思想，以此纪念这位“和中国改革同行”的日本经济学家。讨论会由吴敬琏教授主持，邀请了和青木昌彦教授长期共事的同人和他的中国学生，包括清华大学经管学院院长钱颖一、斯坦福大学教授星岳雄、复旦大学教授车嘉华、中国人民银行李波、北京大学光华管理学院教授周黎安等人。我们把此次讨论会的内容整理成文，以飨读者。

吴敬琏：青木昌彦教授是具有多方面才能的经济学家，他在很多学术领域都有很高的成绩。他不仅进行纯理论研究，还对现实的经济发展、制度变迁都有很深刻的观察，并从中得出结论，而这些结论对政府的政策方向，有非常重要的启示意义。所以我们纪念青木先生最重要的就是学习他的治学精神，学习他的理论、观点，以及他的政策建议，并且使他的学术成就能够发扬光大，所以我们第一场活动就是对青木昌彦教授的学术思想进行研讨，我们请了两位主题发言人，一位是清华大学经管学院院长钱颖一教授，另外一位是斯坦福大学星岳雄教授。我们先请钱颖一教授发言。

钱颖一

清华大学经管学院院长

我是在1990年从哈佛大学获得博士学位后到斯坦福大学经济系任教时结识青木昌彦教授的，至今整整25年。7月15日我在从北京到波士顿去哈佛大学参加马斯金教授65岁学术研讨会途中换飞机时得知他去世的消息。而就在起飞之前我还给他的太太令子（Reiko）发邮件，希望在我两天的研讨会结束后去斯坦福看望他。没有想到的是他突然离我们而去，终成遗憾。

青木昌彦出生于1938年4月，在东京大学获得学士和硕士之后，于1967年获得明尼苏达大学经济学博士学位，师从赫维茨（Leo Hurwitz）。赫维茨在2007年与我的导师马斯金（Eric Maskin）以及迈尔森（Roger Myerson）一起获得诺贝尔经济学奖，获奖原因是他们在机制设计方面的开创性贡献。

青木获得博士学位后到哈佛大学经济系任教。他早期致力于微观经济理论研究。70年代初回到日本京都大学任教，开始研究与日本经济和企业相关的经济理论。1984年起受聘斯坦福大学经济系担任讲席教授。

我最早听到青木这个名字是在80年代后半期我在哈佛经济系做博士研究生的时候。当时我对企业组织结构感兴趣，我的导师马斯金让我去读青木1986年发表在《美国经济评论》上的论文“企业的横向与纵向信息结构”（Horizontal vs. Vertical Information Structure of the Firm）。时隔近30年后，青木去世的消息也是我在哈佛的研讨会上第一时间告诉马斯金的。这不能不说是一个巧合。

我是1990年秋季学期到斯坦福大学任教的。从那个学期开始，在青木和米尔格罗姆（Paul Milgrom）的设计和推动下，斯坦福经济系开设了一个新的研究生学科领域，叫作“比较制度分析”（Comparative Institutional Analysis，简称 CIA）。取这个名字颇有讲究，其中三个关键词是“比较”、“制度”和“分析”，刻画出它的“新制度经济学”特性。虽然新制度经济学与旧制度经济学都是研究制度，但两者差别在于旧制度经济学多是描述性的，分析性不足。要有深入分析非有较强的理论基础和分析工具不可。在 1970 年代和 80 年代，博弈论和信息经济学等微观经济理论获得重大突破，提供了分析制度的强有力的工具。80 年代的另一特点是经济更加市场化和全球化，经济体制改革和多元化逐渐显现，比如日本的崛起，苏联、东欧和中国的改革等，为制度比较，特别是跨国比较、跨文化比较提供了大量素材。这是建立比较制度分析领域的学术和现实背景。

青木是“比较制度分析”最积极的推手。除了青木和米尔格罗姆二位资深教授外，最初斯坦福经济系参加这个领域的有三名年轻教师，我是其中之一，另外两人分别是一位经济史学者和一位苏联问题学者。这是一个有趣的组合：米尔格罗姆是微观经济理论学家，三位将经济理论应用于不同地区的有日本、中国、苏联，还有一位是研究欧洲经济历史的。每一个星期有一场学术研讨会（seminar），邀请经济学家围绕这个主题来讲论文，主要是来自校外的经济学家。刚进入 90 年代，日本经济仍处于顶峰时期，东欧和苏联的转型已经开始，中国的经济改革从 1992 年开始呈现高潮。这些地区自然对新制度经济学尤其重视。所以这个领域从一开始就相当活跃。

在学术方面，这个时期新制度经济学在经济学界获得越来越多的认可。科斯（Ronald Coase）在 1991 年获得诺贝尔经济学奖，诺思（Douglass North）在 1993 年获得诺贝尔经济学奖，这两位都是新制度经济学的开山鼻祖。他们的获奖对“比较制度分析”领域是一个很大的促进。之后另一位获得诺贝尔经济学奖的新制度经济学重要贡献者是 2009 年获奖的威廉姆森（Oliver Williamson）。他是“新制度经济学”这个名称的发明人，他也是来参加“比较制度分析”研讨会的常客，他就在附近的伯克利加州大学任教。

制度改革在中国经济改革中有特殊地位，这是经济体制改革的必然要求。相应的，制度经济学在中国经济学界有突显的位置，远比在发达国家受到更大重视，这也很自然，因为发达国家的制度已经经过较长时期的演变，相对比较完善。我在 1992 年写了一篇文章“国外经济体制比较研究前沿”，发表在

《经济社会体制比较》上，其中就介绍了斯坦福的“比较制度分析”这一领域的情况。吴敬琏老师对此特别关注，经常引用其中的研究方法。

1994年8月19—22日，我同青木和米尔格罗姆到珠江三角洲访问，参观乡镇企业，访问大学。这两位推动“比较制度分析”的资深教授都对中国经济改革有了直接接触。之后我们又一起到北京。8月23—26日，国家经贸委陈清泰与吴敬琏、周小川、荣敬本所领导的“中国经济体制改革的总体设计”课题组和楼继伟所领导的“中国税制体系和公共财政的综合分析与改革设计”课题组在北京京伦饭店联合召开了“中国经济体制的下一步改革”国际研讨会，称为“京伦会议”。正是在这次会议上，我把青木介绍给陈清泰、吴敬琏、周小川、楼继伟、李剑阁、肖梦等中国经济学家。有人将“京伦会议”与“巴山轮会议”相提并论，如果说“巴山轮会议”推动了宏观经济政策在经济改革中的研讨，那么“京伦会议”就推动了微观经济学最新发展在中国的传播。

为了推动比较制度分析的学术研究，青木还推动MIT出版社开设了“比较制度分析”系列丛书。这个系列中的第一本是热若尔·罗兰（Gérard Roland）在2000年出版的《转轨与经济学》，第二本是下面要讲到的青木2001年出版的《比较制度分析》。

下面我简要介绍青木在比较制度分析方面的主要学术研究贡献。

青木的开创性贡献是用现代经济学，特别是博弈论理论研究和比较日本经济与日本企业的制度结构。他那篇发表在《美国经济评论》上的论文“企业的横向与纵向信息结构”是重要的原创性研究。这篇论文比较了两种信息结构和相应的决策模式：美国企业中的纵向信息结构和等级制激励和决策机制，和日本企业中的横向信息结构和“准树形结构”和横向协调机制。这篇论文推导出这两种信息结构导致的效率不同，取决于“基层”信息处理能力（即一线工人的水平）、信息传递技术、经理人员的专业能力等因素。与这一理论相对应的经验证据是日本丰田生产制度中的“看板制”（Kanban），即基于“精益生产”（lean production）和“准时化生产”（just-in-time）的库存控制系统。这篇论文以美国和日本企业为比较对象，并且运用信息经济学的理论来解释现实中观察到的企业不同特性，在组织和制度经济学中有很大影响，并为“比较制度分析”提供了重要的必读内容。

在此基础上，青木在1988年由剑桥大学出版社出版了*Information*, *Incen-*

tives, *and Bargaining in the Japanese Economy* 一书。中文版是商务印书馆 1994 年出版的《日本经济中的信息、激励与谈判》。这本书不仅分析了日本企业中的横向信息结构，还分析了日本企业中的级别等级制的激励方式，公司股权结构和银行作为持股人的监督作用，利益相关者之间的谈判机制，企业集团组织，以及政府组织和官僚体系与企业关系中表现的“官僚多元主义”等各种制度安排的经济含义。在这本书中，文化虽然重要，但是分析文化现象完全可以从经济理性和效率角度来进行。

这本书的开创性贡献在于青木运用最新进展的信息经济学和博弈论理论来研究快速崛起的日本经济和企业——这个看上去与欧美经济和企业非常不同的组织和表现。这应该是运用微观经济理论解释并比较不同制度和组织结构的开先河之作。在此之前，人们对日本经济高速增长的奇迹感到振奋的同时，也对日本经济的组织方式感到很神奇。人们通常会认为日本的经济制度与教科书上的市场经济模式完全不同，更有不少人用日本独一无二的“文化”来解释日本经济和企业的运行。但是青木的研究工作是用一般性的经济学分析方法和工具来细致地比较和分析日本微观经济结构。

这个研究不仅使我们对日本经济和企业的运行获得了深入理解，同时也扩展和丰富了微观经济理论，因为这个分析需要对企业内部结构做深入分析，而在 80 年代或之前，除很少数的经济学家［比如科斯、威廉姆森、钱德勒（Alfred Chandler）］外，微观经济学的主流是研究市场，而不是企业。青木的研究工作推进了产业组织理论。

进入 90 年代，青木与世界银行经济发展研究所合作进行了四项跨国研究。这些研究基于东亚经济发展的经验，从比较视角研究发展中国家和转轨国家包括中国的经济改革和发展，对这些国家的经济发展和改革政策具有影响。

在我刚到斯坦福后不久，青木就同我谈关于开始一项企业与银行关系的研究项目。这个项目的背景是日本的主银行制度，在这个制度下，主银行在监督公司管理层上具有特别的作用。这种监督机制不同于美国式的通过资本市场和收购兼并来监督大公司的管理者。由于在发展中和转轨经济中，资本市场通常都不够发达，而银行系统通常是企业融资的主要渠道，因此通过银行监督公司管理层就是一个较为现实的选择。这项研究后来形成了他所编辑的，于 1994 年由牛津大学出版社出版的《日本的主银行体系及其对发展中和转轨经济的相关性》（*The Japanese Main Bank System and It's Relevance for Developing and*

Transforming Economies)。

青木主持的第二个研究项目是关于公司治理的。在1994年的“京伦会议”上，青木宣讲了他的论文《转轨经济中企业的内部人控制问题和治理结构》。会后我又陪他和哈特（Oliver Hart）去上海访问。正是在这次访问中，我和他决定以世界银行研究所在1994年出版的《转轨经济中的公司治理》(*Corporate Governance in Transitional Economies: Insider Control and Roles of Banks*）一书为基础，编辑出版一本中文的关于公司治理的书。这就是1995年由中国经济出版社出版的《转轨经济中的公司治理结构》。这本书应该是最早在中国出版的专述公司治理的书，并首次提出了“内部人控制”问题。“内部人控制”是“委托—代理”问题的一个应用，它通常发生在股权高度分散的大公司中，或在所有者缺位的国有企业中。在这种情况下，公司治理结构就是一种制度安排，提供了解决“内部人控制”的改革思路。这本书在90年代影响了不少中国的经济学师生和经济学家。

青木主持的第三个研究项目以若干东亚高速发展经济体为对象，分析政府在经济发展中的作用。研究政府在经济发展中的作用的经济学论著很多，主要思路都是从市场失灵的角度，来看政府如何通过政策来纠正市场失灵，从而提高效率。但是青木从比较制度的分析框架入手，提出了一种不同的分析视角，就是政府的“市场加强”作用（market - enhancing role)。它超出了由于垄断和外部性造成的市场失灵的框架，侧重分析在制度不健全、产权不安全、信息不对称、金融市场监管不到位等情形中，政府干预不是为了简单地弥补市场不足，而是为了增强发挥市场的作用。所以，政府通过市场发挥作用，而非替代市场发挥作用。这项研究体现在1997年青木编辑、由牛津大学出版社出版的《东亚经济发展中政府的作用：比较制度分析》（*The Role of Government in East Asia Economic Development: Comparative Institutional Analysis*）一书中。

青木组织的第四项研究是后来在2001年出版的《经济发展中的社区与市场》(*Communities and Markets in Economic Development*)。这样，基于这四项研究的四本书就形成了一个完整的比较制度分析中的应用研究系列：从金融到公司治理，从政府到社区和市场。这也是青木的一个长期规划，从市场经济中的各个方面来分析制度、比较制度。

与此同时，在90年代青木一直致力于运用博弈论来概括有关制度的一般性理论。这既是他在之前所做的理论研究的延伸，也是对他的四项应用研究的概括。它集中体现在 2001 年由 MIT 出版社出版的他的专著 *Toward a Comparative Institutional Analysis*，中文版是由上海远东出版社在同年出版的《比较制度分析》。

这是一部宏大计划的书，试图用博弈论来全面概括制度研究。第一部分描述和分析制度的基本类型，从最原始的习俗性产权和社区，到中世纪长途贸易中私人秩序的交易合同，到现代企业组织和治理结构，以及作为政治稳定均衡的国家。第二部分引入制度分析的博弈论框架，把观察到的制度现象解释为某种博弈的均衡，并由此研究制度变化的动态。这部分高度抽象，并连接文献中对制度的多种不同的研究成果，它最集中地体现了青木在比较制度分析上的理论贡献。第三部分分析制度多样性，比较多种公司治理结构，比较多种融资方式（比如银行与资本市场），比较不同的创新模式（比如硅谷）。青木对制度多元化的解释基于各种制度之间的“互补性”（complementarity），并且预测这种制度多样性将持续演化。

在 1994 年之后至今的 21 年间，青木几乎每年都来中国访问，同不少中国经济学家建立了深厚的友谊。特别值得一提的是他同肖梦的友谊。在他们相识之后，我记得有一天在斯坦福，他兴致勃勃地拿了一本日文的有关中国“文革”的书来找我，给我看密密麻麻的日文中有她的名字的汉字。青木年轻时曾是日本大学中的学生领袖，很有革命激情，并具有天下胸怀。这也许是他们之间的“化学感应”（chemistry）吧。

在青木的直接推动下，在丰田公司的慷慨支持下，2005 年在清华大学公共管理学院建立了“清华大学产业发展与环境治理研究中心”，由陈清泰出任理事长，青木与吴敬琏共同担任学术委员会联席主席。今天我们纪念这个中心成立十周年，唯独缺少了青木教授，实在是巨大的遗憾。

青木是在今年 7 月 15 日去世的。在此之前的 3 月和 4 月间，他三次访问中国：3 月 21—22 日参加中国发展高层论坛（近年来他每年都参加）；4 月 5 日参加“清华大学产业发展与环境治理研究中心”第 16 次学术委员会会议（10 年来他每次会议都参加）；4 月 21—24 日他与福山（Francis Fukuyama）一起访问中国，到外专局、《比较》编辑部、清华公管学院做学术交流，并在 4 月 23 日会见了中纪委书记王岐山，4 月 24 日上午又到清华大学参加了学生社团的交流活动，并为学生们写下了“新结合：Innovation for Students of Tsinghua”几个大字。他从中国回日本与百寿高龄病重的母亲做了临终告别，然后返回美国，之后就住进了斯坦福大学校医院。

令人震惊的是在他住院后仅仅两个多月就离开了我们。这使我们失去了一位推动比较制度分析领域并做出开创性贡献的经济学家，一位热衷于建立友好的中日关系的日本人。清华失去了一位坚定的支持者，我也失去了一位良师益友。今天在他所创立的“清华大学产业发展与环境治理研究中心”十周年的纪念会上缅怀青木昌彦的学术贡献，制度建设贡献，以及对中日关系的贡献，是我们对他人生贡献的最好纪念。

吴敬琏：感谢钱颖一教授对青木昌彦教授的学术贡献做了一个全面的介绍。这个全面介绍，本身就是学术研究的成果，不是流水账，而是把青木教授的工作放在经济学发展的长河中，指出在哪个问题上，青木教授的思想闪光点在哪里，他的贡献在哪里，所以非常值得我们继续研究。下面我们就请第二位讲演人星岳雄教授做他的讲演。

星岳雄

斯坦福大学教授

谢谢吴敬琏教授对我的介绍，能够应邀在 CIDEG 十周年庆典上发言，我感到非常荣幸。CIDEG 是由青木先生最先提议的，本来十周年庆典应该在年初，当时我就受到邀请，所以非常期待这次活动。今天终于参加了这个庆典，可惜青木先生已经不在了，我深感遗憾。但是，因为有青木先生的贡献，他的许多朋友都来到这里，并给了我一个机会谈谈青木老师的研究，对此，我也感到非常荣幸。

我也是研究日本经济的，受到青木老师的很大影响，正如刚才钱颖一教授所介绍的那样，我本身的学术生涯也是与青木教授分不开的。我最早接触青木教授，是当时在麻省理工学院读到他的著作《企业的合作博弈》（*The Corporative Game Theory of the Frim*），书中讲述了横向和纵向信息结构。这并不是一本关于日本经济的书，而是更一般性的理论书籍，但是，青木教授在这本书里提出的许多主流经济学理论都能适用于日本经济，都可以用来解释日本经济的现象。

我最初的学术论文发表在青木老师主编的杂志《日本企业的经济学分析》（*The Economic Analysis of the Japanese Firm*）上。在介绍日本经济的杂志中，这是最出色的一本，经过青木老师介绍，我后来也担任这本杂志的编辑工作大约十年之久。后来我在加州大学圣迭戈分校任教，这和刚才钱颖一教授所介绍的时间差不多。从那时起，我就偶尔和青木老师见面，当时青木老师关注银行和公司治理的研究，我参加了其中的很多研究项目。正是在这个时候，我第一次见到钱教授，当时要将关于转型经济的一本著作译成中文，其中也有我的一篇论文，对我来说，这是一本非常值得纪念的书，而书中收录的那篇论文也是我最好的一篇论文。当时肖梦女士为我提供了这样一个很好的机会，当然，我很早就听说过肖梦女士，但直到今天才第一次见到，也感到非常荣幸。

三年前我到了斯坦福大学，当时青木先生提出要重振这方面的研究。总之，我的经济学研究生涯是和青木老师分不开的。

接下来，我要简要介绍青木老师针对日本经济的研究。其实这些年来，青木老师对日本的经济研究发挥了重要的作用，他发表了很多跟日本经济有关的著作。通过这些著作，大家可以了解青木老师在很多领域做出了很大的贡献，从日本的经济学理论到主银行制度再到产业制度。

通过这些研究，青木老师也承接了许多项目，并付出了很多努力。在他的努力下，包括 CIDEG 以及其他的一些研究机构得以创办。可以说，通过这些研究机构的活动，日本的经济学理论也在青木老师的带领下取得了很大的进步。在青木老师之前，日本的经济学理论是什么样的呢？刚才钱教授没怎么说，我可以说一说。

人们大多都认为日本是一个特殊的经济体，因此一般性的经济理论不适用于日本。80 年代日本经济取得了巨大成功，当时有人说日本是世界第一，对日本给予礼赞；而反对的人则说日本没有遵守国际秩序，无论是赞美日本的还是批评日本的，在强调日本特殊性这一点上是没有区别的。但是，青木老师与此不同，他用经济学理论框架分析日本经济，但他并不是照搬理论。因为有很多经济学理论是在观察美国经济、美国企业的基础上总结出来的，所以不能原封不动地照搬现有的理论。当然，对中国来说，可能也是如此，因为如果照搬理论的话，有些问题就无法解释清楚。这就是我们所理解的经济学基本框架的局限所在，因此需要再构筑一套能够说明日本或中国经济的理论，使经济理论得到发展。我觉得青木老师很重要的一个贡献就在于此。

现在针对日本经济的研究，仍然有人会诉诸日本的特殊性，但实际上，绝大多数理论分析都已经走向正规化了，强调日本文化特殊性的声音已经很少了，我想青木先生对此的贡献巨大。将有关日本经济的研究导向经济理论的轨道，而不是从文化的角度进行剖析，无疑是青木老师所做出的最伟大的贡献。

青木老师的研究，涉及理论、制度和实践研究。其实主要还在于理论方面的贡献，刚才钱颖一教授已经介绍了，主要是机制设计。青木老师发现，和美国大企业相比，日本大企业不仅在企业内部，在企业之间也采用非价格机制进行资源配置和交易。还有，在日本，很多价格机制都是政府通过限价或者对价格做出规定实现的。70 年代，青木老师从美国回到了日本京都大学从事经济理论的教学工作，然后在 1984 年，回到斯坦福大学，并写出了《日本经济中的信息、激励与谈判》（*Information*, *Incentives*, *and Bargaining in the Japanese Economy*）一书。在我看来，这是日本经济研究的集大成之作，他在序言中写到，我们必须批判性地对待教科书中有关市场经济微观结构的概念，要想完全了解日本经济，就必须跨越现有概念的局限。我觉得，这实际上也是青木老师和钱颖一教授等人共同发起比较制度分析的一个动机。

因此，比较制度分析的重要出发点就是青木老师对日本经济的研究。青木老师在比较制度分析方面的贡献，刚才钱教授也提到了，我就不再细说了。但是，我要强调的是，青木先生对日本经济的研究有几个值得注意的特点：第一是制度的互补性，第二是把制度作为内生变量来对待。这两点都比较复杂，在此，我略作展开。

首先比较制度分析把整个社会作为一个博弈来对待，博弈是参与者互动形成的一个整体；每一种博弈都有一个域，也就是一个维度，比如说有经济、社会、金融等。博弈域还可以进一步细分，比如经济中，有劳工、有金融。在每一个具体的博弈域中，都会形成一种均衡。均衡一般有两种，而哪一种均衡最终得到了更多的共识，就变成了制度。我们举两个例子来说明，比如，第一个域中是 A 制度，第二个域如果是制度 C 或者 D 的话，会发展得更好。简单来说，如果第一个域的制度是 B，第二个域的制度就不应该是 D，而是 C，C 会更好一些。在这种情况下，就要比较一个域的制度和另一个域的制度之间的互补性。青木先生最初是在一篇研究日本主银行的监督作用的论文中提出这个概念的。具体来说，他认为日本的主银行和企业有长期关系，从融资之前的审查，一直到项目结束之后的审查，进行全程监控，如果企业财务状况好的话，主银行就不会干预企业经营，主要由从员工中选拔出来的内部人来控制；如果财务状况恶化，企业经营权就会转移到主银行那里，主银行重新选择企业高管，现有的管理层被迫下台。青木老师把这种做法称为状态依赖型的监控制度。实际上，这里非常重要的是信息处理的不同，在美国，信息处理是纵向的，而日本是横向的。对日本来说，主银行这一制度安排很重要。从这个意义上来说，企业治理结构的制度和信息处理的制度之间，是存在互补性的。在这样的比较制度分析基础上，米尔格罗姆教授等人发展出了更成熟的超模博弈模型，但是它的原型来自青木老师。

我想谈的第二个特点是内生的制度概念，这是青木老师从日本经济研究中获得的一个有重大影响的研究成果。关于制度的重要性，刚才钱教授已经说过了，以诺思教授为代表的新制度学派所考虑的是从经济外部给定的制度。用博弈论的术语来说，它就属于博弈的规则。青木老师认为这种外生的制度概念是不全面的，看一看日本的经济，就能非常清楚地看到，像主银行制、终身雇佣制这样的制度安排并不是法律明文规定的，也不存在明确的合同。在比较制度分析中，制度被定义为在反复博弈中形成的共有信念，这是一种均衡。根据这个定义，制度不仅有博弈规则，还有参与者的行为，以及参与者对这种行为的信念或看法，青木老师在自己的著作里提出了这些洞见。由此看来，制度是内生的，由各个行为主体作为外部制约而接受。关于制度变迁，现在受到广泛重视，但是在比较制度分析里，对制度的定义是不同的，比如说随着环境的变化，均衡会发生变化，这样的话，大家的共识也会发生变化，最终会带来制度的变化。

在青木老师最近的论文中，他对亚洲经济发展带来的制度变化做了很多分析，他在去世之前一直在写的论文也是比较了日本和中国的政治制度变化，这篇论文是青木老师与车嘉华教授合作的。我想接下来会发表。

内生的制度概念，实际上也是基于青木老师对日本经济发展的分析研究。比如，日本过去 20 年的停滞，我们都认为是“失去的 20 年”，但青木老师不愿意用这个词，他说不是失去的，而应该是“转变的 30 年”。人口增加、资本积累所带来的追赶型经济增长，在 70 年代后半期已经结束了，之后迎来了老龄化、经济的成熟，日本正在摸索转型，他说这是日本这 30 年的尝试，他认为中国可能也正在面临或者将要面临一个转折时期。在这个意义上，无论是日本经济还是中国经济，用过去的主流经济理论都难以分析。但是，青木先生的研究解决了这个问题，正是他的努力，极大地推动了对日本经济的研究和一般经济理论的发展。日本先于全球各国进入老龄化社会，并面临着非常严峻的环境变化。日本应该如何去应对这个变化，我们应该在审视现实的基础之上，使比较制度分析得到进一步发展，这是青木先生一直在做的事情。作为经济研究人员，尤其日本的研究人员，应该继承青木老师的遗志，继续推进比较制度分析。

吴敬琏：谢谢星岳雄教授。看来青木昌彦教授的思想博大精深，值得我们深入去研究、去继承、去发扬的地方还很多，我们下面就转入讨论。剩下的时间，我看了一下，现在要求发言的人有14位，只有不到70分钟，所以极限是5分钟，就在自己座位上发言，这样节约一点时间。到3分钟的时候，我会举一个牌子，到5分钟就一定要结束了，否则别人就没办法发言了。好，我们现在开始。那这样吧，自由发言，哪一位？白重恩教授。

白重恩

清华大学经济管理学院副院长

青木先生对我来说既是师长也是朋友，除了跟他工作上、学术上的一些交往外，我非常有幸，有两次机会跟他有更多的、更深入的接触。

第一次是2011年国际经济学会（IEA）将在中国举办国际大会，这个会议每三年举行一次，当时青木先生是IEA的候任会长，候任会长的责任就是组织这次国际大会，然后那次会议是在清华开的，我作为会议的秘书长，协助青木先生做一些会议的组织工作。在那次会议的整个组织过程中，以及会后论文的编辑、出版，青木先生作为编辑出了四本论文集，在这整个过程中，青木先生的敬业精神都让我非常感动。在组织的每一个环节，他都亲力亲为，做出很细致和周到的安排，投入了大量的精力，特别是会后还要编辑四本会议论文集。因为会后很多人的热情都不像会前那么高，所以在编辑这个论文集的过程中，还是需要有很多很多的工作，青木先生真是做了特别多的工作，让我非常感动。

第二次机会是我2013年去斯坦福访问6个月，有机会和青木先生多次谈学术，他不仅在学术上给我很多帮助，甚至在生活上也给我很多关照，让我非常感动。作为会长，青木先生在IEA会议上做了一个讲演，他讲了东亚的经济，讲了中国、日本、韩国的发展过程中有几个重要的阶段，一个阶段是M阶段，就是马尔萨斯阶段，这个阶段增长和人口的变化有很大关系，但是在这一阶段，没有多少生产率的增长；第二阶段叫作 G 阶段，这一阶段，政府在工业和资本积累中起到很重要的作用；第三阶段是库兹涅茨阶段，这个阶段包含两个重要的转型，一个是人口结构的转型，一个是产业结构的转型。人口结构转型是随着抚养比的下降，人口红利在不断地增加，同时产业结构的转型是从农业向非农业，包括工业和服务业转型。在这个转型过程中，效率得到了改善；第四阶段是以人力资本积累作为基础的内生增长阶段；第五阶段青木先生叫作后人口转型阶段，这一阶段人口红利已经被消耗殆尽，人口结构向老龄化的人口结构转型，对应着上述这五个阶段，日本应该说已经到第五阶段了。但是中国和韩国，我们还处于不同的阶段，他的这个分析，对我们思考经济增长有非常大的启发。

其中有两点，我觉得对于分析中国现在的情况非常有帮助，第一个就是中国政府在资本积累中所起的作用以及结构的转型。我们要了解中国过去的经济增长，这两点是必须要考虑的因素。在现阶段，我觉得我们的结构转型又进入了一个新的形态，从农业向非农业的这个结构转型，可能已经基本结束，对经济的影响也在逐渐减少，但是另外一个新的二元结构，却对经济产生了巨大的影响。这个新的二元结构，我觉得可以这样分，一个是政策扶持部门，一个是市场部门。那么为什么这个新的二元结构对于理解中国经济这么重要，新的二元结构跟老的结构有什么关系？看上去不同点很明显，但也有一定的联系，不管是老的二元结构，即从农业向非农业的转型，还是新的二元结构，即政策扶持部门和市场部门，都有一个共同点，就是要素在两个部门之间的转移，并不是完全没有障碍的，要素在部门之间转移都有障碍，造成了一些需要特别关注的问题。那么这个新二元结构，还不能简单理解成国有经济和非国有经济，我特别用了政策扶持部门，是因为有一些非国有经济，也跟政策扶持有相当大的关系，比如说我们的经济刺激计划中进行了大量基础建设投资，在这个投资过程中，很多的生产活动是由非国有企业完成的，这些企业也应归属于政策扶持部门。因为它的很多行为，都受到了政策扶持的影响。

新二元结构如何帮助我们更好地理解中国经济呢？我觉得我们观察到的一些现象，如果不考虑新二元结构是很难解释的，我这里简单地说三个现象。一个是通常情况下，经济增长下行压力比较大的时候，资本的成本或者说实际利率会下降，因为经济增长乏力的时候，企业投资的积极性比较弱，对资本的需求也比较弱，资本的价格就会下降。中国正好相反，2009 年至今实际利率一直在上升，即使从 2012 年以来，GDP 的增长一直在下降，但实际利率一直到上个季度都在上升，这是通常的经济理论很难解释的。另外一个现象就是劳动力成本，在同样的一个阶段，我们经济增长速度下行，但是我们的劳动力成本的增长速度仍然很快，这也和通常的经济中所观察到的现象是相反的。第三个是尽管我们的劳动力成本增长很快，通常情况下，这会造成通货膨胀，因为成本总是要传导到价格上，但是在中国不仅没有通货膨胀，我们还出现了通胀紧缩。2015 年不仅我们的生产者价格指数是 -5.9，我们的 GDP 平减指数都已经变成负了。在劳动力成本高速增长、没有多少失业的情况下，竟然会出现通缩，这也是通常的经济理论很难解释的。那么我刚才说的新二元结构，就能解释所有这些平常很难理解的事。之所以有这样的现象，就是因为政策扶持部门占用了大量的资源，挤压了民营、挤压了市场部门的发展，所以尽管经济增长下行，其实经济增长下行就是由这个结构造成的，因为这样的结构效率很低，我们看到的是过去这些年，我们的全要素生产率的增长速度在下降，资本回报率也在下降，但同时资本成本还在上升，就是政策扶持部门占用了太多的资本，占用了太多的劳动力，因为它们占用了这么多资源，使得要素成本不断上升。因为这样的结构，所以我们的效率在下降，进而经济增长速度在下降。所以这就能解释为什么经济增长速度下降的同时，还会有资本成本和劳动力成本的上升。

那么为什么还有通缩？为什么在成本上升的时候还会出现通缩。因为我们政策扶持部门对于成本非常不敏感，所以成本的上升并没有使一些低效率的企业退出市场，它们还一直在市场中，造成了产能过剩，使价格下行的压力非常大，当然下行压力有一部分来自外界冲击，但内部的新二元结构也起到了非常重要的作用。这样一个新二元结构，除了可以解释上述三个通常经济理论很难解释的现象外，也可以解释我们的高投资率低回报率、全要素生产率的低速度增长、高负债率，特别是地方政府的负债，贸易顺差的变化，资本流动等现象。这样一个新二元结构，是和青木先生提到的经济发展五个阶段其中的两个阶段有密切关系的，也是根据青木先生的框架，我们应该实现从 G 阶段到 K 阶段的过渡，然后再从 K 阶段过渡到 H 阶段，但是我们现在可能因为外部的冲击，从 2008 年以来，G 阶段又回来了，就是政府在经济、在资本积累中所起的作用又变得越来越大，这使得我们很难实现向人力资本积累为主的内生经济增长转型的目标。我觉得这是我们经济中面临的一个重要现象，使我们能够在青木先生的理论之上，来分析中国结构的问题，对我们理解中国的经济有非常大的帮助。

吴敬琏：我想补充的一点是，在3月25日青木教授这个论文里面，他明确指出，库兹涅茨过程的转折点，已经在21世纪初期出现了，所以我们现在不能够依靠劳动力从低效率部门向高效率部门的转移来推动我们的经济发展，而要寻找新的推动力量。

李波

中国人民银行

我是在1994年到斯坦福大学学习时认识了青木教授，刚到斯坦福不久，在楼道里碰到了青木教授，他很热情地邀请我到他办公室，在过去的21年里，青木教授一直是我的良师益友。1995年秋季学期，我还有幸作为青木教授的研究助理，在他的指导下，做了一些比较制度的研究。青木教授对我最大的影响，就是让我认识到，制度研究对整个经济学研究的重要性。青木教授关于制度的内生性，刚才星岳雄教授已经谈到，我记得很清楚，2012年阿西莫格鲁和罗宾逊出了一本书叫《国家为什么会失败》，书出来不久，青木教授来北京，我们一起共进晚餐，我想听听青木教授对这本书的看法。青木教授对它给予了充分的肯定，但同时也指出该书的缺陷就是没有在制度的内生性方面做更多的探讨。该书通过攫取性制度和包容性制度这两种制度的区别来解释很多国家经济表现的差别，但是这两个制度是怎么产生的，这两个制度是不是外生的，是不是给定的，他们没有回答。青木教授指出，实际上制度不是外生的，也不是给定的，而是内生的。青木教授给我的另外一个启发，就是制度的相对稳定性和变革的艰难，青木教授有一个很重要的概念就是制度互补性，很多制度，不管是一个国家的公司制度、市场制度、社会制度、法律制度，他们之间是有互补性的，这就意味着你要推动变革的话，如果你只改某一个领域的制度，可能这个变革就会失败，因为它和其他方面可能不匹配。我清楚地记得，在1995年我担任青木教授的研究助理时，他就让我读斯坦福大学另外一位教授保罗·戴维（Paul David）的文章，他是一位经济史学家，他1985年发表了一篇很有名的文章，就是所谓的“打字机经济学”，他研究为什么打字机的键盘设置，这26个字母是如此没有效率的安排，事实证明，如果重新排列这26个字母，可以提高打字速度2—3倍。为什么这26个字母的排列能得以延续，直到今天也难以改变，戴维教授就提出一个很重要的概念，叫路径依赖（path dependence），还有一个概念叫网络外部性（network externalities），基本的理念就是，制度一旦产生，它有惯性，可能会形成一个网络，这个网络很大之后，任何一个人或者一个厂商想改变制度安排，都可能生存不下来，因为这个网络非常巨大，而且网络之间有互补性，那么这样一个很重要的观念，青木教授非常重视，他把这个观念引入了制度的研究，对制度的互补性进行研究，那么也就意味着制度的变革实际上是非常不容易的，制度惯性和路径依赖性是非常大的。

2004 年我回国工作，青木教授非常鼓励我到中国的公共部门、政策部门工作，我当时加入了中国人民银行工作，已经工作了 11 年。在过去的 11 年中，青木教授每次见到我，也非常鼓励我能够学有所用，能够把经济学的一些专业知识，一些在他的指导下所做的研究，用于我参与的公共部门的政策制定和推动我们的制度改革。现在中国的一些挑战，实际上我们都可以用到青木先生的很多重要的理论来助推变革。我们现在面临的一些挑战，涉及几个重要的关系，比如政府与市场的关系，中央政府与地方政府的关系，国内与国外的关系。我感觉，青木教授的很多重要研究，对我们下一步的制度设计，下一步的变革，都会有重要的指导意义。举一个例子，比如有一个方面的研究，可能是青木教授留给我们后人继续推动的，那就是制度之间的互动，过去三十多年的改革历程，中国实际上通过对外开放，推动了很多改革，通过学习别人的制度，复制别人的制度，推动了很多改革。但是这个过程中我们也发现有很多水土不服，我们发现如果复制了其他国家的制度的某一个方面，或者某一个领域的制度，到了中国以后水土不服，这里面就有青木教授讲的制度互补性问题，就是我们有没有配套制度的学习，有没有系统制度的考虑，还是只复制其中的某一个方面，比如我们的资本市场，复制了发达国家的一些东西，但是后来我们发现，这些制度复制过来以后，有些水土不服，我们还面临很多挑战。我们在制度互补性方面做得够不够，我们在资本市场发展方面还有什么配套制度需要学习，如何从制度互补性、路径依赖的角度将制度变革和对外开放以及向其他国家学习结合起来，在这些方面，我相信青木教授的很多研究对我们下一步的改革和制度设计，都会有很大帮助。

最后，作为学生，作为后人，我想青木教授有三个方面的精神值得我们学习：第一是他的好奇心，第二是他的敬业精神，第三是他不断挑战自己的勇气。他曾经告诉我，他都年过半百了，才开始学习非合作博弈论，他感到很多非合作博弈的概念，对他来讲很有挑战性，但他还是拿起一本本厚厚的博弈论的书在那里啃，这种精神值得我们学习。

周黎安

北京大学光华管理学院教授

我1996—2002年在斯坦福大学攻读博士学位，青木教授是我的导师。其实不仅仅是斯坦福六年，毕业之后这么多年，我们一直有密切的交往。他对我的影响之大很难用简单几句话来描述。首先，青木教授博大精深的思想深深影响了我。刚才钱颖一教授、星岳雄教授以及几位专家都已经从各个方面阐述了他的学术思想。作为跟他接触比较密切的一个学生，我也能亲身感受到他对于新知识、对于学术、对真理本身的追求，他的执着和热情让我非常钦佩。今年4月份，他来清华开会时特别兴奋地告诉我，他有一篇文章刚刚收到《经济增长杂志》（*Journal of Economic Growth*）的回复，有四位评审人给他的很详尽的评论，主编要求他修改。当时我觉得非常吃惊，因为他已经77岁高龄，还在写学术论文，还向这些重要杂志投稿，还要面对来自评审人各种各样刁难的问题。我从他的讲述里面看到的是兴奋，以及他想进一步修改的坚定信心。我觉得这是他给我留下的非常重要的精神上的影响。其次，他为人的热情、正直和单纯，他对中国特有的感情和兴趣，都给我留下了非常深刻的印象。

我知道今天时间有限，我想侧重谈一件事，就是我在斯坦福读书期间，帮他翻译了他的《比较制度分析》这本书。我接到这本书的翻译是在1999年的暑假，青木教授问我有没有兴趣翻译他正在写的一本书，这本书的标题和内容我都很感兴趣，是一个很好的学习机会，我就答应了。这个翻译过程非常艰难，那时候的手稿对他来讲还是一个初稿，他一直在修改，我的翻译也一直跟着修改，花了两年时间，2001年中英文同步出版。英文由MIT出版社出版，中文由上海远东出版社出版。翻译过程给我提供了非常好的机会，因为在不断的修改过程中，与青木教授会经常交流，向他讨教怎么翻译，对他书里面的很多概念和模型有非常深刻的印象。

他这本书确确实实是一本非常雄心勃勃的集大成之作。所谓集大成，你要是自己去读那本书就能感受到，他不仅把经济学的最新发展，同时也把社会学、政治学、法学等其他学科里相关的重要文献，都做了非常精湛的总结、整理和介绍。这一点不仅能反映出青木教授的博学和知识宽度，更重要的是他对知识的态度。在对待知识的态度方面，我个人的体会是，经济学家总体来讲是比较狭隘和高傲的，就是我们主要关注经济学自己的研究，对其他学科的研究相对来说不是那么在意。而青木教授不是这样。青木像一个学生一样，只要跟制度研究有关的最新发展，他都会去浏览和研究，而且会吸收到自己的著作里面。刚才李波也讲到，他有一种持续学习的态度。作为经济学家，在各个学科知识爆炸式增长的时代，学科之间怎么互相学习，青木教授给我们树立了一个非常好的榜样。他对知识的态度非常真诚，没有学科偏见，更多的是如何吸取不同学科的智慧并融入经济学，这是我翻译他的书一个很深的体会。当然，如此广博的知识和思想跨度也给我的翻译制造了很多困难，因为有很多术语相对来说不太熟悉，不知如何找到对应的中文。

在这个书里，你还能感觉到青木教授的分析体现了一个经济学家的严谨和深刻。他虽然把不同学科里与制度研究有关的概念和现象引入我们的视野，但不是简单的罗列和整理。他用博弈论的语言，用经济学统一的框架，把不同现象、不同学科的概念都进行了经济学的统一改造。我印象特别深的是，斯坦福大学社会学家马克·格兰诺维特（Mark Granovetter）教授提出了嵌入性（embeddedness）概念。嵌入性是指经济制度、经济现象其实是嵌入在整个社会制度当中并由其外围的这些社会制度所决定。他想说的是，经济学家在研究经济问题时，只看经济方面的背景和环境，没有看它们所嵌入的那个政治和社会环境。在青木教授的书里面，他用关联博弈（linked - game）的概念，重新去解释这个嵌入性是什么，怎么化为可以用经济学工具去分析的概念，这里面的细节就不说了。总之，我想说的是，他不是把别的学科、别的知识汇集到这本书里就完事了，而是用经济学的语言进行了一致性的整理和发展，变成经济学可用的工具。这也是他这本书非常重要的特色，就是把不同学科的知识都整合在一个统一的经济学分析框架之中。刚才钱颖一教授和星岳雄教授都提到了他这方面的贡献，这也可以解释为什么青木教授的这本《比较制度分析》引用率之高。我今天早上还特意查了一下谷歌学术引用（Google scholar citations），《比较制度分析》是青木所有著作中引用率最高的，截至今天（2015 年 10 月 25 日）总引用次数是 2406 次。一篇文章或者一本书，如果引用次数超过 1000，就是一件非常不容易的事情。排在第二位的是他对日本企业的经典研究，2300 多次引用。这一方面反映他在经济学界的影响，另外也反映了对别的学科的影响，这恰好说明青木作为经济学家，不仅推动了经济学的发展，也推动了其他学科对于经济学知识的传播和理解。如何拓宽知识的外延，如何让你的研究具有广泛的影响，我想青木教授在这方面做了非常重要的贡献，这一点我觉得要特别强调。

我自己后来的研究也非常得益于青木教授的指导和潜移默化的影响。比如2008年的时候，我和北大光华管理学院蔡洪滨教授以及浙江大学的吴意云，用青木教授以及斯坦福经济系开创的比较制度分析理论，比如阿夫纳·格雷夫（Avner Greif）比较历史和制度分析的理论，钱颖一教授关于转型国家比如中国和俄罗斯的比较研究，还有米尔格罗姆等人的互补性理论，比较分析中国明清时期晋商和徽商的治理模式。这两个商帮在明清时期影响很大，在商业上都很成功，但两个商帮一南一北治理模式差别非常大。徽商主要靠血缘关系如宗族关系，没有太多的契约和期权激励体系，但晋商基于地缘关系，建立了规范的职业经理人、身股制度和严格的号规，以非人格化制度为特征。我们想解释的是这两个商帮的治理为什么不一样，更重要的是，把两者的系统差异跟当地的区域性文化和制度条件结合在一起。你会发现，其实商帮治理的很多元素是跟外部的文化理念和制度条件形成了很好的嵌合和互补关系。所以我们利用互补性的概念去解释为什么这两个商帮会形成系统的差异，为什么两个商帮会同样的成功，因为它们内部治理工具之间、内部治理与外部条件之间都很好地耦合在一起，所以都能变成有效的治理体系。我们这项研究直接受益于斯坦福的比较制度分析，包括青木教授关于日本和美国企业的比较研究。

从博士论文开始，我就一直关心中国地方官员的晋升激励，这个也是直接受益于青木教授的研究。为什么这么说呢？青木教授给我讲过，比如像日本企业和美国企业，虽然都是现代企业，但是你会发现在日本企业里，管人事的部门相对来说权力很大，而美国企业人力资源部门的权力相对来说不重要，因为日本企业是终身雇佣制，员工都在企业内流动，所以员工的晋升，是不是可以提到另一个部门，人力资源部门都有很大的权力。但在美国跳槽很容易，我在一个企业没有晋升空间马上可以跳槽到其他企业，所以人力资源部门对员工的影响远不如日本企业那么重要。而中国的官场，尤其是地方官员，其实和日本的终生雇佣制很相像，从他的企业研究当中，我注意到晋升机制的重要性。在中国这样的行政体制中，像日本企业一样，管人事的组织部门可能会扮演很特殊的角色。这也是直接从他的研究中受益的例子。

总的来讲，青木教授对我来说是高山仰止，他的学术贡献无法企及。作为后辈，以他为学习榜样，如何学习他的治学精神、学术思想，还有他对真理、对知识的态度，以及怎么传承他的为人之道，我作为他的学生，责任还是非常重大。青木教授的谆谆教诲让我一生受益，希望在自己未来的学术道路上能够真正弘扬他的思想和精神。

车嘉华

复旦大学经济学院

我谈几个方面，一个就是青木老师的工作，我想他有两条线，第一条线就是投入很多精力来研究亚洲经济社会实践，他帮到了社会，自己也学到了很多东西。另外一条线就是他本身的纯学术工作，尤其是比较制度研究，我想他可能经历了三个阶段。最初他是研究日本的体制，到 2001 年他又对整个比较制度进行综合的分析，然后到生命的后阶段，通过对日本的明治维新和中国的辛亥革命的比较，他更多的是希望对制度变迁，而不是制度本身进行分析和理解，所以，他在 2001 年的文章里就提出一个不同的制度概念，我想在这儿强调一下。

什么是制度，传统意义上来说，制度就是社会活动的游戏规则。那么青木老师和研究比较制度经济学的老师，就像星岳雄老师讲的，更强调制度的互补性和制度的均衡，因此，比较制度研究把制度理解成均衡的游戏规则。如果我们要研究制度的相关性，或者研究制度是如何内生或者均衡的话，大家可以看青木老师对日本经济体制的分析，内容角度相当丰富，而不是将制度压缩成单个的维度来比较。青木老师 2001 的书中也讲了为什么要这样分析。比较制度分析的目的是要研究一个经济体内，不同制度的不同层面，是如何互相契合，而不是把制度压成一个单面的，分类成包容还是不包容，掠夺还是不掠夺，不是单纯地说一个国家的制度比另一个国家的制度好，而是在一国的文化社会环境中，制度是怎么互补、怎么内生存在的。

当然这样讲就有一个问题，就是我们是不是被现有的制度和我们的过去绑住了呢？我想这可能是青木老师做了很多制度互补性研究之后想要解决的问题。我们怎么向前走，我们的制度怎么向前沿革？如果只讲互补性的话，就很难讲向前沿革的问题。因此，我们要有一个制度的概念，可以帮助我们研究制度的变迁。所以在青木老师2001年的书里，他就把制度概念再提升一步。我们知道，在制度变迁时，有时候会有革命，会有社会动乱，但这是制度变迁很重要的部分，就是从一个制度跳跃到另一个制度，现存的游戏规则会被打破。所以我们要真正理解制度的话，就要有一个比规则更高层次的概念，因此青木老师在他2001年的书里面，重新界定了制度。他首先介绍，这是人对这个游戏如何进行博弈的一种信念。但是不同人的这种信念不一定相吻合，也不一定共有，你想的和现实不一定符合，就会有冲突。但到一定的阶段，我们对社会活动这样一个游戏是如何博弈的，信念会逐渐趋同，当我们对这个游戏怎么博弈的信念和现实一致时，这些信念便是共有的也即共有信念，这就是我们的制度。

青木老师为什么绕这么大弯讲这个东西，我认为，他是想有这样一个概念，在有制度的时候，在制度混乱的时候，都可以运用。因此，他把制度定义成"对游戏如何博弈的共有信念"，他到后期就做了很多关于制度变迁的工作。他最后一篇文章，就是刚才周黎安提到的，就是探讨制度韧性和制度变革的（institutional resilence aad institutional change）。

2014年11月底和12月初的时候，青木和令子来香港，我们当时讨论了这篇文章。那时候他让我教他用Letax来编辑文章，他以前写文章都是用Word写的，这么大年纪开始学Letax，实在令人钦佩。

今年5月底的时候，我收到青木老师的信，说麻烦我帮他改这篇文章，当时他在信中是这样说的，他要有一个大手术，他不知道手术后，还有没有精力来修改这篇文章。我当时就答应了，但并不是很清楚青木老师的具体病况。因为希望青木老师在手术前能好好休息，也没有给他打电话。当时一直想去看青木老师，但由于各种各样的事情就拖下来了，一直拖到6月底，那时准备7月初起程。6月底青木老师叮嘱说中美旅途很辛苦，让我注意身体，让我安排好再去。结果行程又推迟了。没想到这一推迟，就再也没来得及。非常遗憾。那一个多月里没有跟青木老师通上话，最后赶去的时候，也来不及了。

让我感受最深的是，在5月后那段关键的时刻，青木老师是在跟生命赛跑。他工作非常非常勤奋。青木老师在手术前把与文章相关的所有东西都发了过来，他在手术前的那个晚上还在工作，在上手术台前几个小时还在给我们写信叮嘱文稿的事。手术后没几天，他又马上开始工作，把他手术后新做完的东西又不断地发过来。他工作的效率和速度，比我快很多。我有时候都跟不上他的速度，压力蛮大的。后来我写了一篇纪念青木老师的文章，这个文章题目就是 Till His Last Breath，因为青木老师后来是肺的原因过世。在文章的最后，我引了一段话："Life is not measured by the number of breaths we take, but by the moments that take our breath away."（生命不在于长短，而在于是否精彩），我觉得这句话非常适合青木老师。

薛澜

清华大学公管学院院长

我从 2003 年开始跟青木老师结识。从学术思想来讲，可能青木老师很多的研究对经济学影响很大。作为公共管理的学者，我们对青木老师的理论和思想的学习其实还非常有限。但是，大家提到的几个概念，对我们其实也有很大的影响，刚才提到的青木老师经典著作的 2000 多引用量中，估计公共管理的学者要占其中一部分。例如，青木老师在讲制度变迁时，把制度看成是利益相关者的博弈策略而不是一个简单的条规设计，这个思想对于研究公共管理和制度变迁的学者都有很大的启发。传统研究制度思路都把制度看成是政策专家和法律专家起草的法律法规和政策文件。这种理解下的制度是比较固定的、比较死板的。而且对制度变迁的动因和过程就很难分析。但是如果把制度看成是利益相关者的博弈策略，那么制度变迁所遇到的各种困难就很好理解了，因为每次制度变迁的背后就是这种策略的调整，所有人的利益都会受影响，遇到种种困难就不难理解了。这个思想对我们分析中国当前公共治理体系改革的研究有很大的启发。

另外一个例子是青木老师对制度互补性的研究。近年来，涉及国家治理方面提的比较多的是政府、企业与社会这三者之间的关系。但我们原来主要是从三者独立的角度来分析，到底政府该做什么，市场该做什么，以及社会能做什么。我们都是单独去研究这些要素。现在来看，其实有很大的局限性。任何国家的制度都不是按照理想去设计去组合的，而是在历史的演进中形成了这种互补性。因此，任何制度的调整，都不是对政府、企业或社会中某类机构功能的简单调整，都涉及对它们功能的重新认识，更多的是怎么去调整这些机构的互补性，让几者同时动态改进。因此，青木老师对制度互补性方面的研究，对我们研究国家治理体系和其中政府、企业与社会三者之间的关系，也非常有启发意义。

当然，我跟青木老师更多的接触是跟产业发展与环境治理研究中心（CIDEG）相关的。认识之初，青木老师给我的印象是一个非常严肃认真甚至有点刻板的学者。第一次见面是与陈清泰院长、青木老师等人一起讨论筹备成立 CIDEG 的事情。这个中心从此就成了我跟青木老师的不解之缘。在中心建立的过程中大家很快就在主要研究方向上形成了共识，即中国的产业发展、环境治理及相关的制度变迁。而青木老师非常看重的是这个中心的治理结构。筹建过程中，我起先根据学院其他一些中心的相关材料起草了一个比较简单的章程，但没想到青木老师非常认真地对章程进行了修改，还发来邮件跟我讨论一些非常具体的措辞，让我感觉到了青木老师对此事的重视。正是由于青木老师和吴敬琏老师作为学术委员会联席主席与陈清泰理事长都是很认真的人，所以，CIDEG 的治理可以说是我参与过的很多研究机构中最为规范的。在筹备之初中心的名称也是一个问题。青木老师非常希望这个中心有一个比较上口的英文简称。但一个名称中同时出现产业发展、环境治理与制度变迁这三个名词太不容易了。我跟青木老师为此通了不少电子邮件，考虑了不少组合，都不甚理想。后来感觉制度变迁是更深层次的变革，体现在产业发展和环境治理的方方面面，反倒不必表现在名字上。在这个基础上，我们最后确定了"Center for industrial development and environmental governance"这个英文名称和"产业发展与环境治理研究中心"的中文名称。

青木老师的认真还体现在他对 CIDEG 所举办的学术活动和所支持项目的态度上。2006 年中心成立之初，我们决定趁着青木老师担任国际经济学会主席的时机，与国际经济学会联合举办一个关于环境治理方面的研讨会。青木老师对于邀请什么人，如何组成比较合适的专场讨论，邀请什么听众等考虑得非常仔细，好几次专门赶到北京当面开会讨论商量。由于他的努力，我们不但邀请到了诺奖得主莫里斯，还请到了当时尚未获诺奖的奥斯特罗姆夫妇等著名学者，研讨会开得非常成功，为中心未来的学术活动设立了标杆。中心成立几年后设立了论文竞赛项目，一些年轻学者提交了他们的论文，青木老师都非常认真地阅读这些文章，并给出自己的评价和排序。

随着与青木老师的交往不断增多，我逐渐发现在严肃认真的学者青木后面还有一个兴趣广泛、思路新颖，而且有点桀骜不驯的青木，与青木老师自传中的自我描述有某种程度的神似。在 CIDEG 筹备成立过程中，青木老师还在担任日本通商产业省设立的产业经济研究所的所长。但青木老师也偶尔跟我们表达他对政府官僚死板的工作方式的不满，他的很多创新性的想法并不能在研究所真正如愿实现，最后他索性辞职，在 CIDEG 开辟新的天地。他在 CIDEG 担任学术委员会主席，主持了很多项目的讨论和评审。与中心的很多学术委员会委员相比，他更能跳出经济学的圈子，表现出对其他领域研究的兴趣。记得第一次组织论文竞赛，两位进入青木老师法眼的论文之一就不是经济学方面的。2015 年 4 月开学术委员会讨论今年的研究项目时，我介绍了和博士研究生俞涵之一起做的关于基因信息全球治理的研究，他对此非常感兴趣，下来后一再跟我说这个问题很有意思，值得研究。

更多的交往让人逐渐了解到青木老师博大的人性。他平易近人，和蔼可亲，总是充满了好奇心和生活情趣。每次我们 CIDEG 开年会，他都饶有兴趣地参与大家的“八卦”，讨论中国最新发生的各种事情和新闻。青木老师还是个美食家，记得 CIDEG 成立前后有一次他到北京，邀请我到北京市东四十条附近的一个四合院中的主题餐馆吃饭，同去的还有北大一位他原来在斯坦福大学的毕业生。这个餐厅的饭菜比较一般，但其环境布置，包括菜肴的名称，服务方式都是以“文革”为主题，青木老师饶有兴趣地跟我们体验着这种独特的风味。饭后发现四合院中还有一个防空洞改造的地下室，专门放“文革”期间的老电影。青木老师有点好奇，我们就一起下到地下室去看看，没想到正在放演的电影是《地道战》。青木老师听到我们介绍完片子的故事情节之后，毫不介意，兴趣盎然地坐下来跟我们一起看了很久。

还有一次我到斯坦福大学参加一个创新方面的研讨会，青木老师得知后要请我吃饭。那天的安排是青木老师先到酒店接上我之后在硅谷和斯坦福大学周围转一圈，然后到他家里坐一下，最后到外边餐馆吃饭。我对车是外行，但记得青木老师的车相当时尚。与平时很文静的青木老师相比，方向盘之后的青木老师更有激情。他一边开得飞快，一边兴致盎然地给我介绍飞驰而过的硅谷社区和硅谷律师的故事，还真让人有点担心。

我最后一次跟青木老师通邮件时青木老师已经住院了，当时通邮件的目的是涉及 CIDEG 十周年纪念的活动安排。现在我们举办 CIDEG 十周年的纪念，可青木老师离开我们已经有一段时间了。但我们并没有感觉他已经离开我们，他好像就在我们身边，一起讨论 CIDEG 的十周年年会，规划 CIDEG 下一个十周年的发展愿景。CIDEG 是青木老师生前的最后一次学术创业，他对中心的发展寄予了厚望。今天，我们怀念青木老师最好的方式就是把他倾注了大量心血的 CIDEG 继续办好，使其真正成为一个有国际影响的学术研究中心，以告慰青木老师的在天之灵。

赖海榕

中央编译局

我是 90 年代末跟青木先生认识的，那时候主要是因为肖梦老师的引见，青木先生多次到中国来的行程，我都有一些参与，他深厚的学养和君子般的人格令我十分敬仰。我的父亲和青木先生年龄相仿，今天初春我的父亲去世了，仲夏青木先生去世。有一篇评论文章写得非常好，对青木先生的最高敬意和最好的纪念是行动起来，推进和完成他未竟的事业。就青木先生的经济思想而言，我是非常的惭愧，很早害怕经济学的艰深，逃离到政治学的领域，当然不是说政治学就容易。关于中国，他说中国有特别的地方，但是并不是那么特别，他说中国经济发展的路径和东亚其他国家有很大的相似之处，这一点对于我非常有启发，就是在从事中国政治的研究过程中，应该把中国放在一个什么样的参照系上去观察，这是一个非常困难的问题。那么青木老师的思想对我有很大的启发和指导意义。另外刚才有好多学者都讲到，青木先生的思想并不局限于经济学，他的比较制度分析是一个博大精深的著作，对经济、政治、社会制度的变迁都有非常深入的研究。我觉得在当前时刻，特别有必要再一次重新研究青木先生的学说，为什么？因为这几年，世界各国政治经济的发展出现了许多出人意料的情况，就是很多过去有办法解释的事情，忽然变得比较难解释，用过去的一些分析框架、一些知识，都不是很好理解，那么在这个时候，如果能够再次深入研究青木先生关于制度变迁、制度演进的学说，可能对我们有很大的启发意义。

德地立人

各位经济学家对青木老师的经济思想有很深的分析，我不是经济学家，只是一个企业人士，本来不敢滥竽充数。但刚才吴老师提到的在外专局的交流，整个过程我确实参加了，我就把这个部分简单说一下。大家都知道，去年党的四中全会，明确地讲党要依法来治理国家。“依法治国”这个问题提出之后，在 CIDEG 中心，我和青木老师有些交流，他认为这个问题非常重要，并介绍了他的好友弗朗西斯·福山最近写的文章（后来以《政治的起源》和《政治的腐朽》出版成书)，他认为这篇文章的思想观点很重要。这篇文章提出了一个分析现代国家的核心框架，即一个现代化国家需要一个强大的中央政府、法治制度和民主问责制。而这三个因素的结合和平衡形成的国家，就是福山在他的《历史的终结》一书中提到的现代民主国家，即“历史终结国家”的形态。我就建议青木老师，请福山一块来北京，在 CIDEG 中心做报告，并在我担任委员的外专局外国专家建议委员会进行交流。通过青木老师的工作，今年 4 月底福山和青木老师到了北京。在北京，我们组织了以“依法治国”为题目，不同对象参加的五六场会议。无论在清华 CIDEG 的大会，还是外专局以及《比较》编辑室的专家讨论会等，与会者讨论得热烈而深入，我们深受启发。总而言之，这次北京的交流是一次很有意义、很成功的交流，如果没有青木老师，这次交流是不可能实现的。遗憾的是，这成了青木老师最后一次访问中国。如同今天上午吴敬琏老师讲的，如果中国要成为发达的现代化国家，中国必须要做到“依法治国”(rule of law)，而在这方面青木老师又做了好榜样。

吴敬琏：看来如果打破“经济学帝国主义”，大家还有很多话要讲，可是我们的时间已经到了，谢谢大家的参与，会议就此结束。

《从资本家手中拯救资本主义》

本书认为，自由竞争的市场经济制度是人类社会迄今为止发现的最不坏的经济体制。一个真正自由的、竞争性的市场处在缺乏规则和过分管制之间的某个适当尺度，这个中间地带并不宽裕，所以最佳形式的资本主义是非常不稳定的，很容易退化成既得利益集团所统治、拥有和享受的制度。既得利益集团，即资本家们，为维护其既得利益免受竞争威胁，常常成为资本主义最大的敌人。两位作者继而从政治经济学、历史、金融与发展的关系、制度的作用，以及治理等视角，就如何巩固市场经济的政治基础，建立真正自由的竞争性市场，从资本家手中拯救资本主义，提出了超越传统认识的答案。

本书既有学术上的严谨，又不失论证的通俗易懂，因此不但对广大经济学专业人士是难得之作，同时对所有关心市场经济以及希望获得平等发展机会的人都有阅读价值。

不平等专题

On Inequality

Comparative

缺失与误导

《21世纪资本论》读书笔记

雅诺什·科尔奈

1. 导言①

托马斯·皮凯蒂（Thomas Piketty）的《21世纪资本论》是部出色的著作，标志着一个跨越了数十年的极其重要的研究项目进入一个关键阶段，这项研究的发起主要归功于安东尼·阿特金森（Anthony Atkinson），多个国家的一流学者和研究团队在其中做出了重大贡献。②该研究项目的目标是揭示资本主义制度下收入和财富分配的特点及长期趋势。

皮凯蒂的著作渗透着追求平等和团结的精神，他对穷人、被剥削者和弱势人群表现出了深刻的道德责任感。他的信念主要体现在该书的内容中，在叙述语气里也有所反映。他给人的印象不是一位枯燥的学者，而是被千百万人的遭遇所感染、为不劳而获的财富带来的奢华生活而愤怒的性情中人。

---

① 笔者文责自负，感谢以下各位的宝贵建议：László Bakacsi、Zsuzsa Dániel、László Garai、Botond Köszegi、István György Tóth、Emmanuel Saez、András Simonovits、Daniel Waldenström、许成钢以及László Z. Karvalics。感谢Réka Branyicki、Ádám Kerényi和Andrea Reményi提供了高效率的研究助理工作，感谢Brian McLean提供了精确清晰的翻译服务。另外，感谢如下机构的大力支持：Corvinus University of Budapest、By Force of Thought Foundation以及ISC Foundation。

② 参见Atkinson（1997）。阿特金森等人的最新著作（Atkinson and Bourguignon，2015）以2000多页的篇幅总结了关于收入分配的经济学研究成果。

对于该书，目前至少已有100余篇评论，而本文的性质有所不同。评论意味着对一部作品的优点、不足或错误进行仔细的比较评估。①本文则是执行一项更平凡的任务，正如文章副标题所示，我只是把自己在阅读该书时的某些思考简单记录下来。

皮凯蒂在他的导言中写道："我属于在1989年时成年的一代人，正好赶上法国大革命两百周年纪念，也见证了柏林墙的倒塌。我属于在成长中听到过共产主义独裁者的各种新闻、却从未对那样的体制或国家有任何仰慕和怀念的一代人"。(Piketty，2014，第31页)

皮凯蒂的出生和成长遇到了好地方和好时候。在民主国家和资本主义市场经济中生活，对他来说是自然而然的现实。我本人则完全不同。我已经历过七次可以视为制度变革的重大转型，政治组织形式或经济制度或两者同时发生剧烈改变。从2010年至今，第八次转型正在周围进行。对于我自己、同辈人以及有着相似职业生涯的同事而言，民主政治和资本主义经济并非理所当然的自然背景。因此在思考不平等这样的重大课题时，我习惯于采用把资本主义制度同社会主义制度加以比较的理论框架，从资本主义到社会主义的转轨以及从社会主义到资本主义的转轨中去寻求启示。从这个角度看，本文的思考方法会与皮凯蒂有根本的不同。我并不认为皮凯蒂和那些与之想法接近的学者希望建立一个类似于垮掉的苏东社会主义的制度。我知道他们主张建立一种更能被接受的资本主义制度，对此我们显然有共同点。在我看来，与历史上真实存在过的社会主义制度进行比较是一种值得推荐给他人的分析工具。把资本主义制度同其对立面放在一起，可以让人更鲜明、更清晰地感受到它的本质特征。研究从社会主义向资本主义的转轨过程能起到类似的作用，因为它展示了资本主义的基本特征在现实中的表现，是一种活体实验过程，而非人为的模拟。很遗憾，皮凯蒂与其他许多西方学者没有采用过此类分析方法。

在阅读皮凯蒂的著作时，我不断自问，该书与马克思的《资本论》有怎

---

① 较为全面和细致的分析可参考 Milanovic（2014）。许多出版物参与了有关皮凯蒂著作的讨论，在不同领域做出了贡献，包括：2014 number of *Journal of Economic Perspectives*，the fall 2015 number of *CESifo* Forum，the volume *American Economic Review*，*Papers and Proceedings* reporting on the January 2015 conference of the American Economic Association 等。该书在匈牙利引起的评论包括如下作者的文章：Lajos Bokros、Péter Felcsuti、Péter Mihályi、Iván Szelényi 和 István György Tóth，以及 Ferenc Vicsek、Gábor Kuncze 与 György Surányi 的对话等。

样的联系。撰写本文时，我正好看到一个知名网站上刊登了一篇匈牙利文的评论《卡尔·马克思归来并重新撰写了〈资本论〉》（Karl Marx has returned and rewritten *Capital*，Losoncz，2015）。该书真是我们这个时代的《资本论》吗？拿起本书的人，无疑都会产生类似疑问。①皮凯蒂是否给马克思的著作增添了一些他的时代不可能知道的资料？皮凯蒂是否解决了马克思未曾澄清的理论问题？该书给人的信号是，马克思的《资本论》确实影响了皮凯蒂的思考。而《资本论》对我的影响则毋庸置疑是巨大的，在19岁时，我就从头到尾逐字阅读了全书，并做了翔实的笔记。这一阅读经历对于我成为社会主义的信徒至关重要。多年之后，我与马克思主义分道扬镳，转而批评马克思的观点和现实政治主张，则是经过了令人震撼的历史阅历的结果（Kornai，2009）。对我来说，以《21世纪资本论》命名的一本书立刻就会引发与马克思主义及其对资本主义和社会主义的描述有关的各种联想。

该书给许多读者带来对资本主义制度进行全面分析的期望，不止是因为其书名。其副标题表明关注的核心问题是分配："让分配问题重新回到经济学研究的中心"（Piketty，2014，第15页）。②该书把某些规律和关系命名为资本主义的"第一基本定律"、"第二基本定律"和资本主义的"基本矛盾"。③这些强烈表述似乎都在做出承诺。但皮凯蒂的著作在让许多读者产生较高预期后，结果却远不能令人满足。找出他引发的这些过高期望以及随之而来的缺失感，将是本文必须探讨的主题之一。

某些评论者会探究为什么作者是针对某个特定课题，而非其他，然后就他们感兴趣的课题发表看法。本文并非沿用此类模式。我并不是抱怨皮凯蒂忽略了我和其他许多参与类似研究项目的学者所关注的问题。每个作者都有权聚焦

---

① 不能认为皮凯蒂希望给大家这种印象，他的著作中没有此类陈述。或许是出版商为了市场宣传的需要而选择这一吸引眼球的书名。然而该书的导言中也没有任何语句能去除这种印象，资本一词在该书最初的法文版书名中是用小写形式出现（Piketty，2013），改变发生在英文版，资本（CAPITAL）一词的所有字母完全采用大写。该书的匈牙利文版（Pikett，2015a）则是在主标题中对资本一词完全采用大写，其余的"21世纪"几个字采用较小的字体。

② 皮凯蒂发表的总结该书主要观点的文章表达了同样的意思（Piketty，2015b）："把分配问题放回经济学研究的中心。"

③ 马克思在《资本论》中没有使用"基本定律"或"基本矛盾"的说法，这些术语是来自为普及马克思主义而设计的"政治经济学"教材。对于皮凯蒂的"基本定律"说法的批评，可参考Ray（2015）。

自己著作的主题，但也应该把讨论的边界告知读者。我所反对的是：过于严肃地看待皮凯蒂提出的宏大任务，并指望他很好地满足大家的期望。

收入与财富分配通过许多渠道同经济制度的其他方面交织，任何人如果想做详尽研究并与皮凯蒂展开争论，恐怕都需要写出同样体量的巨著。本文只是着眼于众多经济关系中的一个较小的子集：生产力在各方面的发展如何相互作用，主要涉及技术进步、不平等状况和经济行为人背后的激励机制等。当然，即使对这三者的相互作用，本文的分析也不够完善，省略了某些极为关键的分析，如产量的数量增长与福利国家制度的发展之间的联系等。

2. 生产力的发展，技术进步

力图理解资本主义本质的马克思把生产而非消费视为主要问题，这与他之前和之后的很多经济学家相同。我把自己也划归其中，这似乎是不证自明的选择。马克思作为一名科学家和政治家，关心生产力如何发展以及生产关系如何促进生产力的发展。①他高度评价了资本主义制度对生产力发展的巨大促进作用，而在此之前生产力长期处于停滞或缓慢增长状态。我想借用《共产党宣言》中的名言："资产阶级在它的不到一百年的阶级统治中所创造的生产力，比过去一切世代所创造的全部生产力还要多，还要大。自然力的征服，机器的采用，化学在工业和农业中的应用，轮船的行驶，铁路的通行，电报的使用，整个整个大陆的开垦，河川的通航，仿佛用法术从地下呼唤出来的大量人口——过去哪一个世纪料想到在社会劳动里蕴藏有这样的生产力呢?"（Marx and Engels 1973［1848］，第 85 页）然而马克思又坚信资本主义的生产关系（私人所有制与市场机制的统治，加上代表资产阶级利益的政府的行为）迟早会束缚生产力的发展，这正是资本主义必须被终结，然后以更能促进生产力发展的社会主义取而代之的原因。许多人对马克思存有误解。尽管他也高度关注道德问题，但他认为资本主义必须被取代的理由并不在于这个社会缺乏公正或道德沦丧，而是因为历史发展中的客观原因，因为它阻碍了生产力的发展，所以必然会被淘汰。

马克思的预言已经被历史事实断然否定了。

---

① 这里我是有意识地采用马克思的说法，如生产力和生产关系等。这些说法很容易转化为其他经济学派采用的术语。

反驳理由1 生产力在资本主义制度下获得了更长足的进步。以GDP指标来看（皮凯蒂的著作也小心翼翼地采用了这个指标），马克思的预言并不成立。如果以50年平均数计，人均产值的增长达到了资本主义制度之前从未有过的水平：在长期中保持每年1%—3%的增长。这个速度并不显眼，但长期保持指数增长的结果相当惊人。没有任何理由认为生产力发展陷入停滞，遑论崩溃。

另外，GDP时间序列只能部分反映生产力的发展成就。用黑格尔的术语来说，只能反映量变的内容。皮凯蒂的著作也深入讨论了数量上的增长（Piketty，2014，主要在93—95页），但这个指标以及皮凯蒂的总体思路都缺失了质变的内容。技术进步能够给人们的生活带来深刻的革命性改变，GDP增长数据对此能告诉我们多少呢？用生产率这一常用指标来简单地描述进步显得过于狭隘，因为人们的生活方式已发生了根本的变化。

如果拿马克思时代的生活方式与今天做个对比，巨大的差异显而易见。没有哪种活动或人际交往方式不被技术进步彻底改造。以家庭生活为例，男女之间的劳动分工以及家庭成员之间的相互关系会受到许多政治、社会和文化因素的影响，而技术进步无疑是其中最具分量的一种：家用电器、一次性尿布等发明大大简化了家务劳动；避孕技术深刻改变了男女之间、父亲和母亲之间的交往关系；手机和在线通话让家庭成员之间有了触手可得的通信工具；计算机让白领员工能在家里办公。另一个例子是休闲时间的安排，电视、智能手机、互联网、汽车和飞机的广泛使用，让人们的生活与过去相比发生了翻天覆地的变化。

技术进步处于加速状态。从现实观察中得出的摩尔定律认为，技术进步或者说至少其中的部分进步可以用快速的指数增长轨迹来描述（Brock，2006；Kurzweil，2006）。最具活力的变化发生在所谓高技术产业、计算机世界或者说数字技术领域。变化的速度之快从计算机的进步中能得到最好的体现。让我们想想最早期的中央计算机，高技术产业的杰出创新者库兹韦尔（Kurzweil）曾回忆1967年用过的IBM7094计算机——当时他还是麻省理工学院的一名学生——并把其性能参数同2004年的笔记本电脑做了比较（Kurzweil，2006，第102页）。十年之后的比较对象则变成了智能手机。过去的“史前”计算机占据了一整个房间，而智能手机不过我们的手掌大小。早期的计算机售价惊人，以2003年价格计算高达1100万美元，而如今的优秀智能手机售价只有400美元，不及前辈的0.004%。同时机器性能的提高更是令人难以置信，处理器的运算速度提高了7.3万倍，存储能力提高了12万倍。①高技术产业的指数化发展之猛烈，还可以用下面这种描述方式：在很长时期里，许多领域的性能实现翻番所需的平均时间只有2年左右。例如，处理器的运算速度，每过1.8年就是原来的2倍。

信息通信产业技术发展的影响并不局限于上述两个案例——家庭生活和休闲娱乐——而是扩展到所有维度的人类活动和人际交往上，改变了生产、流通和消费，改变了收入的过程和财富的变动，以及教育、科研和医疗等领域。零售业出现了新的交易形式——电子商业。技术进步及与之密切相关的全球化使金融交易的速度大大加快，并使金融产业的业务内容发生剧烈改变。各种社会活动也发生了重大变化，军事进攻与防卫、犯罪与执法、取得政权和反抗政府、文化与文化垃圾、真知灼见与谣言谎话的传播等不胜枚举。

反驳理由2 从技术进步的历史背景来看，马克思对资本主义生产关系的阻碍作用的说法并不成立。我撰写的有关资本主义的图书总结出了一个列表，包括从1917年俄国革命到2010年的111项革命性重大创新，从晶体管到互联网搜索引擎，从茶叶包到尼龙搭扣，从青霉素到核磁共振，从纸巾到DVD，从超级市场到条形码等（Kornai，2014，第6—9页）②，其中只有一项创新是首先在苏联出现并普及的，其他110项都诞生在资本主义制度下。

反驳理由3 从社会主义到资本主义的转轨时期的技术进步时间序列可以给我们启示。在制度改变之前，这些国家缓慢地借鉴或者偷师资本主义世界的革命性创新。而在制度改变之后，它们的借鉴速度显著加快。我选择了若干指标，针对欧盟的15个早期成员国，以及10个从社会主义转轨过来的新成员国，将转轨之前和最近的情况进行了比较。1995年，老欧盟15国和新欧盟10国的互联网用户在总人口中的占比分别为3%和1%，到2010年则分别提高到79%和70%。1995年，老欧盟15国和新欧盟10国的移动电话普及率分别为7%和2%，到2012年分别达到127%和134%。1995年，老欧盟15国和新欧盟10国的高技术产品出口所占比例分别为16%和5%，到2012年分别为13%

① 这些比较所需的细节信息，可查阅我的主页：www.kornai-janos.hu/Kornai2015_background.pdf。

② 该书（Kornai，2014）和本文采用的通行做法是把某项创新的发现者或发明者，与最早实现大众化应用的人区别开来，后者才被称作创新者，他们往往不是最早的发现者或发明者。

和11%。①后社会主义国家在转轨之初对现代通信工具的使用远远落后于西欧，如今已在某些方面或多或少超越了传统的资本主义国家。甚至有的后社会主义国家也零星地出现了某些在全球范围内都具有革命意义的创新，如匈牙利的Graphisoft公司在建筑设计上的创新，Prezi软件在教学和商业演示上的创新等。

技术进步是一把双刃剑。技术成果促进了贸易发展，让很多人的生活更为轻松，但同时也带来了不利影响。某些新的危险后果严重，如恐怖分子可以利用互联网开展组织，从事反恐的政府安全机构也可能不加限制地窥探公民的生活（就像奥威尔小说中的老大哥）。这方面的讨论已经很多。我这里只想简单地指出，在对资本主义制度做价值判断时，应该把技术进步在各方面的影响都考虑进来。

读者们如果到皮凯蒂的著作中去寻找对资本主义的总体刻画，了解马克思所描述的19世纪资本主义与21世纪之间的差异，会强烈感受到书中不够重视、甚至完全忽略了技术进步以及生活方式的相应变化。该书确实包含涉及技术进步的内容，但对其重要性没有充分展开讨论。这里有个例子来说明我所讲的“忽略”。皮凯蒂积极参与了有关谷歌公司的讨论：“如果某家公司或某个人给经济中其他参与者贡献的边际收益确实大于其收取的产品价格，那么少缴些税款甚至获得补贴是完全合理的，经济学家们将这种现象称为正外部性。但一个显而易见的问题是，每个人都会出于自利声称给其他人带来了重大的正外部效应。谷歌公司当然也没有提供最起码的证据来证明它确实做出了那样的贡献”（Piketty，2014，第650—651页）。上述论断令人吃惊。有人把最近几个世纪的文明史在信息维度上划分为古腾堡时代（印刷术创新的出现和普及）与谷歌时代（可以从互联网上获得便利开放的信息）。我们仍处在第二个时代的开端，越来越多的人正习惯于用智能手机来“google”他们马上需要的信息。这是个革命性的飞跃，产生了数不清的外溢效应，对于有如此广泛权重的外部性谁能用金钱来准确测算？②有关谷歌这个企业帝国在世界各国如何缴纳税收的情况，我不做评论，那应该是参与谈判的律师、竞争监管机构、税务部

---

① 参见Kornai（2014，第28页）。该列表是由Réka Branyiczki根据世界银行的研究（World Bank，2015）增补更新而来。有关后社会主义国家转轨时期技术进步的背景资料和其他数据，可查阅我的主页：www. kornai - janos. hu/Kornai2015_ background. pdf。

② 谷歌公司给广大用户提供了无数次的免费服务，它的利润来自其他方面，主要是广告收入，而这些广告很多时候会在真实搜索信息之外加入误导性的指示。

门和法院来决定的事情。可是让我吃惊的是，皮凯蒂那么轻易地就断言，谷歌公司产生的正外部性除了该公司自己的供词之外就没有其他证据了。

3. 不平等的多个维度：财富的来源

不平等的多个维度

在道德与政治哲学上，我与皮凯蒂一样支持人们之间的平等和社会正义原则，我也接受他对这些原则的重要性的论证方式。有关平等原则在自由主义世界观中的地位，可参考罗尔斯等学者的论著（Rawls，1971；Sen，1985；János Kis，2009 a，b，2014）。下面的评论将讨论分配问题以及其中涉及的平等和不平等问题，但不是基于哲学的理论架构，而是从社会科学的角度。

在探讨资本主义制度的分配问题时，与社会主义制度进行比较并将脱离社会主义的转轨历史结合进来，同样能有所助益。各社会主义国家之间有许多差异，在不同时期的做法也各不相同，但这里开展的比较研究不涉及其中的细节。

皮凯蒂的著作聚焦于收入和财富的不平等分配上，其中又重点关注来自资本的收入和对财富的占有，尤其是顶层1%人群的资本收入以及豪富阶层的财富状况。尽管这些内容确实重要，可是我们在思考此类问题时必须记住不平等是个多维度的现象。让我们先看看其中的几个维度，暂时不考虑这些内容是否全面，也撇开其相对重要性。

（1）先从皮凯蒂特别关心的现象谈起：一个国家的货币收入和财富的分配。社会主义制度的建立是从“最后的斗争”开始，使剥夺者被剥夺（Marx，1906，第837页）。一定规模以上的私人所有制生产企业和住房被国有化，大规模的种植园首先分配给农民，然后把农民的私有财产变成集体所有制（如苏联的集体农场、中国的人民公社、匈牙利的生产合作社等）。财产关系的这种改造是通过暴力完成的，许多人因之丧命，或被遣送到劳改营。

此类平等主义改造的景象令人震惊，穷人搬进富丽的宫殿，占据了富人在城里的公寓。企业控制权从高收入经理人转移给执政党委派的工人代表。数以亿计的中国人曾经身着统一的毛式制服，就是这种平等主义的极端案例。

然而执政党很快放弃了这种形式上的平等。工资差异不但允许，而且是必要的激励，从事较为艰苦的工作、需要更高技能的工作，或担负额外职责的工作（如党委书记）将得到更高的待遇。可是即使有这些差异，社会主义在货币收入上的不平等程度与资本主义制度下的不平等程度仍然不可比拟①（参见 Atkinson and Micklewright，1992）。

前社会主义制度下也没有大量私人财富的积累。高层党政领导、大企业管理者或者秘密警察头子可以乘坐配司机的专车，住进宽敞的国有公寓，但如果失宠，这些物质特权享受就会随之消失。也就是说，在社会主义制度下不可能依靠私人继承财富的收入为生。真正的障碍其实还不在于此，而是官方意识形态及植根其上的法律规范的严令禁止。社会主义不会容许“寄生虫”式的生活方式，劳动是必需的。在警察的检查中，任何不能提供工作单位证明的人都会被当作对公众有害的懒汉加以惩处。靠施舍为生同样不可能，乞讨被法律所禁止。人们必须工作，所有体格健全的人也都能找到工作。唯一的例外是没有工作能力的人，他们将获得政府的福利保障。②

出于道德原因而强烈主张大幅减少货币收入和私人财富差距的人们，从这个视角上可能会被社会主义制度所吸引。该制度的基本特征——近乎完全取消私人所有制和市场机制——必然导致平等主义的倾向。正是这种倾向让生活在冷战铁幕西侧的许多左翼知识分子，对共产党执政国家的生活方式产生了向往。

这一维度的不平等状况在1989—1990年开始的制度转轨后发生了巨大改变。前社会主义国家的货币收入不平等程度在较短时期内迅速扩大，私人财富大量积累起来。关于豪富阶层的财富来源，有很多资料可以参考（如 Flannery，2014；Hoffman，2002；Kolosi and Szelényi，2010；Laki and Szalai，2004，2011，2013）。虽然各国的历史背景、政府组织形式、政党的力量对比，以及对私有化和市场化的实施政策互有差异，但在所有国家，穷人与富人的差距都在拉大，特别是最底层与最富有阶层的差距，其中几个国家的贫富差距甚至达到极为严重的程度。③新兴富豪阶层的第二代的代表也很快出现，他们依靠父母的收入和财富，

① 后来，随着某些社会主义国家引入了某些市场机制的要素，货币收入差距有所扩大。这也是1960年代的西方新左派对东欧国家的改革措施感到怀疑和厌恶的一个原因。

② 各国在不同时期给孕妇、幼儿母亲、病人和残疾人设计的工作、休假和福利安排各不相同。本文不涉及政府规则的各种细节，只是概括地介绍最主要和最普遍的原则和做法。

③ 对较为长期的转轨过程中的收入不平等趋势的历史分析，可参考 Tóth（2014）。该研究发现加入欧盟的后社会主义国家的不平等扩大速度有异质性特征，捷克、斯洛伐克和斯洛文尼亚的不平等程度几乎没有变化，罗马尼亚和保加利亚则严重扩大。在匈牙利、保加利亚和立陶宛等国，某些时期出现了不平等程度缩小的现象（Tóth and Medgyesi，2011）。俄罗斯和中国的不平等扩大速度引人注目。

不需要自己的努力就过着名车豪宅的享乐生活。

随着新制度的基本属性——私有制和市场的主导地位——逐步确立，似乎出现了一种内在的发展趋势：货币收入以及可以用货币代表的财富分配的巨大差距。后社会主义转轨提供了重要的历史证据，表明这种强烈趋势是资本主义固有的主要特征之一。从历史视角来看这种转轨是以闪电般的速度完成的，使资本主义的这一面貌极为突兀地暴露出来。某些后社会主义国家对私有化和市场化的处理较为谨慎，但仍不能抑制收入和财富差距扩大的系统倾向。资本主义制度最丑陋的一面在各国都展露无遗。

（2）产品和服务的可及性也是不平等的一个重要维度。社会主义经济的一大特征在于长期短缺，买方对符合自己需要的产品和服务有购买力，但缺乏供给。在这个维度上存在巨大的不平等。普通工人与党委书记的生活水平的最大差异不在于他们的工资，而是他们能否获得短缺商品。国家就业等级中地位最低的人住在非常寒碜的廉租房里，因为这是给他们安排的分配结果。许多家庭虽然有足够的工资可以租下自己的专有住房，却必须与他人共用。人们在权力金字塔中的地位越高，分配到的住房就越大越舒适。决定一个人或一个家庭能否安装电话，能否购买进口的稀缺商品，能否出国旅行的因素，不是他们的货币支付能力，而是政治、社会和经济地位。有人为购买私人汽车需要花好多年时间排队，掌握特权的人则可以例外。特权划分为多个等级，不是根据收入，而是与政治权力的关系，如所处的地位、与上司的交往、效劳的意向、纪律和逢迎等。职业技能当然也在工作生涯中发挥着作用，但政治忠诚度更为关键。

在这个维度上，资本主义市场经济则是奉行平等主义：不管花钱的人是穷是富，货币都有着同样的购买力。以我的价值体系看，这是资本主义制度的一个重要优点。很快，从社会主义向资本主义的转轨就带来了这个维度的平等，短缺经济结束了，供给约束消失了，取而代之的约束是需求方的买方支付能力，于是就回到上一个维度：货币收入的不平等。

（3）在不平等的众多维度中，让愿意工作的人有机会找到工作、并得到同工同酬的待遇是最重要的之一。

社会主义制度的一个特征是产品和服务市场上存在普遍、严重和长期的短缺，这给买方带来很大麻烦。同时部分由于类似的原因，较为发达的社会主义国家还存在严重和长期的劳动力短缺，给雇主也就是公有企业的管理者带来了很大麻烦，而增强了雇员的地位。他们知道如果跟现在的老板发生冲突，会很容易找到其他的工作，这增强了他们的职业安全感。

在制度转轨后，劳动力市场从需求过剩转向供给过剩状态。大规模失业出现了，劳动参与率迅速降低。第一次剧烈创伤是在“转轨危机”中感受到的，但在危机结束后，社会主义时代所常见的劳动力短缺现象也没有再现。借用马克思在《资本论》中的说法，从此之后长期维持着“产业后备军”，劳动力短缺所带来的安全感不复存在了。失业劳动力以及放弃或者从未尝试寻找工作的潜在劳动力的规模和比例，在各国互有不同，在各国内部也由于市场状况和移民进出的起伏而存在时间变化。然而，这种现象在所有资本主义经济体都在一定程度上存在，属于制度的内在特征，它不但给直接受到影响的人带来严重的损失和羞辱，也影响到拥有工作的人，让他们时刻感受到失业的风险和焦虑。

在皮凯蒂集中关心的货币收入分配的统计数据上，尤其是他的理论分析上，这种现象只得到了部分的反映。读者们期待他的著作能对资本主义制度的主要特征有全面分析，而皮凯蒂本人又高度关注平等问题，他对就业问题缺乏重视，实在是令人遗憾。

（4）各种类型的歧视现象是不平等问题中值得关心的一个特殊维度。从收入和财富分配的现有统计数据中，不可能分辨出男人和女人、主体民族和少数民族、主体教派和少数教派、异性恋者和其他性取向者受到不同待遇的频率或程度，类似的歧视标准还可以有很多。歧视可能体现在就业机会不平等（与上述的第三个维度相关）和其他许多选拔过程中。被歧视群体的成员可能在职业生涯中受阻，在学业中受限，更难以获得住房，或者被排除在社会交往之外等。

与马克思的时代相比，这个维度的许多限制已被改变。许多国家的情况有所改善，但任何国家都远未能充分解决问题。另外世界上还有广大地区没有取得多少进步，歧视现象甚至更为严重。皮凯蒂的著作对这一重要的不平等维度几乎没有涉及。

（5）政府提供的服务与货币收入和财富的分配在许多方面存在联系，但仍然应该从单独的维度来关注这方面的内容。对于“福利国家”的概念没有普遍接受的严格定义，但这个词依然最能代表本维度所包含的各种现象。在这方面，各国也存在巨大差异，有不同的变化在各自发生。不同政党、意识形态和经济学派别，对福利国家应包含的内容以及如何实现，存在很大分歧。关于细节的争论更多，如养老金体制、医疗服务、政府负担儿童看护成本、向受助者提供的政府福利的规模和手段等。可是我们不能否认，福利国家的作用无处不在，而且极大地影响着社会不同阶层和人群的生活水平。福利国家与货币收入和财富的分配通过多种机制存在联系，强化或弱化了其影响力。借用数学意义上的空间一词来说，上述的第 1 到第 5 维度的不平等现象是发生在不同的空间中，其影响必须用不同的单位来度量。这些内容在皮凯蒂的著作中都被反复提到，但就重视程度而言，远远比不上货币分配的不平等。

（6）我把知识和信息的普及程度也视为单独的维度。儿童或年轻人从家庭获得的知识体系以及他们的学习方法，都同家庭收入与财富有强烈关联。不过其他因素也在发挥作用，如特定的教育制度，包括教育经费的来源（学费、奖学金、学生贷款等），还有支持弱势群体的平权行动等。在现实中，除了极端的机会不平等和过头的平等主义外，还有大量的中间案例。

社会主义制度在提供中小学免费义务教育方面行动极为迅速。高等教育也实行免费，但得到的资源配置远不及能快速有效地促进经济增长的其他部门。只有少数年轻人可以接受大专院校的高等教育。在这些国家的党国体制建立初期，教育部门往往利用名额制度根据社会背景进行公开歧视，来自工农家庭的年轻人受到优待，来自资产阶级或贵族家庭的人则很难获得高等教育机会。

这里我又要提到与技术进步的关系。高技术产业的发展给全社会带来了推动平等主义的高潮。当然我并不认为，匈牙利东部吉卜赛贫民区长大的儿童有着与布达佩斯的高知家庭的儿童相似的受教育机会。大公司的执行董事也显然比工厂里的非熟练工人拥有更多的信息获取渠道。然而在这个维度上，我们距离机会平等要比其他维度近得多。没有人被排除在电子邮件地址和收件箱之外，迟早有一天全世界的年轻人都能拥有计算机和智能手机，以及未来出现的更高级的产品。掌握这些产品的技能越来越依赖于自己的天赋。于是一种新的不平等因素也现身了：年龄。年龄较大的人，哪怕是富人和很有教养的人，在掌握这些产品方面经常远不及还在上小学的自己的孙子或者来自穷人家的孩子。

从长期来看，利用高技术产品的能力与人们的收入和财富肯定存在正相关，但这种关联并不很强。在这个维度上的顶层的百分之一人群掌握的支配权，比之前几个维度上的弱很多。

我提到了六个维度，或者说六组维度、六组现象，其中每个现象还可以划分出几个不同的维度。皮凯蒂显然了解这些领域的研究及其重要性，他在概括其著作主旨的一篇短文中承认自己打算撰写关于资本和不平等的多维度历史（Piketty，2015b）。可是，他书中的内容比例似乎没有反映出这样的意图。该书的大多数篇幅集中在第 1 个维度上，核心理论是资本收入与增长率之间的差距。其他某些维度有所论述，某些则没有提及。全书没有任何独立章节是针对以上的第 2 到第 6 个维度的任何现象。另外一个突出标志是，与这些维度有关的词汇也没有出现在详尽的词汇索引中。

我要重复一下本文引言中的说法：写哪些内容与不写哪些内容，完全是作者的自由。对皮凯蒂的著作之所以产生强烈的缺失感，是因为我希望从该书中看到对资本主义制度的全面分析，以及包含在其中的对分配的分析。这种期望由于作者所倡导的价值观而被强化，尤其是他极为关注的高尚的平等观念。对于一位如此崇尚平等的作者，其代表作怎么能忽略有关平等的那些关键维度呢？

获取巨额财富的途径

皮凯蒂的著作对财富的着墨远多于贫困。但在选择这一焦点之后，他却很少谈及一个非常重要（而我认为极富研究和道德意义）的问题：每个富人的财富是如何而来，各种致富的方法在其中发挥了怎样的作用？

（1）在最富有的人群中，我们能发现以革命性创新而出名的大人物。每年由《福布斯》杂志编写的“《福布斯》400”排行榜是众所周知的全美国 400 名顶级富豪的名单。①其中包括一些因为革命性创新而跻身其中的个人或其企业：比尔·盖茨，第 1 名，视窗操作系统，微软公司；拉里·埃里森，第 3 名，大数据库管理，甲骨文公司；迈克尔·布隆伯格，第 8 名，布隆伯格商业信息终端；马克·扎克伯格，第 11 名，脸书公司；拉里·佩奇和谢尔盖·布林，第 13 和第 14 名，互联网搜索引擎，谷歌公司；杰弗里·贝佐斯，第 15 名，互联网图书销售，亚马逊公司……还有其他很多人。

在前文中，我提到革命性创新的产生是资本主义的一个本质特征。许多此类创新是在理论上所说的寡头竞争或垄断竞争的市场结构下诞生的，创新在竞

① 对《福布斯》排行榜可以从多个维度进行细致分析（Kaplan and Rauh，2013 a，b）。本文提到的一些人名来自卡普兰等人的研究、《福布斯》杂志编辑们的研究，以及我的同事 Ádám Kerényi 的分析（该分析以及其他背景资料，可以参考我的主页：www. kornai - janos. hu/Kornai2015_background. pdf）。这里的数据主要是基于 2014 年的《福布斯》400 排行榜。

争中出现，然后一度占据近乎垄断的地位，通常是利用专利的保护。这种地位形成的高价格，给创新企业及其股东（很多情况下还有高级经理人）带来了丰厚的利润回报。当专利保护到期后，这种特殊地位通常会走向终结。其他企业将开始借用其创新成果，产品售价不再能带来额外的利润。或者原来的创新会被其他创新所超越。

通过技术进步而积累大量财富的故事可能会有不同的结局。取得某项技术突破之后，后来的创新和发展可能会减少。所有使用计算机或智能手机的人则都能感受到，谷歌、微软和苹果公司的业务领域在逐步扩展，其股东的财富在不断增长。而其他一些人在取得重大技术进步后不是依靠继续创新来增加财富，而是通过成功的财务投资。还有人虽然能长期维持优越的生活，却不能跟上竞争对手的步伐，从顶级富豪的排行中被淘汰。但不管怎样，在他们的职业生涯中至少有某个时点，他们的生活、财富同取得的技术成就是相称的。

我不想只从一个角度刻画这群人的形象。许多处于准垄断地位的创新巨头与竞争对手、本国或国际的竞争监管机构存在法律纠纷，被合理或不合理地指控滥用市场支配地位。熊彼特所说的创造性破坏过程——资本主义制度最重要的伴生品之一——会时不时地从人群中选拔出最具效率的成功企业家，将其他人击败。（这方面的理论可以参考 Aghion and Howitt，1998；Aghion et al.，2005；Stiglitz and Greenwald，2014。）

（2）豪富人群中的另一个组别是大公司的高收入经理人。他们的名字与历史上的重大技术进步无关，但其领导的企业只有不断开发产品才能持续获得成功。管理这样的大型企业需要各方面的能力。产品的不断细分增加了生活各领域的复杂性，全球化时代的大企业的行动跨越了各国的边界，这些增强了对极有天赋的经理人的需求（关于生产复杂性的增加对经理人薪酬的影响，可参见 Hengartner，2006）。在这样的市场上，供给方地位加强，使他们的收入推高。我们可以对那些天价高薪厌恶地摇头，但事实如此，当企业搜寻合适的首席执行官人选时，那些人在这个细分劳动力市场上确实值很多钱。在大多数情况下，他们不止有固定收入和基于公司业绩的奖金，而且有若干免费或价格很低的公司股票期权，使他们与公司的关系不止是作为雇员，同时也成为股东。

大企业负责人承受着巨大的工作压力，他们也很清楚自己的职位未必牢固，如果业绩达不到预期迟早会被解雇，给生活造成冲击。但那时他们可能已积攒下了足够的财富，足以在余生继续跻身极为富有的人群。此外，如果从这种大公司离职，他们的工作合同还可能提供优厚的遣散费。

有关公司经理人的薪酬变化趋势目前已有大量的实证研究［相关文献综述可参考 Kaplan and Rauh（2013 a，b），Mehran（1995），Murphy（1999），Piketty and Saez（2013）等］。研究表明这样的薪酬并非完全由劳动力市场的通行机制决定，而是同时受到股东与高级经理人之间的特定权力关系，以及其他经济和社会因素的影响。这在后文讨论的激励问题中还将有所述及。但我们可以认为，许多经理人的薪酬增长期是和资本主义的生产力发展、资源利用效率的提高直接相关的。

（3）豪富人群中包含金融产业的某些大人物，如沃伦·巴菲特，第 2 名，乔治·索罗斯，第 17 名等。位列第 50 名的托马斯·彼得菲可以归入此类，也可以因为他对高频证券交易的创造性贡献而归入创新者的行列。我将金融业作为独特的群体，不止是由于该产业在经济和法律上与其他产业有差异，而且因为公众们对“银行家”们的收入与财富的看法不同于对“产业家”们的看法。历史数据显示，金融业在经济中的分量长期以来持续增长。商业联系的复杂性增加，经济参与者在国内外的触角延伸，以及交易速度的大大提升——这些都与技术进步密切相关——造成对金融服务的需求出现跳跃式的增长，促进了金融业高层经理人的报酬提高。

某些媒体从业者把这个致富人群美誉为“投资者”，其他人则不客气地说成“投机客”。金融家们的许多活动显然满足了社会需求，个人和机构（如退休基金）需要使自己的储蓄维持购买力，金融产业还在协调储蓄和实物投资之间的关系上发挥着重要作用。当然，这些投资者或投机客给他们自己及其客户挣了多少利润，高风险的金融业务又造成了多少伤害，则是另外的问题。合理的或者说至少合法的交易，与有害的甚至涉及诉讼的交易之间的界限到底该如何划定？金融学家、律师乃至负责监管法规的政治家们对此并没有统一的意见。

本文的任务不是探讨这个界限的位置，但我肯定不赞同把投资人或投机客的行为一概视为无效和有害、主张占领华尔街、关闭金融交易的观点。除其他理由以外，我表示不赞同是因为自己知道分散化投资决策的优势。在我经历过的中央计划体制中，少数党政高层领导就能决定把国民收入的多大部分用于投资，用于哪些重大项目，甚至包括投资的资源配置的细枝末节。没有人能要求他们对自己的决策效果负责，因为效果没有进行测算甚至无法测算。资本主义金融产业的豪富投资人或投机客所积攒的财富，远远比不上中央计划决策的重大失误造成的损失。

（4）在豪富人群中还有各种明星人物，来自企业界之外的其他社会领域，包括知名电影导演乔治·卢卡斯（第114名）和斯蒂芬·斯皮尔伯格（第151名），拥有自己的传媒公司的电视节目主持人奥普拉·温弗瑞（第190名）。传奇篮球明星迈克尔·乔丹没入围400强，落在福布斯富豪榜的1741名。

明星这个说法早已超越了好莱坞和体育馆的范围，如今有明星律师、明星新闻编导、明星记者、明星医生甚至明星学者，他们通过职业活动获取了丰厚报酬。经济学界也有明星，那些人除了大学的工资外，还通过畅销教科书和其他图书版税、学术圈外的演讲费以及大公司的董事或顾问津贴来挣钱。

以经济学家的视角来看，此类现象毫不令人吃惊。体育俱乐部可以把比赛转播权卖给某些电视台，如果队中有大牌球员，观众人数和广告收入将随之增加，所以俱乐部向明星球员支付巨额薪水是值得的。竞技运动的盈利能力大幅提高与技术进步有关，精彩的比赛不但能在体育场观看，而且还有千百万人通过电视机、电脑和手机欣赏。希望增加诉讼获胜概率的客户们可以自由选择明星律师，律师的高价对他们来说是物有所值。但本文并不是回答明星们的天价收入是否合理的问题，关于哪些人是不朽的电影演员和导演，或许电影史学家们会有后见之明，其结果或许不同于当前收入最高的演员和导演。在法官和法律学家中，肯定有许多人的法律素养比明星律师更高。这种现象与社会的不同分区有关，在市场机制发挥主导作用的职业领域，人们的收入总是会发生分化，不可避免会出现顶层的百分之五和百分之一。而社会主义制度与之不同，苏联的有关机构曾经同西方的乐团经理就小提琴家大卫·奥伊斯特拉赫和钢琴家斯维阿亚斯拉夫·里赫特的演出进行谈判，索要巨额出场费。但如此高的报酬对苏联国民来说显得过高了，于是大多数报酬被政府拿走，演出者只得到一小部分，使其收入同其他受过高等教育的国民相差并不悬殊。

以上的讨论主要是针对较为公平，或者更谨慎地说是通过合法手段获得的高收入，当然不能认为所有的高收入都适用上面的评论。

（5）有相当比例的高收入没有体现在税收或者家庭统计调查中，是属于逃税的灰色经济或者黑色经济。①某些巨额财富也没有纳入统计，例如向税收天堂转移的财产。税收欺诈如果被揭露会受到法律的惩罚。

(6) 世界各国存在不同程度的腐败现象。某些企业家利用向官员行贿，在竞逐政府合同时占据不正当的优势。这些绝非小事，而是关系到大型项目、军事采购，以及修建公路或其他重大设施的政府决策。负责分配政府资金的人可能暗中作为项目申请人的合作伙伴。政治倾向也可能发挥重要作用，“我们扶持你的生意，你给我们的党派和竞选活动提供捐助”。此类政治好处不限于政府合同的安排，以及裙带主义和贿赂，还可能表现为价格规制、特定的税收规则制定、给亏损企业或其他机构的政府补贴，以及是否救助困难企业的决策等。

马克思满腔义愤地描写了资本主义的原始积累过程，这在 1989—1990 年的后社会主义国家也出现了，大部分国有资产被抛进私有化进程。某些财产转移是采取诚实的做法，例如，新的股东按照公平的价格和条件购买国有资产。但欺诈广泛存在，决策者把大量资产以极低价格转移给政治或商业上的亲信。通过这些渠道，前苏联各国、中国以及中东欧国家出现了一些白手起家的寡头，其中某些人甚至跻身全球富豪榜。

(7) 有一段时期，庞氏骗局的操纵者也会加入顶级富豪的行列。其中大多数人最终会身败名裂，却阻挡不住其他人继续尝试这种骗局。

(8) 黑手党家族也能聚集大量财富。其中许多采用暴力甚至谋杀的手段来争夺博彩业的支配地位，乃至掌控整个地下赌博产业。

下文将涉及继承财富的问题，在此我要对上述的豪富来源划分再做一点评论。读者从以上的论述中可以看出，我远不接受对资本主义的不平等状况的精英主义解释，我并不认为富人的财富都是合理的，而穷人的命运本该如此。对巨额财富的深入分析需要严格区分不同的财富获取途径。皮凯蒂正确地指出了经济学不仅仅是做客观的测算，而同样是伦理学（Piketty，2015c）。在以上对于财富来源的论述中，我根据自己的价值观采取了自上而下的次序，从尊敬，到不赞同和反感，再到蔑视和谴责。按照我的价值观，看到金钱从纳税人手中通过政治扶持或贿赂转移给某些私人，或者看到政治势力为寡头利益服务，带

① 要说的是，看不见的逃税情况在收入分配的中下层也很常见，并不仅限于上层收入者。这也扭曲了分配数据。

来的愤怒远远超出听到企业高级经理人或体育明星获得数百万元高薪的报道。我的道德准则不允许我对某些人群、某些阶级或阶层做出不加区别的总体谴责，这个态度也适用于对豪富阶层的道德判断。

继承财富

皮凯蒂的数据指出，从先人那里继承的财富所产生的收入占比在增加。这确实值得引起密切关注。但在我看来，这里同样缺乏微观层面的分析。通过个人努力获得财富与通过继承获得的财富在很多时候可能会混在一起。福布斯排行榜的编辑们引入了一个特殊的测量指标：自我致富成就，分值从 1 到 10（Fontevecchia，2014）。分值 1 代表“衔着银汤勺出生”的人，分值 9 代表每分钱都是自己奋斗所得的人，如出身洗碗工、后来实现了美国梦的百万富翁。分值 10 与 9 的区别是，获得成功的人曾面临特定的不利环境，如奥普拉·温弗瑞作为非洲裔或亚洲裔出身的媒体明星所面临的种族歧视等。

对于跻身福布斯排行榜的人的自我成就分值的分布，有人针对其中最富裕的人群做了全面的分析，即 2012—2014 年至少有一次进入前 50 名的人群。结果发现大多数人的自我成就分值都高于 6，其中 31 位是属于最高的类型：9—10 分。

自己完全不做什么工作，而是仅靠继承财富而跻身排行榜前列的人数量很少。然而我们能看到排行榜中有不少继承人是在负责家族的产业，并为其做出了贡献。强生公司是真正革命性的创新者，非常成功地推广了他们的急救绷带和其他产品。①该公司的主要股东和首席执行官在许多代人中都是来自约翰逊家族，他们在福布斯美国家族财富榜中位列第 46 名，阿比盖尔·约翰逊和爱德华三世·约翰逊则在个人排行榜中分别位列第 36 名和第 65 名。②

皮凯蒂著作中引用的文学名著语句令人难忘，如简·奥斯丁和巴尔扎克小说中的角色的所做所想，能帮助我们理解某些问题。我想谈谈托马斯·曼的《布登勃洛克家族》，这个北德意志的最富有上层家族之一在前两代人中通过诚实的商业活动积累了大量财富，故事是讲第三代的情况。其中一个兄弟负责贸易公司的财富和经营，希望继承家族传统。另一个兄弟缺乏经商才干，也没

① 强生公司的某些产品在匈牙利的药店里非常有名，例如：Bengay、Immodium、Listerine、Nicorette、Nizoral 和 Tylenol 等。

② 当然还没有精确测算一家企业的成功里面，有多少是来自继承财富的贡献，有多少是每一代人的努力、才华和幸运的贡献。

有努力尝试。这样的家族史是典型的谈家族财富的勤奋创造者和挥霍财富的懒汉的故事，在创造时代过去之后，后代大肆挥霍。

布登勃洛克家族早期的目标是把尽可能多的财富转交到下一代手里，这关系到皮凯蒂著作中多次提到的一个问题：资本主义股份公司的股东和经理人只关心短期利润，只希望拉高股票的当前价格，那么谁来关心社会的长期发展呢？在民主国家，当政的政治势力希望通过受欢迎的政策措施来增加连任的几率，政治家们的思考中也不够重视长期利益。①在这样的环境下，布登勃洛克模式成为能促进长期利益的所有权结构，这个模式希望把家族财富、企业文化和正直精神至少能在几代人中传承下去。我知道不能指望这种模式长期延续，但它仍值得思考，因为在继承受到普遍攻击的时期，这至少证明继承的愿望可以带来对社会有益的激励。

某些富人把部分收入或财富捐献出来用于公共目的，其中包括给有需要的个人或群体提供帮助，支持医疗、教育、科学和艺术的发展等。此类捐助有多种形式，从直接向受助者个人付款到建立慈善基金会等。许多人把遗产捐献给自己或其他人建立的基金会。对继承问题的这种善意解决办法尊重了积累财富的人的处置意愿，发扬了无私精神，并且在我看来尤其重要的意义还包括打破了由父爱型政府来决定谁在再分配中获益的垄断地位。

此处有必要引用比尔·盖茨在讨论皮凯蒂著作时的言论（Bill Gates，2015），“设想有三个不同类型的富人，其中一个把资本用于发展自己的产业，另外一个把大多数财富用于慈善，第三个则主要用于消费，购买游艇和飞机等。的确，这三个人的财富都造成了严重的不平等，但我认为前两人给社会创造的价值显然大于第三个人。希望皮凯蒂能注意到这样的差别……”

4. 激励

经济思想史上的逸闻

马克思坚信，资本主义制度阻碍了生产力的发展，而彻底摆脱了私人所有制、市场和人们的自私本能束缚的共产主义制度，则会消灭生产力发展的所有

① 当年开展有关社会主义的理论讨论时，有人认为资本主义私人所有制只关注短期利益，废除私有制可以带来更为明智、更有前瞻性的中央计划经济。然而，实践表明中央计划也只关注短期目标，如发挥军事潜力或者促进增长率（这简直成了一种迷信）等。社会主义留下的遗产往往是巨大的环境破坏和严重缺乏保养维护的公有资产。

障碍。包括代表作《资本论》在内的马克思的著作，都有一个致命的缺陷，即对人性的错误判断。对资本主义制度的深入理解，必须通过对激励问题的透彻研究才能做到。马克思的《资本论》忽略了这点，皮凯蒂的著作也出现了同样的缺失。

1930 年代发生过一场有关社会主义经济的著名争论。起因是当时生活在美国的波兰经济学家奥斯卡·兰格的一项研究（Lange，1968 [1936—1937]），他的模型似乎表明，以公有制企业和中央计划价格体制为特征的经济体可以实现供需平衡，并保证有效率的资源利用。米塞斯和哈耶克的几本书则是为资本主义制度进行辩护，尤其关键的是私人所有制能产生天然的激励。利用一切可能的知识和信息，抓住商业机会，符合私人所有者自身的利益（Hayek，1935；Mises，1920）。熊彼特对激励理论做了补充，把企业家视为资本主义发展的主要推动者，他们会努力寻找新的资源组合方式，尝试新的组织形式，占领新的市场（Schumpeter，2008 [1934]）。鲍莫尔等人对资本主义的不同形式做了归类整理（Baumol、Litan and Schramm，2007），认为“创新资本主义”（entrepreneurial capitalism）对推动社会进步尤其成功：“生产创新所需要的激励以及对奖励回报的保障，必须得到维持和加强”（第 234 页）。

近期的大多数经济学研究把激励的概念缩小到委托—代理关系上：委托人希望鼓励代理人为前者的利益服务。本文是从更宽广的视角来看激励，首先思考是什么原因导致人们不为委托人服务或者不受委托人的影响？私人所有者、企业家、创业项目的发起人或者新企业的创始人面临怎样的激励？利润的驱动力有哪些？当然这可能也涉及股东所雇佣的高级经理人的激励，我的讨论也包括，如果经理人以接受股份作为激励工具，他们的角色就与所有者存在一定的重合。

在研究激励问题时，我们还需要关注利率对储蓄和投资意向的影响，它们涉及某些关联关系是经济政策制定者熟悉的内容，也是宏观经济学和增长理论领域的学者的研究对象。增长率主要取决于储蓄率和投资率，在低速增长的经济体执行强大的再分配政策，处于收入分配底层的人们的境遇有可能改善。而如果分配模式能促进更多投资和经济的快速增长，他们的境遇同样能得到改善。很自然，两条主要行动路线存在某些结合的可能。这条因果链——利率产生激励→影响储蓄和消费→影响增长率→影响消费（包括低收入阶层的消费）——尽管极为重要，却没有在皮凯蒂的著作中做深入讨论。他把利率放到各种类型的资本回报之中，也没有与利润进行区分。出于篇幅限制，对这一激励问题我不再从宏观经济学上加以赘述，而是仅从微观经济学（以及微观社会学和微观心理学）的角度来讨论。

经济学文献对激励问题有广泛研究。作为高水平的经济学家，皮凯蒂当然也熟知这个课题的内容。他在著作中忽略这个课题不是由于浅薄无知，而是因为他的视角：不平等问题可以展开研究和讨论，而把激励问题通过假设抽象掉了。①但我认为这是个不能接受的简化，它对研究的限制会导致错误的理论和政策结论。

三组现象之间的关联

世界知名的匈牙利足球明星费伦茨·普斯卡什说，“小钱小足球，大钱大足球”。②此话看似琐碎，却很能印证本节希望表达的观点。

我们来看看三组现象之间的关联：（1）业绩（在业绩的不同表现形式中，首先是创新和技术进步）；（2）促使人们付出努力的激励；（3）收入和财富分配的不平等。这三者之间存在多维度的相互作用，下面只涉及其中的一些。

（1）激励→业绩。许多研究证实，这个关联可以用数字来表述和测量（如 Jensen and Murphy，1990；Prendergast，1999）。墨菲的研究测算了美国企业的股票价格上涨会在多大程度上提高首席执行官的货币收入，他称其为“薪酬—业绩敏感度”，并发现在 1972—1996 年间存在上升趋势（Murphy，1999，第 2560 页）。该研究与皮凯蒂的结论有关，但我认为可以给这个实证发现提供一种不同的理论解释。大多数企业高管的薪酬是由多个因素决定，一个因素在于股权是集中还是分散，股权越分散，高管人员越容易得到高薪。股权关系正好表现出这样的趋势，造成高管人员地位增强的因素正是资本主义制度

① 皮凯蒂的书中包含大量的引文，但哈耶克的名字只在索引中出现过一次，而且不涉及此处提出的问题。该书没有提及熊彼特对资本主义发展理论的伟大贡献，而是嘲讽地（尽管也算合理）评论了他对资本主义和社会主义未来发展的错误预测。从书中我没有发现对激励问题的众多研究成果的借鉴。在研究该书的同时我还阅读了科兹威尔写的有关技术进步的名著（Kurzweil，2006），他不是仅从技术史的角度来叙事，而是关注发明家和企业家在其中的重要作用，但丝毫没有提及技术进步背后的经济因素，其长篇索引中也没有包括“激励”一词。为什么一位研究分配问题的经济学家，与一位研究技术进步的 IT 人士都忽略了与其关注对象密切相关的激励问题，着实令我们不解。

② 这个说法是来自经济心理学家 László Garai 对不平等问题的研究著作（Garai，1990，2015）。

的内在特征。然而在所有权结构之外，通常的劳动力市场效应依然在产生影响。高层经理人可以获得更高的薪酬，是因为有市场需求。对任何集中度的股权结构来说，给予高层经理人很高薪酬都是符合股东自身利益的。

某些学者怀疑有某个精确指标能显示世界各国的高层经理人的待遇都处于上涨趋势。对这方面的测算争论，我感觉自己没有充足的信息进行判断。至于在测算数据的解释上，我认为卡普兰等人的观点较为可信，正如其文章标题所言："高级人才的回报广泛提升：是因为市场"（Kaplan and Rauh，2013b）。①

（2）激励→努力→不平等。每个人都知道，钱不是促进业绩的唯一动力，杰出成就还来自声誉和赞赏等激励机制（Garai，1990，2015）。苹果公司的创始者史蒂夫·乔布斯是真正的狂热分子，在各类新产品上都醉心于争取第一，执着于使所有产品都不断超越历史，并推出真正优美的设计（Isaacson，2011）。除利益回报外，完成出色工作的喜悦和利他主义的动机也能产生强大激励。②可是，承认激励的多元化，并不意味着否认金钱、物质方面的激励的主导地位。资本主义企业总是在追求利润，个人也普遍希望有更多收入。

金钱的激励能促进业绩提高，但因人而异。这个简单的三段论给我们直接带来的结论是，货币激励是收入和财富分配不平等的原因之一。

竞争——包括各种形式的竞争，如体育比赛、学业竞赛、电影和音乐人的竞争等——鼓励人们付出更多努力，也必然导致回报的差异。这里说的回报概念包含声誉和激赏，而竞争的优胜者通常还会得到奖金。或者像奥斯卡奖那样，获奖者没有奖金，但这种声誉会带来可观的票房收入与职业机遇。竞争鼓励人们努力奋斗的一个心理机制恰恰是奖励的差异性，如果机遇和结果都完全相同，每个人都能获得金牌，那还有什么必要开展竞争呢？竞争还需要有输家，甚至有些人哪怕获得银牌或铜牌，仍然会认为自己是个悲剧。

在商业竞争上，每个市场的角逐都会导致收入差距，最成功的企业赚到大钱，失败者遭受惨痛打击。失败的企业不但意味着其股东的损失，也会给无法获得货款的中小型供货商以及失去工作的员工造成消极影响。跑步成绩用秒表

---

① 这里需要考虑"人力资本"的创造和回报。此概念不同于皮凯蒂采用的框架，如果"资本"和"劳动"能被加总，它们各自的某些关键属性就会消失。

② 参见：Garai（1990，2015）。特定的激励会产生不同的效果，很大程度上取决于个人。还有的研究关注了成功的企业家具有哪些典型特征的问题（Caliendo and Kritikos，2012；Cross and Travaglione，2003）。

测算，举重成绩用重量测算，对于谁取得胜利没有太多争议。但商业竞争中获得胜利的正当性却可能存在疑问，而失败可能很冤枉，这个竞技场未必有充分的公正。然而激励作用是无可替代的，竞争是资本主义的发展活力的最主要源泉之一。

有关不同市场结构——各种垄断、双头垄断、寡头垄断、可竞争市场、完全竞争市场——如何影响创新过程的理论争议远未结束。政府干预是促进还是阻碍了技术进步（Stiglitz and Greenwald，2014）？现行的专利法制度是有益还是有害（Lybecker，2014）？许多质疑言之有理：如现实的市场运行结构是不是最好的选择？然而，所有参与争论的学者都承认竞争产生的强烈激励作用。

近年来除了基于逻辑推导的理论研究的蓬勃发展外，也出现了新兴的实证研究。如本文第 3 节所述，熊彼特所展望的场景得到了证实，最近数十年来有很大部分革命性创新是由追求利润的企业在相互竞争中完成的，其股东和经理人从中获得了巨大的财富。菲尔普斯对比了美国和欧洲国家的表现（Phelps，2008），美国政府对市场的限制和干预不及欧洲国家那样普遍，美国的资本市场也更为灵活，这可能是美国经济更具创造力和活力的主要原因。

激励与努力及不平等之间的关联不是线性的。普斯卡什的足球队获得的收入翻番，并不意味着他们的获胜场次也能翻番。但如果体育明星能持续获得很高回报，就会鼓励运动员做出惊人的表现。商业竞争的效果也因为回报分配的高度不平等而受到强化。杰出成就所带来的回报远远高于次等成就的回报，这会刺激大多数竞争参与者的努力程度。

（3）不平等→激励。收入和财富分配不平等的现实，会让某些人感觉沮丧。他们可能会感觉在起点上就处于巨大劣势，而放弃参与竞赛。他们可能会认为没有希望取得优秀成绩或者能显著提升自己的能力。还有人则受到鼓励采取行动，希望在社会阶梯上至少进步一两个阶梯，增加部分收入。最自信的人志向更为高远。许多创业家怀有各种憧憬：或许自己也能如偶像人物那样取得技术突破（Van Auken、Frey and Stephens，2006；Bosma et al.，2012）。选择过程中伴随着很多错误，但创新资本主义最终会把有天才和能力的人推到领先位置。从这个角度看，包括豪富人群的扩大等不平等现象有着促进发展的积极作用。这是个复杂的关联关系，因为激励作用不是来自现实存在的不平等和财富，而是源于企业家们如何看待巨大成功的前景（可以参考 Xavier - Oliviera et al.，2015）。

企业家在不确定情况下的决策

创新企业的开办数量远远超过最后成功的数量，成功的几率远远小于失败。冒险从事创新的企业家会在合适的政治、社会、经济和监管条件下突然成长起来，快速的技术进步需要特定的条件。

日常经验表明，冒险从事创新的企业家通常会高估自己的成功机遇，这正是承担风险的一个重要激励。这方面的心理学和行为经济学研究，可参考巴尔贝斯的研究（Barberis，2013），该研究以股票市场的股权投资为例，很好地描述了本文要讨论的情形："某人给自己测算了一个概率，一个很小的概率，如果股票出现小概率事件，或者说成为下一个谷歌，他就能赚很多钱。在测算概率的时候，他在决策中放大了小概率发生的可能性。"（Barberis，2013，第 612 页）①

还有其他证据表明投资决策者对成功有过度乐观的倾向（Malmendier and Tate，2005；Landier and Thesmar，2009；Astebro et al.，2014）。我想补充的是，这种乐观尽管有所夸大，却反映着创新所必需的勇气（或者鲁莽）。技术进步是个基于实验的过程，在革命性突破出现之前可能是成百上千次的失败（Kerr、Nanda and Rhodes - Kropf，2014）。美国的一项调查发现，1996 年创立的公司有超过一半在 6 年内倒闭（Astebro et al.，2014）。在承担起创业风险时，必须有对自己创意的自信乃至迷信。②

自发性与自然倾向

以上的叙述并非精确构造的"理论"，并非理所当然的结果。从各种观察、统计测算、个人经历、典型事件、调查问题和其他印象中得到的图景各不相同，在许多方面不相一致。趋势和相反趋势往往同时出现。我不能也不愿意以某种"定律"的形式来总结描述的现象，因为它们有着丰富的多样性和自

---

① 概率分布的这个细小延伸部分被称为"尾部"。

② 感谢 Botond Köszegi 给我介绍这些文章和其他著作，包括"behavioral economics and psychology of incentives"（Kamenica，2012），该文对这方面的研究做了综述，并给我留下了如下印象：许多研究是基于人为的实验室条件开展的心理实验，但也有现实生活中的实证观察，但主要是来自其他领域，如选举或者慈善捐助等。不幸的是，很难找到我所关注的实证研究成果：真正的企业家做出的反应，以及他们的思考和决策过程。

发性。①我的文章表达的观点是，资本主义有产生推动技术进步的创新者的自然倾向，有导致收入和财富分配不平等、制造豪富人群的自然倾向，有形成强烈激励机制的自然倾向。②这三类自发产生的自然倾向与很多因素相连，并彼此作用。只分析其中一个或两个倾向，就难以深刻理解资本主义制度，因为它们作为共生产物不可分割地交织着。

到这里为止，我的思路还是限于实证研究角度，而没有为政府或企业的决策者提供建议。此类建议——在一本书或一篇文章的结论处提出政策启示或者措施——是许多研究激励机制的文献所关注的，但本文的目标并非提供此类结论，而是致力于回答下面的问题。创新在决定和改变人们的现实生活中发挥着怎样的作用？豪富人群的收入和财富的真正来源在哪里？现实生活中起作用的激励机制有哪些？在回答这些问题时，我提到了许多有吸引力、给人们的生活带来欢乐、有趣和令人激动的现象，也提到了许多令人厌恶、不符合我的正义感、悲惨和危险的现象。在总结“激励→努力→不平等”这个三角机制时，我只是简单提及了自己的价值判断，重点依然放在理解资本主义制度的本质特征上。

5. 矛盾、困境与行动计划

皮凯蒂认为资本主义面临着“基本矛盾”：“资本回报率高于经济增长率，经济学家们已普遍关注到 $r>g$ 这个简单公式”（Piketty，2014，第 571—573 页）。关于这个公式是否成立引发了许多讨论，它是在普遍条件下成立，还是在特定时期的特殊条件下成立？本文不想加入这个讨论。在我看来，这个问题要想取得较为满意的回答，主要办法应该是对有不同政治和经济结构的许多国家进行综合的历史比较分析。

在介绍我的思路之前，需要做些概念上的澄清。在第一步，我暂不讨论各种价值观之间的矛盾，而是用矛盾这个说法来泛指现实社会中各种势力、机制和倾向的冲突与不兼容。皮凯蒂把资本回报率高于增长率的现象称为矛盾，我

---

① 按照不同标准来区别资本主义制度的各种历史实现形式，建立恰当的分类，在我看来是有益和重要的。这方面的成果可参考 Hall and Soskice（2001），Baumol、Litan and Schramm（2007）。承认这类研究项目的重要性，与本文所关注的各类资本主义的共性，并不存在矛盾。

② 社会主义制度在诞生之初是强加给社会的。但在制度获得巩固，人们的行为模式形成后，这个制度也会出现内在的发展倾向性。

对此并无意见。令我不能苟同的是对其属性的判断，因为皮凯蒂宣布这个现象是所谓的“基本”矛盾。任何理论如果从若干矛盾中选出一个来作为主要矛盾，我都会保持怀疑态度。要找出其他也具有强烈影响力和系统特征（在别的系统下并不成立或者影响不大）的矛盾，似乎并不困难。

我本人则主张更为低调的做法，我甚至不会去考虑寻找资本主义的所谓基本矛盾，因为所有的现实制度都充满了不可调和的矛盾。在研究某些领域时，能找到其中最典型的一些矛盾就可以令我满意。本文的做法也是如此，我只是把技术进步、不平等和激励机制这三个倾向视为资本主义的内在特征，并不否认其他矛盾还广泛存在。

我不打算在这里就资本主义本质的描述应该采用单数还是复数挑起学术争论。但两种做法在道德和政治上有着不同却重要的影响。

马克思的《资本论》对资本主义做了扭曲的描述，他宣布生产力和资本主义生产关系的冲突是一种基本矛盾，然后从中得出了逻辑上很严密的结论。马克思是位革命者，既然冲突不可调和，落后的生产关系就必须被摧毁，并用完全不同的形式取而代之。

皮凯蒂不是革命者，他接受资本主义制度，但希望加以改造。然而他的著作也给这个制度做了片面、扭曲的描述。这种扭曲不在于他所描写的内容（其中确实有很多见地），而在于他所忽略的内容，或者稍有提及、没有足够重视的内容。他对于资本主义制度的活力、竞争的激励作用、技术进步及其对当今人类生活各方面的巨大影响都没有涉及。

这种扭曲的描述会导致错误的价值判断。全面而冷静的价值判断只能来自于全面而冷静的实际描述。在我心中，资本主义既非魔鬼，也不是天使，社会主义也同样如此。这两种制度的主要特征中都有令人向往和令人厌恶的地方。东欧国家的后社会主义转轨过程很敏感地展示了这个多样性的图景，人们既为获得政治选择权感到高兴，又痛恨政治权力与商业集团的勾结。高速的技术进步不但使创新者快速致富，也给寡头积累了大量金钱，他们凭借政治人脉捞取了大量国有资产和政府合同。

如果要我来做得失判断，我的价值观意味着对1989—1990年的转折以及此后向资本主义转轨表示欢呼，这主要来自两方面的理由。

首先也是最重要的一点，在东欧国家的所有权和经济协调机制转轨的同时，政府的组织形式也在发生变化，从一党制走向多党制，从集权统治走向自由民主制。如果公有制依然占据主导，中央计划体制依然是主要的经济协调机制，后者是不可能实现的，没有资本主义就没有现代民主国家。但不幸的是，资本主义是民主政治的必要条件，却非充分条件。①资本主义经济关系也进入了俄罗斯和中国，但它们并未建立民主政治。在东欧国家，至少是存在民主政治的可能性的，这本身就足以使我成为资本主义的信徒。

其次，本文高度重视资本主义制度的活力、技术进步成就及其给我们带来的数量和质量的生产力进步的好处。我并不否认资本主义内在倾向中的不足和危险之处，但我认为其成就是更为主要的方面。

此外我同样重视其他价值观。人人平等、社会正义、个人自由与自主权、宽容和开放、对弱势人群的团结救助，以及用和平手段来取代军事、肢体和心理上的暴力等，是其中最为重要的几个方面。我知道这些多元化的价值观之间存在冲突，我不能也不打算对它们的相对地位做严格的排列权衡，我接受这些冲突带来的痛苦。②

上述几段中频繁采用第一人称的阐述，并非是出于我的自我中心主义。我想谈论的是比理性思维更深层的精神感受，这只能通过自省来分类。只有狂热分子能够在价值观选择中保持一致性，价值观之间的冲突和斗争是人类的道德生活的组成部分。

在本文中之所以做以上的个人陈述，是因为皮凯蒂是用诚恳的人性化方式在写作，没有回避主观的情感，马克思在这方面同样是典范。但我认为与这本重要著作不相称的是，它过于匆忙地执着于一种价值观，即平等和社会正义，而忽略了其他价值观。

该书对资本主义的实证描述及其在价值判断上的倾向性，对其草拟的本已狭窄的行动计划产生了影响。皮凯蒂主张的财政改革，包括累进性质的（或者说比现有制度累进性更强的）所得税、提高对财富和继承的税收等，我都不反对。可是在表达支持之前，我希望就这些改革会给特定国家带来怎样的短

---

① 很遗憾，由于篇幅问题本文并没有讨论资本主义制度与政府组织形式（民主、专制或独裁）的关系，以及它们同收入分配的联系。当然我会对皮凯蒂书中的相关内容发表评论。

② 我在35年前做的一个研究（Kornai，1980）是关于效率要求同社会主义的平等团结精神的矛盾。我的一本书名为《矛盾与困境》（*Contradictions and Dilemmas*，1986），另一本是《新旧矛盾与困境》（*Old and New Contradictions and Dilemmas*，1989）——这里是指最早的匈牙利文的书名，1990年翻译出版的英文版采用了另外的书名。

期和长期影响进行全面的研究。我不相信有放之四海皆能有效的良方。

那么，这些建议是解决资本主义的重大矛盾的关键吗？任务恐怕要复杂得多，不同国家和不同时期的办法也不一样。离开短期和长期的多维度综合改革计划，单一的局部改革其实是难以奏效的。要克服各种不利因素、约束资本主义的本质倾向并减轻其消极影响，需要进行许多方面的改变，有些应快速行动，也有些需要宽松和逐步的实施。某些研究已令人信服地指出，在一个国家面临正确道路或错误道路的历史关头，是走向停滞、衰落还是进步，包括政府决策在内的许多因素会共同发挥作用（Acemoglu and Robinson，2012）。

这些重大决策主要是在政治领域做出，①它意味着在民主政治环境中，需要在现有的权力结构下到政治竞技场中去为好的决策争取支持。希望推行自己政治主张的人，必须利用好政治竞技场上现成的武器，而这些武器与学者们手里的工具往往不同。科学家们是以客观、公正和怀疑精神而著称。真正高明的政治家们则善于向支持者传递可以转化为行动的信念。同一个人能很好地分饰这两种角色吗？

皮凯蒂很勇敢地同时扮演了这两个角色。除其他因素外，或许正是因为他的偏执、不加疑虑和自信精神，才带来了巨大的成功。成千上万的读者在焦急地期待一部巨著，能明确告诉他们哪里出了问题，必须采取何种行动。而一本充满“一方面……另一方面”句式的作品，或者反映出作者对复杂的两难问题也并无把握的作品，是无法获得那样大的群众感召力的。也正是出于这些考虑，我才不带任何自欺奢望地给诸位献出关于皮凯蒂著作的读书笔记。

（余江　译）

参考文献

Acemoglu, D. and Robinson, J. A. (2012), *Why Nations Fail: The Origins of Power, Prosperity, and Poverty*, ?: Crown Publishers.

Aghion, P., Bloom, N., Blundell, R., Griffith, R. and Howitt, P. (2005), "Competition and Innovation: An Inverted U Relationship," *Quarterly Journal of Economics* 120 (2), 701 –

① 皮凯蒂的意见在远离政治的学术讨论中并未引起太多关注，而主要是在政治斗争中被提起。他的主张被写上政治旗帜，其政策建议也被特定的政治势力所采纳。我认为，从当今政治生活的角度对该书进行分析也是很有价值的，但这个任务留待他人去完成吧。

728, downloadable at http: //www. nber. org/papers/w9269. pdf

Aghion, P. and Howitt, P. (1998), *Endogeneous Growth Theory*, Cambridge, MA: MIT Press.

Astebro, T., Hertz, H., Nanda, R. and Weber, R. A. (2014), "Seeking the Roots of Entrepreneurship: Insights from Behavioral Economics," *Journal of Economic Perspectives* 28 (3), 49 – 70, http: //dx. doi. org/10. 1257/jep. 28. 3. 49.

Atkinson, A. B. (1997), "Bringing Income Distribution in From the Cold," Economic Journal 107 (441), 297 – 321, http: //dx. doi. org/10. 1111/j. 0013 – 0133. 1997. 159. x.

Atkinson, A. B., Bourguignon, F., eds. (2015), *Handbook of Income Distribution*, Vol. 2, North Holland, New York: Elsevier.

Atkinson, A. B. and Micklewright, J. (1992), *Economic transformation in Eastern Europe and the distribution of income*, Cambridge: Cambridge University Press.

Barberis, N. (2013), "Psychology of Tail Events: Progress and Challenges," *American Economic Review* 103 (3), 611 – 616, http: //dx. doi. org/10. 1257/aer. 103. 3. 611.

Baumol, W. J., Litan, R. E. and Schramm, C. J. (2007), *Good Capitalism, Bad Capitalism, and the Economics of Growwth and Prosperity*, New Haven – London: Yale University Press.

Bosma, N., Hessels, J., Schutjens, V., Van Praag, M. and Verheul, I. (2012), "Entrepreneurship and Role Models," *Journal of Economic Psychology* 33 (2), 410 – 424, http: //dx. doi. org/10. 1016/j. joep. 2011. 03. 004.

Brock, D. C., ed. (2006), *Understanding Moore's Law: Four Decades of Innovation*, Philadelphia: Chemical Heritage Press.

Caliendo, M. and Kritikos, A. S. (2012), "Searching for the Entreprenerial Personality: New Evidence and Avenues for Further Research," *Journal of Economic Psychology* 33 (2), 319 – 324, http: //dx. doi. org/10. 1016/j. joep. 2011. 06. 001.

Cross, B. and Travaglione, A. (2003), "The Untold Story: Is the Entreprenour of the 21st Century Defined by Emotional Intelligence?" *International Journal of Organizational Analysis* 11 (3), 221 – 228, http: //dx. doi. org/10. 1108/eb028973.

Flannery, R. (2014), "Internet Entrepreneurs Top New Forbes Ranking of China's Richest," Forbes, October 27. http: //www. forbes. com/sites/russellflannery/2014/10/27/the – web – giveth – and – taketh – away/.

Fontevecchia, A. (2014), "The New Forbes 400 Self – Made Score: From Silver Spooners To Bootstrappers," Forbes, October 2, http: //www. forbes. com/sites/afontevecchia/2014/10/02/the – new – forbes – 400 – self – made – score – from – silver – spooners – to – boostrappers/.

Garai, L. (1990), "*Kis pénz → kis foci?*" *Egy gazdaságpszichológia megalapozása* ["Little Money → Little Soccer?" Laying the Foundation of an Economic Psychology], Budapest: Magyar Közgazdasági Társaság/Hungarian Economic Association.

Garai, L. (2015), *Egyáltalán, minek nekünk a gazdaságpszichológia?* [Why Do We Need Economic Psychology, Anyway?], Budapest: Napvilág.

Gates, B. (2015), "Why Inequality Matters," http: //www. gatesnotes. com/Books/Why – Inequality – Matters – Capital – in – 21st – Century – Review.

Hall, P. A. and Soskice, D., eds. (2001), *Varieties of Capitalism: The Institutional Foun-*

dations of Comparative Advantage, Oxford: Oxford University Press.

Hayek, F. A., ed. (1935), *Collectivist Economic Planning*, London: Routledge and Kegan.

Hengartner, L. (2006), *Explaining Executive Pay: The Roles of Managerial Power and Complexity*, Wiesbaden: Deutscher Universitätsverlag.

Hoffman, D. E. (2002), *The Oligarchs: Wealth and Power in the New Russia*, New York: Public Affairs.

Isaacson, W. (2011), *Steve Jobs*, Simon & Schuster.

Jensen, M. and Murphy, K. J. (1990), "Peformance Pay and Top Management Incentives," *Journal of Political Economy* 98 (2), 225 – 264, http://dx.doi.org/10.1086/261677.

Kamenica, E. (2012), "Behavioral Economics and Psychology of Incentives," *American Economic Review* 4 (13), 427 – 452, http://dx.doi.org/10.1146/annurev – economics – 080511 – 110909.

Kaplan, S. N. and Rauh, J. D. (2013a), "Family, Education, and Sources of Wealth among the Richest Americans, 1982 – 2012," *American Economic Review* 103 (3), 158 – 162, http://dx.doi.org/10.1257/aer.103.3.158.

Kaplan, S. N. and Rauh, J. D. (2013b), "It' s the Market: The Broad – Based Rise in the Return to Top Talent," *Journal of Economic Perspectives* 27 (3), 35 – 56, http://dx.doi.org/10.1257/jep.27.3.35.

Kerr, W. R., Nanda, R. and Rhodes – Kropf, M. (2014), "Entrepreneurship as Experimentation," *Journal of Economic Perspectives* 28 (3), 25 – 48, http://dx.doi.org/10.1257/jep.28.3.25.

Kis, J. (2009a), "Constitutional democracy: outline of a defense," in *Resolving international conflicts: liber amicorum Tibor* Várady, 187 – 196, CEU Press.

Kis, J. (2009b), "Constitutional Precommitment Revisited." in *Journal of Social Philosophy* 40 (4), 570 – 597, http://publications.ceu.edu/sites/default/files/publications/2009constitutional – precommitment.

Kis, J. (2014), "Mi a liberalizmus?" [What is Liberalism?]. An article in the author' s collection of essays bearing the same title, *Mi a liberalizmus? Esszék, tanulmányok* 1985 – 2014, 537 – 675. Bratislava/Budapest: Kalligram.

Kolosi, T. and Szelényi, I. (2010), *Hogyan legyünk milliárdosok? avagy A neoliberális etika és a posztkommunista kapitalizmus szelleme* [How to Become a Billionaire: Neoliberal Ethics and the Spirit of Postcommunist Capitalism], Budapest: Corvina.

Kornai, J. (1980), "The Dilemmas of a Socialist Economy: The Hungarian Experience," *Cambridge Journal of Economics* 4 (2), 147 – 157.

Kornai, J. (1986), *Contradictions and Dilemmas: Studies on the Socialist Economy and Society*, Cambridge: MIT Press.

Kornai, J. (1989), *Régi és új ellentmondások és dilemmák* [Old and New Contradictions and Dilemmas], Budapest: Magvetö.

Kornai, J. (1990), *Visions and Reality: Market and State*, Budapest – New York: Corvina – Routledge.

Kornai, J. (2009), "Marx through the Eyes of an East European Intellectual," *Social Research*, 76 (3), 965 – 986, http: //kornai – janos. hu/KORNAI2009% 20Marx% 20through% 20the% 20eyes% 20 – % 20Social% 20Research. pdf. Translated by Brian McLean from the original Hungarian article "Marx egy kelet – európai értelmiségi szemével," Mozgó Világ 2008/12, 3 – 14.

Kornai, J. (2011), *Gondolatok a kapitalizmusról*, [Thoughts on Capitalism], Akadémiai Kiadó.

Kornai, János (2014), *Dynamism, Rivalry, and the Surplus Economy*, Oxford University Press, http: //dx. doi. org/10. 1093/acprof: oso/9780199334766. 001. 0001.

Kurzweil, R. (2006), *The Singularity Is Near: When Humans Transcend Biology*, Penguin Books.

Laki, M. and Szalai, J. (2004), *Vállalkozók vagy polgárok? A nagyvállalkozók gazdasági és társadalmi helyzetének ambivalenciái az ezredforduló Magyarországán* [Venturers or Bourgeois? Ambivalence in the economic and social position of Hungary' s big entrepreneurs in the new millennium]. Budapest: Osiris.

Laki, M. and Szalai, J. (2011), "Ten years after: Hungarian big entrepreneurs in the European Union," paper presented at SEBA – IE CASS – IEHAS Economics of Crisis, Education and Labour, Chinese – Hungarian International Conference, 30th June – 1st July, Budapest, http: //www. econ. core. hu/file/download/sebawsh/LAKI. pdf.

Laki, M. and Szalai, J. (2013), *Tíz évvel később – magyar nagyvállalkozók európai környezetben* [Ten years after: Hungarian big entrepreneurs in the European Union]. Budapest: Közgazdasági Szemle Alapítvány.

Landier, A. and Thesmar, D. (2009), "Financial Contracting with Optimistic Entrepreneurs," *Review of Financial Studies* 22 (1), 117 – 150, http: //dx. doi. org/10. 1093/rfs/hhn065.

Lange, O. (1968 [1936 – 37]), "On the Economic Theory of Socialism," in B. E. Lippincott (ed.), *On the Economic Theory of Socialism*, 57 – 143. New York – Toronto – London: McGraw Hill.

Losoncz, A. (2015), "Marx Károly visszatért és újraírta a *Tőkét*" [Karl Marx has returned and rewritten Capital] posted to the "Szakirodalom" [recommended literature] blog at the Hungarian online portal for investigative journalism Átlátszó. hu on July 1, http: //szakirodalom. atlatszo. hu/2015/07/01/marx – karoly – visszatert – es – ujrairta – a – toket.

Lybecker, K. (2014), "Promoting Innovation: The Economics of Innovation," *IPWatchdog*, July 21, 2014, http: //www. ipwatchdog. com/2014. /07/21/promoting – innovation – the – economics – of – incentives.

Malmendier, U. and Tate, G. (2005), "CEO Overconfidence and Corporate Investment," *Journal of Finance* 9 (6), 2661 –2700, http: //dx. doi. org/10. 1111/j. 1540 –6261. 2005. 00813. x.

Marx, K. (1906 [1894]), *Capital: A Critique of Political Economy, Volume I: The Process of Capitalist Production*, Chicago: Charles H. Kerr & Company.

Marx, K. (1907 [1867]), *Capital: A Critique of Political Economy, Volume II: The Process of Circulation of Capital, Chicago*: Charles H. Kerr & Company.

Marx, K. (1909 [1894]), *Capital: A Critique of Political Economy, Volume III: The Process of Capitalist Production as a Whole*, Chicago: Charles H. Kerr & Company.

Marx, K. and Engels, F. (1973 [1848]), *The Communist Manifesto*, Harmondsworth: Penguin Books.

Mehran, H. (1995), "Executive compensation structure, ownership, and firm performance," Journal of Financial Economics 38 (2), 163 - 184, http: //dx. doi. org/10. 1016/0304 - 405x (94) 00809 - f.

Milanovic, B. (2014), "The Return of 'Patrimonial Capitalism': A Review of Thomas Piketty's *Capital in the Twenty - First Century*," *Journal of Economic Literature* 52 (2), 519 - 534, http: //dx. doi. org/10. 1257/jel. 52. 2. 519.

Mises, L. von (1935 [1920]), "Economic Calculations in the Socialist Commonwealth," in F. A. Hayek (ed.), *Collectivist Economic Planning*, 87 - 130, London: Routledge and Kegan.

Murphy, K. J. (1999), "Executive Compensation," in O. Ashenfelter and D. Card (eds.), *Handbook of Labor Economics*, Vol. 3, Part B, 2485 - 2563, North Holland, New York: Elsevier, http: //dx. doi. org/doi: 10. 1016/S1573 - 4463 (99) 30024 - 9.

Phelps, E. S. (2008), "Understanding the Great Changes in the World: Gaining Ground and Losing Ground since World War II," in J. Kornai, L. Mátyás and G. Roland (eds.), *Institutional Change and Economic Behaviour*, 77 - 98, Handmills - Basingstoke - New York: Palgrave MacMillan.

Piketty, T. (2013), *Le capital au XXIe siècle*. Paris: Seuil.

Piketty, T. (2014), *Capital in the Twenty - First Century*, translated by Arthur Goldhammer, Cambridge, MA: Belknap Press.

Piketty, T. (2015a), *A tőke a 21. században* [Capital in the 21st Century], translated by Zsuzsanna Balogh - Sárközy, Budapest: Kossuth.

Piketty, T. (2015b), "Putting Distribution Back at the Center of Economics: Reflections on *Capital in the Twenty - First Century*," *Journal of Economic Perspectives* 29 (1), 67 - 88, http: //piketty. pse. ens. fr/files/Piketty2015JEP. pdf, http: //dx. doi. org/10. 1257/jep. 29. 1. 67.

Piketty, T. (2015c), "A Practical Vision of a More Equal Society," *New York Review of Books* 62 (11) (June 25, 2015), 26 - 29, http: //www. nybooks. com/articles/archives/2015/jun/25/practical - vision - more - equal - society/.

Piketty, T. and Saez, E. (2013), "Top Incomes and the Great Recession: Recent Evolution and Policy Implications," *IMF Economic Review* 61 (1), 456 - 478, http: //dx. doi. org/10. 1057/imfer. 2013. 14.

Prendergast, C. (1999), "The Provision of Incentives in Firms," *Journal of Economic Literature* 37 (1), 7 - 63, http: //dx. doi. org/10. 1257/jel. 37. 1. 7.

Rawls, J. (1971), *A Theory of Justice*, Cambridge, MA: Harvard University Press.

Ray, D. (2015), "Nit - Piketty: A Comment on Thomas Piketty's *Capital in the Twenty First Century*," CESifo Forum 16 (1), 19 - 25, http: //www. cesifo - group. de/DocDL/forum1 - 15 - focus3. pdf.

Schumpeter, J. A. (2008 [1934]), *The Theory of Economic Development: An Inquiry into*

Profits, Capital, Credit, Interest and the Business Cycle, Transaction Publishers.

Sen, A. K. (1985), *Commodities and Capabilities*, Oxford: Elsevier.

Stiglitz, J. E. and Greenwald, B. C. (2014), *Creating a Learning Society*, New York: Columbia University Press.

Tóth, I. G. (2014), "Revisiting Grand Narratives of Growing Income Inequalities: Lessons from 30 Country Studies," inB. Nolan, W. Salverda, D. Checchi, I. Marx, A. McKnight, I. G. Tóth and H. G. van de Werfhorst, *Changing Inequalities and Societal Impacts in Rich Countries: Thirty Countries' Experiences*, Oxford: Oxford University Press, 11 – 47, http://dx.doi.org/10.1093/acprof:oso/9780199687428.003.0002.

Tóth, I. G. and Medgyesi, M. (2011), "Income Distribution in New (and Old) EU Member States," *Corvinus Journal of Sociology and Social Policy* 6 (1), 3 – 33, http://dx.doi.org/10.14267/issn.2062 – 087X.

Van Auken, H., Fry, F. L. and Stephens, P. (2006), "The Influence of Role Models on Entrepreneurial Intentions," *Journal of Developmental Entrepreneurship* 11 (2), 157 – 167, http://dx.doi.org/10.1142/s1084946706000349.

Xavier – Oliveira, E., Laplume, A. O. and Pathak, S. (2015), "What Motivates Entrepreneural Entry under Economic Inequality? The Role of Human and Financial Capital," *Human Relations* 68 (7), 1183 – 1207, http://dx.doi.org/10.1177/0018726715578200.

公平的挑战

谈科尔奈对《21世纪资本论》批评的精髓

王一江

皮凯蒂的《21世纪资本论》，阐述了资本主义收入差距扩大的趋势。在对该书潮水般的评论中，科尔奈教授的批评，最具杀伤力。科尔奈批评的特点是，它所针对的不是书中某一个具体内容，而是其方法论；不是皮凯蒂说了什么，而是皮凯蒂没说什么。科尔奈教授对皮凯蒂的批评，一言以蔽之，就是：公平是一个复杂的概念，皮凯蒂对公平问题的讨论过于简单化；而对这一复杂问题的简单化处理，非常不妥，很具误导性。

在这篇评论中，我们做三件事。首先，我们来看看科尔奈教授指出了皮凯蒂哪些该说而没有说的内容，在哪些地方存在方法论上的重大不足。其次，因为皮凯蒂和科尔奈的问题与观点和马克思都有很深的渊源，我们也将皮凯蒂、科尔奈与马克思的方法论做相应的比较。最后，我再补充一点个人观点。

1. 公平的内涵

皮凯蒂的大作，集中讨论了资本主义社会在收入和财富分配上存在的问题。他虽然也提到了与公平相关的其他问题，却没有真正认真展开讨论。科尔奈认为，收入和财富的分配问题，仅仅是公平概念中的一维，是其中可量化、可货币化的一维。公平是一个丰富的多维概念，除了收入分配，至少还有六个重要维度，需要认真考虑，分别是：行为自由的权利，获取物品的权利，就业机会与同工同酬的权利，种族和性别相关的权利，享受社会福利的权利，获得教育和知识的权利。

科尔奈对社会公平这六个方面的内容，是有过切身体会和系统研究的。在他曾经认真研究过的前苏东的经济中，很多基本生活物品都严重匮乏，普通大众有钱也难以获得，而特权阶级却在特供商店里廉价方便地获得。在这样的社会里，同样一元钱在不同人手上具备不平等的购买力。科尔奈提到的其他问题，如种族性别歧视，受教育的权利等，也是很多社会的通病和痼疾。科尔奈质问道：讨论社会公平问题，怎么能忽视这些内容呢？

我们可以看到，在这一点上，皮凯蒂和马克思是一脉相承的。《资本论》一书对公平问题的讨论，也是一维的，集中在收入公平问题上，主要是劳动所产生的价值怎样在劳动和资本之间进行分配。

2. 公平与生产力

科尔奈认为，分配问题应该与生产力的进步，即人们常说的发展问题一起讨论，因为科学技术的进步和生产力的发展，会影响包括穷人在内的所有人的生活，使大众生活有可能更加富足，更加健康。技术进步给人们的实际消费带来了很多公平的新机会。比如，在现代技术条件下，几乎世界上的所有人都能平等地在电视机或计算机屏幕前观看世界杯比赛的现场直播，而这在过去可能只是少数富人的特权。再比如，夏日到有空调的商场购物，这样的享受过去连富人也难以得到，在生产力高度发展了的地方，则成为普通人的消费。当然，新技术也可能制造新的不公平。比如，小学生使用和享受互联网的能力，从互联网得到的享受，很可能超过他们受过良好教育的爷爷。但这正反两面的例子都说明，对公平问题的讨论，不能与对生产力发展的讨论割裂开来。《21 世纪资本论》一书忽视生产力发展对社会公平的影响，是不应该的。

在这个问题上，科尔奈与马克思的分析方法更加吻合。马克思虽然关心分配问题，但《资本论》分析的核心问题并不是分配问题，而是资本主义的生产关系会怎样制约生产力的发展的问题。马克思得出资本主义必然灭亡的重大结论，主要不是基于资本主义社会的不公，而是基于资本主义制度生产力和生产关系不可调和的内在矛盾，即以私有制为基础的生产关系极大地限制着社会化了的生产力的发展，使资本主义成为一种停滞的、自身无法延续的制度。

资本主义生产力发展的现实是什么呢？在著名的《共产党宣言》中，马克思对早期资本主义生产力的大发展，做了充分的描述和肯定。科尔奈则以1917年到2010年间人类的111个重大的发明为例，来说明资本主义保持了创新的活力。这111个对人类生活产生了重大影响的发明，包括抗生素、电子技术、原子能、互联网、DVD、超级市场等各个领域。科尔奈指出，这111个重大的创新和发明，只有1个产生于前苏联，其他的110个都是产生于资本主义市场经济。

3. 公平与激励

为什么无论在早期还是近期，资本主义都能有比其他经济制度更好的创新纪录和生产力发展的更好纪录呢？科尔奈指出了两个原因。一是在资本主义制度下，个人和企业有获得资源更好的渠道，而在前苏联体制下，从研发课题的确定到提供研发所需要的资源，都属于中央计划的范畴。二是创新与高收入的密切关系，为社会提供了创新所需要的个人激励。在资本主义市场经济中，为了追求财富，人们一批一批地走上创新和创业的道路。创新和创业是一个艰苦的过程，生存已属不易，生存下来后，很多企业面临的是持续的残酷竞争，不创新就无法继续生存或获得好的经济回报。正是因为人们的这种努力，社会技术才能获得更大的进步。

收入差距对人们的动机、竞争和创新行为影响，从一个方面说明了资本主义创新的原因，说明了资本主义为什么未如马克思所预言那样，因生产力发展停滞而走向灭亡。

4. 收入来源与社会道德

科尔奈批评皮凯蒂没有细分富人的收入来源。如果我们不愿意简单地将赚钱等同于不道德，将富有等同于邪恶，就必须讨论收入的来源，从道德角度探讨收入问题。

科尔奈以一些高收入群体为例，列举了八个获取高收入的主要途径。

- 创新发明。
- 成为大公司优秀的高管人员。
- 善于投资理财。
- 成为明星，包括体育、文娱明星，也包括行业明星比如明星律师或会计师。

- 获得逃税的灰色或黑色地下收入。
- 政商勾结，腐败，权钱交易。
- 欺骗，比如通过庞氏骗局获得高收入，虽然收入通常来得猛去得快。
- 最后还有结成黑帮组织所产生的高收入。

从这个细分中我们看到，收入差距的存在不等于不公平，高收入的原因也不简单是因为利润回报。对很多个人来说，知识、技能和创造性工作很可能是产生高收入更直接更重要的原因。

科尔奈还对高收入的产生做了自己的道德判断。以上八个收入来源的排序，大体反映了他本人对不同收入来源的价值判断，即通过创新比通过避税的地下活动获得的高收入更加道德，而这两者又比通过腐败、欺诈和黑帮手段获得的高收入更加道德。

5. 财富的用途

不仅财富的获得有公平和道德的问题，财富的使用也是如此。对这个重要问题，皮凯蒂再次不置一词，科尔奈认为这个省略是不妥的。他引用盖茨的话，提醒皮凯蒂注意个人财富的三个用途：捐赠发展社会公益事业、再投资进入生产领域和个人消费，也提醒皮凯蒂注意财富这三个用途不同的社会意义。

皮凯蒂对财富使用的关注，集中在财富投资和获得回报，这和马克思对财富使用的关注是一致的。在《资本论》的分析框架里，财富的去向是再投资：除了赚钱，资本家不知道其他的快乐。我们不能说马克思一定没有看到财富的其他用途，他之所以将注意力集中在财富的再投资，是因为《资本论》全书的目的，是要揭示资本主义制度生产和再生产运行的规律，证明资本主义制度的发展的必然趋势。

6. 数理模型及统计方法

皮凯蒂和马克思都使用了数学推理来论证自己的观点。在《21 世纪资本论》一书中，皮凯蒂用一个简单明了的不等式，即 $r > g$，来说明财富向有产阶级集中的趋势不可避免，其中 r 代表资本收益率，g 代表 GDP 增长速度。

马克思的《资本论》一书虽然体系庞大内容丰富，也始终不离一个统一的数学模型，即劳动怎样产生价值，价值如何在成本和剩余价值之间进行分配，以及这种分配对再生产的影响。马克思的数学模型比皮凯蒂的数学模型复杂得多，其结论也超越简单的直观，需要通过相对复杂的推理才能获得。有意思的是，虽然有人称皮凯蒂的著作为21世纪的《资本论》，马克思平均利润下降趋势的结论，却与皮凯蒂的观点是相左的。

科尔奈并没有直接批评皮凯蒂使用数学推理，但他显然认为，公平是一个复杂多维的概念，难以用一个统一的数学模型来总结和推理。他没有试图去建立一个数学模型表达自己的观点。

在简单推理之后，皮凯蒂大量系统地使用了统计数据来支持自己的观点，显示资本主义确实存在收入差距增加的长期趋势。科尔奈则认为，在对公平问题有更加全面认识的基础上，需要在理论指导下重新考虑数据的使用，也需要搜集获得新的数据。比如说，人们可以通过不同途径进入高收入群体，但在一个特定的制度下，究竟有多少人是通过什么方法成为高收入者的呢？对这类数据进行无论是跨时间还是跨国家、跨制度的比较，对讨论公平问题都至关重要，不可或缺。

科尔奈建议的收集新的数据和在理论指导下用新方法使用数据，虽然有一定的难度和挑战性，却是可行的。相反，马克思关于资本有机构成、平均利润长期下降的理论结论，要用统计方法来验证，则近乎不可能。至少，至今还没有人从经验上验证过马克思的这些结论。

7. 制度比较与政治主张

科尔奈指出，皮凯蒂另外一个重大失误，是他没有运用比较制度的方法，来讨论公平问题，没有充分重视人类社会制度试验给出的实际经验，也没有继承学术界对现实制度的比较研究，而是埋头于对现有资本主义制度的批判。

对资本主义的批评并非始于今日，资本主义的种种问题，马克思早已看到，并进行了系统的分析与批判。那么，资本主义矛盾重重，问题严重，什么制度更好，可以替代它呢？在马克思那个时代，世界上还没有社会主义国家，出于此历史原因，马克思对现实资本主义的批评，只能以理想中的社会主义制度为参照，进行比较，他认为应该用理想社会主义制度来取代资本主义制度。

作为见证了前苏东体制崩溃的年轻人，皮凯蒂不再提倡推翻资本主义，建立社会主义。他将《21世纪资本论》一书局限于对现实资本主义收入分配的批评，提倡通过政府调节收入分配，去建立一个更加理想的资本主义制度。

马克思以理想社会主义为镜，批判现实的资本主义；皮凯蒂以理想资本主义为镜，批判现实的资本主义；而科尔奈则以现实世界中存在过的真实社会主义为镜，来看资本主义。他的结论是，资本主义确实充满了矛盾和不理想，他本人也一直被其中的种种矛盾和问题所困扰，但是现实的社会主义非但没能解决这些问题，反而使很多问题变得更加严重。从比较经济制度来看，资本主义在推动社会发展，实现多维度权利公平方面，做得还是不错的。无论哪种现实制度，都很难实现完全的公平，在这个事实面前，科尔奈显示出对资本主义制度一定程度的痛苦和一定程度的满意。

8. 认知、感受和再分配政治

科尔奈批评皮凯蒂对公平问题具有误导性的简单化处理，强调要认识公平问题的复杂性和建立公平社会的艰巨性。要做到这一点，仅在客观、可量化的指标体系中讨论公平问题是不够的，即使在科尔奈提出的复杂客观指标体系之上，还应该加入新的主观指标，即考虑人们对公平问题的主观认识和感受。毕竟，公平问题是一个价值判断和个人感受问题。比如，一个相信转世和因果报应的佛教或印度教徒，和一个相信阶级剥削和阶级斗争的人，对自己的贫穷会有完全不同的认知和感受，也会有完全不同的再分配的政治意识。

公平问题的主观性，使问题的复杂性倍增，也使得建立公平社会的挑战倍增，其原因，除了上面所说的人们对公平的不同认识和不同感受，还有即使是同一个人，对公平问题的认识和感受也可能存在时间上的不一致性（inconsistency）。

比如有 A 和 B 两位少年，家庭和其他条件都类似，但 A 年轻时选择了多学习，为自己未来的成功打下了很好的基础，B 则选择了多玩，享受当下。长大后，B 发现 A 的工作比自己优越，收入比自己高，他会做何感想呢？如果 B 对公平问题的认识是连贯的、始终如一的，他应该认识到自己现在的收入，是自己早年选择的结果，既然自己已经享受了早年多玩的快乐，就应该接受现在与 A 的收入差距。但 B 未必一定会这么认为，相反，他可能会寻找种种理由来证明自己与 A 的收入差距代表了社会的不公平，认为 A 应该把其收入的一部分给自己才是公平的。

如果 B 只是一个人这样想，也许不是大问题，他只是想想而已。但如果社会上有很多这样的人，问题就比较严重了。人多就是力量，他们可以使用自己的力量来剥夺 A，实现有利于自己的再分配。任何关于公平问题的讨论，不考虑这些再分配中的政治问题，都是脱离实际的。

再比如，有 C 和 D 两个人，C 有 10 个橘子，D 有 10 个苹果，两人按照自愿原则进行交易，结果 C 有了 7 个橘子和 3 个苹果，D 有了 7 个苹果和 3 个橘子。因为是自愿的，无论是过程还是结果 C 和 D 都觉得是公平的。但仍然存在的可能性是，过了一段时间，C 和 D 都觉得自己吃亏了。自己得到的太少，对方得到的太多。C 和 D 产生新的感觉，可以不需要任何理由，只是贪欲本能所使。

也许，C 和 D 仅仅停留在感受层面，不会将自己的新感受转化为再分配的实际行动。但他们也并非完全不可能采取实际行动。如果 C 方人众，D 方人寡，或者 C 有其他理由相信自己有力量强迫 D 接受自己认为公平的另外一个结果，他把感受转化成行为的可能性就大大提高了。

显然，对公平问题的讨论仍将继续。可以预见，无论是对皮凯蒂和马克思关心的收入公平问题，对科尔奈关心的广义公平问题，还是对我们补充的关于公平的主观感觉和政治问题，围绕其内容和方法论的辩论都将长期继续下去。这本身，也说明了公平问题的极端复杂性。

已测度的、未测度的、错误测度的和不足为据的悲观主义

对《21世纪资本论》的评论

迪尔德丽· 麦克洛斯基

托马斯·皮凯蒂（Thomas Piketty）的巨著《21世纪资本论》正文长达577页，注释76页，图表共计115个，令全球范围内的左派们兴奋不已。他们高呼："这正是我们想说的，问题就在于资本主义及其不可避免地导致不平等的趋势！"该书法文版于2013年最先面世；2014年该书英文版由哈佛大学出版社发行，经由克鲁格曼等专栏作家的推崇，荣登《纽约时报》的畅销书榜首。2014年末该书的德语版面世，不顾疲惫的皮凯蒂加班加点地工作，向广大德国公众说明自己的观点。由于缺乏幽默感，他在电视上表现不佳，可是他迎难而上，于是这本书的销量节节攀升。

已经很久没有一本技术性的经济学著作能有如此之销量了。为此，经济学家不能不拍手叫好，经济史学家更是欣喜若狂。皮凯蒂的巨大成功无疑将激励许多怀有经济学兴趣的年轻学者们投身于对历史的研究。这是一件好事，因为经济史是从事科学的定量研究的少数经济学分支之一。在经济史研究中，如同

---

* Deirdre Nansen McCloskey，伊利诺伊大学经济系和历史系特聘教授，2014年加入波茨坦的可持续发展高级研究所（IASS）和柏林高等研究院。原文发表在 *Erasmus Journal for Philosophy and Economics*，Volume 7，Issue 2，Autumn 2014。——编者注

在实验经济学和其他一些领域，经济学家直接面对经验（而在当今的宏观经济学、产业组织和国际贸易理论等领域中就不是这样了）。当你思考问题时，所有证据都来自过去，而且一些最有趣、科学上最相关的证据或多或少来自遥远的过去。正如1922年经济史学家约翰·克拉彭（John H. Clapham）以奥地利学派的口吻（尽管他属于马歇尔派）所说的："经济学家无论如何也是史学家，世界的发展总是领先于经济学家的结论。"①当然，经济史学家也往往为了了解过去而关注过去（比如我），而不仅仅为了通过外推法预测未来，后者是皮凯蒂的意图。他的书所论述的毕竟是21世纪的资本，而21世纪才刚开始。不过，假如你想成为一名科学的经济学家或地质学家、天文学家或者演化生物学家，过去就应该是你的现在。

皮凯蒂为此提供了一个很好的范例。他没有像其他许多经济学家那样沉迷于经验工具中不能自拔，亦即以他人的特定数据为对象的回归分析（其中一个问题正在于"数据"这个词自身，因为"data"意味着"给定的事实"，而科学家要处理的应该是"capta"，即"抓取到的事实"）。因此，他没有犯现代经济学的两宗罪之一，即没有意义的统计显著性检验（他有时候提到"统计上的不显著性"，比如在税率和经济增长率之间，不过我希望他并不怀有这样的观点，即就样本而言不能被精确测度的某个重要系数是"统计上不显著的"，只是由于R. A. Fisher在1925年如此说过）。皮凯蒂所做的是构建或使用关于总资本和不平等的统计数据，然后将它们绘制成图表以进行观察，这也是物理学家与实验和观测打交道的方式。他也没有犯另一宗罪，即将宝贵时间浪费在关于存在性的定理（existence theorems）上。物理学家也不做这个。假如经济学家继续羡慕物理学，那么至少应该懂得物理学家实际上在做什么。皮凯蒂紧紧贴近事实，没有在（比如说）早已被实验经济学拒斥的非合作博弈论的无聊世界中漫游，也没有求助不可计算的一般均衡模型，后者对于定量的经济学毫无用处，属于徒劳的哲学分支。从这两点来看，皮凯蒂做得非常好。

此外，该书的写作风格清晰而又内敛，尽管有些沉闷，其法语原稿也必定如此（皮凯蒂遵循着在当今法国不再流行的旧规则，即"不清楚的写作就不是法语作品"）。关于这一点，我可以为其英文版作证。诚然，这部书或许躲不开"买的多，读的少"的命运。年龄较大的读者应该会记得道格拉斯·霍

① Clapham（1922），第313页。

夫施塔特（Douglas Hofstadter）的巨著《哥德尔—埃舍尔—巴赫：一条永恒的金带》（1979 年），这本书在 20 世纪 80 年代曾骄傲地置身很多咖啡桌上，却很少被阅读；更年轻的读者会记得史蒂芬·霍金（Stephen Hawking）的《时间简史》（1988 年）也是如此。Kindle 能追踪读者从亚马逊网站上下载的电子书的阅读状况，比如你读到的最后一页的页码。运用这一事实，数学家乔丹·艾伦伯格（Jordan Ellenberg）通过估算发现，这部厚达655 页的《21 世纪资本论》的读者平均来说大都在 26 页停止了阅读，也就是导言结束的地方。他提议，将一度被称为霍金指数的 Kindle 测度电子书阅读的百分比重新命名为皮凯蒂指数，《时间简史》的读者通常阅读了 6.6%，而《21 世纪资本论》的阅读百分比为 2.4%。① 为了更公正地对待皮凯蒂，应该考虑到，购买精装书的读者应该比购买 Kindle 电子书的读者更认真，阅读得更深入。而且，让平均而言相当于《纽约时报》的读者能看上多于 26 页的凝练的经济学论证，随后此书又被置于惹眼的咖啡桌上，也足以证明皮凯蒂的措辞技艺。这本书非常有趣，无论如何你会发现许多有趣的数值上的复杂论证。

《21 世纪资本论》是一本诚实和厚重的著作。我将要提出一些严厉的批评，因为这些批评是实实在在的，也是重要的，不过，我绝对无意指责皮凯蒂的正直或科研努力。这本书是他所创建的巴黎经济学院的集体结晶，该学院与法国经济学界中最优秀的一些左派人物保持着联系。下面，我将说明皮凯蒂在其科学和社会伦理学中所犯的严重错误。不过，其他许多经济学家和数据工作者也没能避免这些错误，其中不乏我最密切的朋友。尽管我首先向作者发难，可是谁能完全避免错误地度量某个核心概念的过失，或误解经济学某个关键环节，或完全忽略某个伦理问题呢？

* * * *

阅读这本书有助于我们理解当下左派对“资本主义”的忧虑，并检验这种忧虑在经济学和哲学上的说服力。皮凯蒂对财富分化加剧的担心也的确只不过是可以回溯至马尔萨斯、李嘉图和马克思的历史链条的最新发展。自古典经济学的奠基者们的时代以来，以贸易来衡量的经济进步（trade-tested betterment，以下简称 TTB）（这个术语比所谓的“资本主义”更好，因为资本主义

① Ellenberg（2014）。Ellenberg 在计算这一数据时可能使用了集中趋势度量，也可能采用的是小于 26 的一个数字，因为以 26 计算的阅读百分比（含附录部分）应该是 3.8% 而非 2.4%。

这个词错误地意味着我们的生活改善是因为资本积累而非创新）已经极大地富裕了世界上的大部分人口，如今的世界人口比1800年的时候增加了7倍，在50年之后的未来很可能惠及地球上的每一个人。看看中国和印度的情况吧，不要再说“可是并非所有人都富裕了”。以伦理上相关的基本舒适度来衡量，他们现在享受到的舒适程度，是1800年以前大多数英国人和法国人，或者1978年改革开放以前的中国人，或者1991年以前的印度人绝对无法想象的。可是，左派们在不停的担忧中忘记了自人类发明农业以来最重要的长期事件，即过去两个世纪中所实现的大富裕（Great Enrichment），他们仍然不停地担心又担心，就像旅行保险公司的电视广告中总是担心没有骨头吃的小狗一样，每隔半代人的时间就推出新的版本。

这里列出了忧心忡忡的悲观主义谱系的一部分，其中每一种都曾经风行一时。正如经济思想史学家安东尼·沃特曼（Anthony Waterman）所说，自从马尔萨斯在出版于1798年的《政治经济学原理》中强调了土地稀缺以来，开始了长达一个世纪之久的从“政治经济学”向“经济学”的转变，即从关于财富的乐观科学演变为关于稀缺的悲观科学①。马尔萨斯担忧的是工人人口的激增，李嘉图担忧的是地主蚕食国民劳动成果。马克思担忧抑或庆幸（这取决于人民如何理解历史唯物主义）的是，资本所有者至少试图大胆侵吞国民劳动产品（这些古典经济学家都是皮凯蒂的先辈，后者自称自己的理论是对李嘉图和马克思的综合）。穆勒担忧或庆幸（这取决于你如何看待病态匆忙的现代生活）的，则是即将出现的停滞状态。此后，从19世纪80年代到现在，正是资本主义推动着实际工资不断上涨的时期，经济学家们（左派居多，右派也不少）却接连不断地开始担心一些事情。让我给出一些他们悲观地看待“资本主义”的理由：贪婪、异化、种族混合、工人缺乏讨价还价能力、女性就业、工人低劣的消费品位、外来移民、垄断、失业、商业周期、报酬递增、外部性、消费不足、垄断竞争、所有权与经营权分离、缺乏计划、战后经济停滞、投资外溢、不平衡增长、二元劳动力市场、资本短缺（威廉·伊斯特利［William Easterly］称之为“资本原教旨主义”）、农民的非理性、资本市场的缺陷、公共选择、市场缺失、信息不对称、第三世界受到的剥削、广告、规制俘获、搭便车、低等收入陷阱、中等收入陷阱、路径依赖、竞争不足、消费主

---

① Waterman（2012），第425页。我对文中标点作了略微修改。

义、消费外部性、非理性、双曲线贴现、大而不倒、环境恶化、经理人薪酬过高、经济增速趋缓，不一而足。

你可以将上述清单中后面的那些理由以及经由皮凯蒂或克鲁格曼而复活的某些靠前一点的理由与具体的诺贝尔经济学奖联系起来。这里我不列举这些男人（men）的名字（的确都是男人，在方法上与2009年诺贝尔经济学奖得主埃莉诺·奥斯特罗姆［Elinor Ostrom］形成鲜明对比），只揭示他们的公式：首先发现或再次发现完全竞争或某种完美世界（比如就皮凯蒂来说，更接近完美的收入平等）的某项必要条件；然后断言，尽管缺乏证据（这里皮凯蒂比通常的做法要好很多）却配备了繁复的数学装饰（比如2014年诺贝尔经济学奖得主让·梯若尔），必要条件没有得到完全实现，或者这个世界并没有以完美的方式发展；接着得出堂皇的结论（这里皮凯蒂就陷入了通常过低的科学标准），即"资本主义"在劫难逃，除非专家们采取干预措施，即通过仁慈地运用政府所垄断的强制权力，来实施针对巨额财富的不当获得者的反垄断措施、补贴报酬递减的行业、对诚实守信的他国政府提供援助、支持新兴产业、刺激孩子似的不开心的消费者，或者如皮凯蒂所说，在世界范围内对导致不平等的资本进行征税。

这种奇怪的"找错史"以及他们所建议的国家主义（statist）矫正措施的一个特点是，这类经济思想家很少觉得有必要提供他提出的政府干预会如其所愿地运作的明证，而且也几乎从没感到有必要证明，在国家干预之前，完美世界的必要条件不被满足的程度足够大，以至于显著损害了总体上的经济表现（再次声明，在这里皮凯蒂超出了通常的标准）。克拉彭在1922年就曾提出了这样的批评，当时理论家们仅仅基于一两个图表就建议政府应该补贴所谓的报酬递增行业。可是，这些经济学家并没有说明怎样实施补贴，或者这类没有被量化的建议能在多大程度上帮助不完美的政府更接近完美的世界。这方面的沉默是令人沮丧的，克拉彭尖锐地写道："尤其对于那些对实际事物而不是抽象范畴感兴趣的学生。"90年过去了，情况依然如此。克拉彭曾这样指责庇古（A. C. Pigou）：在阅读《福利经济学》时你会发现，在近千页的篇幅里，连一处关于什么产业属于哪一类范畴的举例说明都没有，尽管许多论证都这样开始，"当报酬递减的情况起支配作用的时候"或者"当报酬递增的情况起支配作用的时候"，仿佛所有人都知道这样的情况在何时出现。他模仿那些不经定量研究就想象"经济学空匣子"的理论家的回答说："假如了解事实的人们不能进行恰当的拟合，我们（在经济运行中发现严重错误的理论家）为此感到遗憾。但是，我们的理论仍然具有其逻辑准确性和教育价值，而且你们知道理论多么完美地融入了图表和方程式中。”①到今天，我们还能听到理论家这样的回答，其合理性毫无改进。

几乎所有关于所谓的“（市场）不完美”的研究都没有进行实际测度，一个罕见的例外是马克思主义者保罗·巴兰（Paul Baran）和保罗·斯威奇（Paul Sweezy）1966年的著作《垄断资本》。这本书确实努力（尽管没有成功）测度了美国经济总体上的垄断程度。② 对于上文所列举的担忧事项中的大多数，比如明显需要政府干预的外部性（庇古、萨缪尔森、斯蒂格利茨都先后这样断言），经济学家声称，经济运行非常糟糕，显然需要来自政府的及时、大规模干预，而政府应该向庇古、萨缪尔森和斯蒂格利茨这样的智慧头脑咨询，尽管他们都觉得根本不值得浪费他们的科研时间来表明经济运行不良在总体上不容忽视。皮凯蒂至少做了尝试（虽然光荣地失败了）。在这些流行一时却从没被测度的大量“市场不完善”的教育下，年轻的经济学家（他们天真地以为，长辈们必定发现了那些美妙的图表和方程式背后的事实）相信，TTB运行得令人难堪的糟糕，可是所有的定量研究都发现自1800年以来TTB令人惊讶地运行良好。

相比之下，哈伯格（Arnold Harberger）和塔洛克（Gordon Tullock）等声称经济运行良好的经济学家却做了实际研究，或者至少表示眼下可以做实际研究。③ 庇古、萨缪尔森、斯蒂格利茨以及其他左派学者（当然这三位经济学家都是温和的“左派”）的表现就像是这样的：根据某些定性假设，一位天文学家声称，太阳里的氦元素将很快耗竭，需要银河帝国紧急干预，却不愿通过认真观察和量化模拟来搞清楚这个不幸事件大致要多久才会发生。多数情况下，经济学理论只要在黑板上指明了某种“市场不完善”的方向（如萨缪尔森在《经济分析基础》中推荐的“定性定理”）就足够了，然后就可以等待瑞典皇家科学院在10月的某个清晨打来的电话。

这不禁让人觉得典型的左派（那些更严重的忧虑，多数自然也来自他们，尽管考虑到“资本主义”给工人阶层带来的巨大实惠，这些忧虑显得不那么

---

① Clapham（1922），第311页、第305页和第312页。

② Baran and Sweezy（1966）.

③ Harberger（1954），Tullock（1967）.

自然）从一开始就怀有这样的根本信念，即资本主义存在严重缺陷。这个信念大概是在他们16岁的时候形成的，那时萌芽中的左派们发现了贫困，但缺乏借以理解其根源的智力工具。我就曾经遵循着这一模式成长，一度成为琼·贝兹（Joan – Baez）这样的社会主义者。这位自诩为“终生的好社会民主派”（我也一度这样描述自己）一旦成为职业经济学家之后，为了给已经根深蒂固的信念提供支持，就开始四处寻找任何能表明其信念在某个想象世界中真实不虚的定性指征，却不愿去探明从我们的真实世界中得到的数据（关于这一点我再次强调，皮凯蒂无可指摘）。某位好心肠的左派人士说：“我们当然能极大地改善这个少数人比其他人更富有、更有权力的糟糕社会。为了使它变得更好，我们能做很多事情!”这种乌托邦思想是从社会发展阶段论的逻辑中产生的，后者是在18世纪被构想出来的与传统社会进行斗争的工具，别的书不提，在《国富论》中就是这样的。当然历史没有终结。努力向前吧!

诚然，右派也可能被指控为乌托邦，尤其当有人做出缺乏证据的断言时，如同某些老派的奥地利学派经济学家以及某些芝加哥学派的学者那样，他们不再有兴趣认真检验其宣称的真理，甚至认为我们所生活的世界是所有可能的世界中最好的。尽管经济学饱受指责，被批评为过于抽象，缺乏量化，可我总认为，左派们更普遍地拒绝对整个经济体系进行量化检验，因而也更加危险。我有一个信奉马克思主义的非常聪明的挚友，他告诉我，“我痛恨市场”，我回答说，“可是，杰克，你很喜欢在市场中搜寻古玩啊”。他说，“这我不管，我就是恨市场”。马克思主义者尤其担心普通欧洲工人的贫困化（关于这一点他们根本没有证据），然后是工人被异化（同样没有证据），还有第三世界国家的工人会受到剥削（仍然缺少证据）。近来，马克思主义者和其他一些左派人士又开始担心环境问题，已故的埃里克·霍布斯鲍姆（Eric Hobsbawm）以一位老马克思主义者的口吻，略带厌恶地说：“（环境问题）当然主要是中产阶级造成的。”① 我们一直等待着他们的证据以及解决问题的具体建议，而不是让我们全部回归瓦尔登湖和1845年的生活，或者干脆集体自杀。

很久以前我做了一个噩梦。尽管我没怎么受到影响，但这个梦魇般的梦境却栩栩如生，这是经济学家的噩梦，萨缪尔森式的噩梦。假如每一个个体行动都要实现严格的最优化，那会怎么样呢？就是约束条件下的效用最大化。设想

① Hobsbawm（2011），第416页。

一下，你伸手拿咖啡杯的每一个动作，你在街上行走的每一步，都要在一定的约束条件下严格达到幸福的峰值。当然你会一而再、再而三地完不成这项任务，于是哪怕稍稍偏离最优化，你也会陷入恐惧。这个噩梦以非理性的方式呈现了令人不寒而栗的景象，那就是经济学家所谓的理性。当然，也还是有人认识到了完美的不可能性，如赫伯特·西蒙（Herbert Simon）的决策满意标准、罗纳德·科斯（Ronald Coase）的交易成本、沙克尔（George Shackle）和柯兹纳（Israel Kirzner）一再强调的贝拉（Yogi Berra）的智慧：预测很难，尤其是预测未来。

20 世纪 60 年代我们这些年轻的美国经济学家和社会工程师们像孩子一样天真地肯定，通过我们称之为“微调”的方式，可以实现我们所期望的完美状态。后来失败了，毕竟完美注定不能实现。政治科学家米勒（John Mueller）在 1999 年提出，我们应该追求的是“相当好”，这种追求需要一种以事实为基础的感觉，觉得我们并没有偏离最优状况太远。比如加里森·凯勒（Garrison Keillor）所构想的明尼苏达州的沃伯根湖区（Lake Wobegon），那里有“够好的”拉尔夫（Ralph）百货店，它的广告诙谐低调、带有斯堪的纳维亚风格，“假如你不能在拉尔夫这里找到，那么你可能并不需要它”。[①]米勒认为，欧洲及欧洲旁系的资本主义和民主政体确有缺陷，可还是相当好。在他看来，不够完美的缺陷，比如国会的行为或美国收入分配的不平等程度，并没有严重到明显影响政体和经济的表现。沃伯根湖区就相当好。假如你驾车穿过这里，到那些由专门在经济中找缺陷却对此不加测度的经济理论家所经营的严格完美的商店（Exact Perfection Store）去买东西，十有八九不能如你所愿。

至少皮凯蒂是一位严肃的数量科学家，不像其他一些人，他们只是玩弄统计显著性检验、存在性定理以及没有被测度的经济中的缺陷，甚至为不完善的政府设定不可能完成的任务（不幸的是，在最后这一点上他也加入了这个游戏群体）。的确，皮凯蒂在英文版第 27 页（与第 573 页形成对比）宣称：“重要的是认识到……在我的理论中，贫富分化的主要来源与任何形式的市场缺陷无关（注：政府的缺陷不在皮凯蒂的讨论范围内）。恰恰相反，（在经济学家通常使用的意义上）资本市场越完善，就越可能导致贫富分化。”这里，与李嘉图、马克思和凯恩斯一样，皮凯蒂认为他发现了马克思所谓的“资本主义

---

① Mueller（1999）.

的矛盾”（第571页），即“资本主义”发展到最后阶段的必然结果。然而，从马尔萨斯到皮凯蒂，从1798年到现在，左派们所有的忧虑都透着悲观主义情绪，无论是关于资本市场的缺陷、个体消费者的行为倾向还是“资本主义经济的运行规律”，然而，正是在此期间人们见证了史无前例的个人生活水平的提升。从19世纪初至今的历史算得上“够好”了，左派中的经济悲观主义者却一直深陷在错误不断且非常可怕的噩梦里。

不可否认，这种悲观主义很容易被人们接受。出于我从来不能理解的原因，人们喜欢听关于世界正在变得越来越坏的话语，而当某个乐观主义笨蛋打扰了他们的快乐时，就马上表示出气愤和不屑。然而，对于现代经济世界来说，悲观主义始终是糟糕的向导。与两个世纪前相比，现在的我们显然富裕得多，无论在物质上还是精神上。假如我们不通过实施左倾的计划和再分配方案或右翼的帝国主义方针，来杀死能下金蛋的鹅，如同我们在1914—1989年听从了那些痛斥市场和民主的知识分子布道者的建议那样，我们就可以期待，再过半个世纪，整个世界都会赶上如今的瑞典或法国。

* * * *

皮凯蒂的中心主题是，继承财富的利息收入导致源于财富的收入不平等的恶化。2014年他在一次采访中对英国广播电视台（BBC）的伊万·戴维斯（Evan Davis）说：“钱倾向于自我复制（钱能生钱）”。自亚里士多德以来，西方世界就反复不停地在批判货币及其利息。亚里士多德在谈及一类人时这样说，“他们关于生活的全部想法就是应该无限制地增加他们的钱，或者无论如何不能损失钱……最令人憎恨的挣钱方法是高利贷，因为这只是借着钱本身来生财。”①皮凯蒂（和亚里士多德）的理论是，资本收益率通常超过了经济增长率，因而资本收入在国民收入中所占的比重也会稳步增加，原因只是利息收入（他所认定的富豪资本家们获得的收入，而且他们想必会努力抓在手里进行再投资）的增速快于整个社会的总收入的增速。

亚里士多德及其追随者们，如阿奎那、马克思和皮凯蒂，都非常关注这种“无限制的”收益。他们的论据非常古老，也非常简单，皮凯蒂只是用某些关于资本/收入比之类的会计指标修饰了一下，得出了关于不平等的核心不等式：只要 $r > g$ 继续下去（其中 r 代表资本收益率，g 代表经济增长

① Aristotle, *Politics* Book I, Jowett translation.

率），那么富裕资本家的收益就不断加速增长，与此同时，穷人们的收入就越来越落在后面。这一表述是结论性的，只要它的那些事实性假设是真的，这假设包括：只有富人拥有资本；人力资本不存在；富人将资本收益用于再投资，他们不会因懒惰或其他人的“创造性破坏”而损失财富；收入分配的主要机制是财富继承，而不是能为富人之外的我们提高经济增长率 g、让我们所有人分享收益率 r 的创造力；在伦理上我们只关心基尼系数而不是关心工人阶层的生活状况。

注意上面最后一个假设：在皮凯蒂的故事中，我们所有其他人的收入只是相对地落后于贪婪的资本家。在他的书中，关注相对财富/收入/消费是一个严肃的问题。皮凯蒂的“李嘉图式的末日景象”确实给我们所有其他人留下了生活改善的空间，远非末日即将来临，而事实上自 19 世纪以来的确如此。让皮凯蒂忧心忡忡的是，富人会变得更加富裕，即使穷人也变富了。换句话说，他的担忧关乎差异，关乎基尼系数，一种被提升为理论和伦理命题的暧昧的嫉妒。

另一个严重问题是，资本收益率 r 几乎总会超过经济增长率 g，对已投资资本的大致利率水平和大多数经济体所实现的经济增长率（或许只有近年来的中国是例外，在中国，与皮凯蒂的预测相反，不平等程度持续加剧）有所了解的每一个人都知道这一点。假如他的这个简单逻辑成立，那么李嘉图式的末日景象就总是近在眼前。于是，我们就必须引入一个仁慈的、无可指摘的、全能的政府（或者，更不靠谱的话，一个世界政府或银河系帝国）来对富人征收“累进性的全球资本税”。这也是我们唯一的希望。

然而，事实上正如皮凯蒂坦承的（但这一事实并未减轻他的悲观），他自己的数据（通过研究而真正抓住的事实）表明，收入不平等程度只是在加拿大、美国和英国显著上升，而且只是最近才出现的。“在欧洲大陆和日本，当今的收入不平等程度仍然比 20 世纪初的时候低得多，而且自 1945 年以来一直变化不大。”（英文版第 321 页，图 9.6）请看，英文版第 323 页的图 9.7 显示了 1900—2010 年间美国、英国、德国、法国和瑞典收入水平最高 10% 人群的收入在国民收入中所占的比重。在所有这些国家，r > g。的确，有史以来一直如此，例外情况非常罕见。而在福利国家实施了再分配政策之后，比如 1970 年以后，德国、法国和瑞典的收入不平等程度就不再上升了。换句话说，无论是在 1910—1980 年间、1800 年之前的任何地方，还是在“二战”后的欧洲大陆和日本的任何地方，皮凯蒂的担忧都没有根据，只是在近年来的美国、英国和加拿大才稍微发生了他所担忧的情况。

假如钱真的总能自我复制，而且越来越多，如同我们在世界历史上实际观察到的由李嘉图—马克思不等式（r > g）所表达的一般规律那样，这就是非常难解的谜题了。然而，不平等程度实际上波动幅度很大，对此我们拥有多个世纪以来的证据，这一点不符合皮凯蒂的叙述。皮凯蒂没有提及经济史学家彼得 · 林德特（Peter Lindert）和杰弗里 · 威廉姆森（Jeffrey Williamson），他们在著述中记录了这项事实。根据他的逻辑，皮凯蒂式的动态一旦开始——假如某个经济体能满足 r > g 这个条件，而这个条件几乎总能满足，那么从任何时候开始都可以——它将永远不会停止。这个无情的逻辑意味着，在 1800 年或 1000 年抑或公元前 2000 年的时候，我们应该已经被不平等的海啸淹没了。皮凯蒂曾这样说："在 21 世纪 r > g 将再次成为常态，就像直至第一次世界大战前夕的整个历史（英文版第 572 页，人们很好奇，他如何看待当下处于很低水平的利率或 20 世纪七八十年代通货膨胀时期的负利率呢?）。"果真如此，那富人们的份额为什么没有在很久以前就上升到 100% 呢？至少，在土地和地主阶层占主导地位且生产率很低的中世纪典型经济中，这一比重怎会一直稳定在 50% 左右？有时候皮凯蒂将他的理论机制描述为一个"潜在的爆炸性过程"（英文版第 444 页），在其他地方他又承认，对家庭财富的随机冲击意味着"财富的不平等不可能无限增加，财富的分配将收敛于特定的均衡状态"（英文版第 451 页）。根据福布斯的财富排行榜，皮凯蒂注意到："世界上几乎每年（在从十亿美元到百亿美元的区间内）都会新出现几百个富人"（英文版第 441 页）。皮凯蒂教授，这到底是哪种情况呢？是末日来临，还是大致一定比例（根据观察来说大致如此，出入很小）的富人以自然演化的方式持续地从富豪榜上进进出出？

针对英国近年来不平等程度的略微上升，科学作家马特 · 雷德利（Matt Ridley）提出了一个颇有说服力的理由。他这样写道：

> 你的意思是说，在过去 30 年间，政府推动了房价的资产泡沫，给予养老金税收优惠，对非本国居民（比如居住在英国的俄罗斯和沙特阿拉伯富豪）征税很轻，对农业（地主多是富人）进行慷慨补贴，严格限制住宅用地的供给，从而推高了经由开发许可而获得的土地溢价，于是才使富裕的资本所有者的财富份额有所增长？哦，真该死……（说真的）自

> 1980 年以来财富更加集中很大一部分是由政府政策推动的，政府系统性地为富人而非穷人创造挣钱机会。①

在美国，福利支出泛滥，对我们的富豪好友们的税收优惠也多种多样，比如使罗姆尼（Mitt Romney）更加富裕的“附带权益”（carried interest），可见我们可以得出相似的结论，即（被皮凯蒂寄予希望来解决问题的）政府才是问题的根源。根本不是“资本主义”导致了近年来的收入分配恶化，当然更不是过去两个世纪来超速的 TTB 。

实际上，皮凯蒂的论点的不合理并不出人意料，因为其源头就不可靠。他一开始就采用了伟大的经济学家李嘉图的理论，而就预测而言，李嘉图的理论整个都错了。与李嘉图的自信预测相反，地主阶层并没有侵吞国民劳动产品。事实上，从李嘉图预测地租在国民收入中所占的份额会稳步上升的时候起，这一份额就开始显著下降了。马尔萨斯关于人口过剩导致食品不足的预测，几乎在他发表预言的时候，就被证伪了。

接下来，皮凯蒂将李嘉图的理论与另一位不那么伟大的经济学家马克思（不过他是 19 世纪最伟大的社会科学家，无人能出其右，尽管在几乎所有实质问题上他都错了，尤其是他的预测）的理论结合起来。马克思认为，工资水平将会下降，利润也会下降，然而技术进步仍然会发生。这种情况，正如马克思主义经济学家琼·罗宾逊屡次指出的，是不可能发生的。假如出现了技术进步，工资率或利润，至少其中之一必定会上涨，这是再明显不过的事实。当蛋糕做大后，有些人得到的必定更多。假如上涨的是普通劳动力的工资，尤其是人力资本得到大幅积累的情形，资本将被劳动者而不是富人拥有。物质资本的收益率要比无风险的英国或美国政府债券的收益率高，以补偿持有资本的风险（比如技术改进导致的过时，就像你的计算机，使用四年就过时了）。通过追逐利润的资本家之间的竞争，物质资本和人力资本的收益率大致下降到了 5%—10% 的水平。想象一下，假如自 19 世纪以来工人们没有积累人力资本，他们所在的社会也没有采用发明创新，工人的收入水平一直处于停滞状态，如单位资本的收益率曾经经历的那样，我们该多么悲惨！这种情形不难想象，因为在当今的索马里和朝鲜，工人的收入状况就是这般可怜。可是，自 1800 年

---

① Ridley（2014）.

以来，富裕国家的工人的收入水平平均增长了29倍（约2900%），即便将全世界作为整体来看，包括目前仍然贫困的国家在内，工人的收入也增长了9倍（约900%），而物质资本的收益率一直以来并无明显变化。

皮凯蒂没有认识到，每一波发明家、企业家甚至一般的资本家都发现，他们的收益总是由于（竞争者的）进入而流失，而进入似乎是他没能把握的经济学概念。我们来看一下百货商店的财富史。在19世纪晚期，百货商店的收入一度超出正常水平，如Le Bon Marche、Marshall Fields以及Selfridge。不久之后这一模式在富裕国家被普遍复制，美国爱荷华州的Cedar Rapids和密歇根州的Benton Harbor就借此发了笔小财。然而，在20世纪晚期，这一模式被当时兴起的折扣店所削弱，后者又受到了互联网商业的挑战。原始积累或慢或快地消散。换句话说，假如政府不通过马特·雷德利在近来的英国历史中注意到的那类垄断和保护措施进行干预，暴利者的利润或快或慢都会被外在的供给转移所侵蚀。经济学家威廉·诺德豪斯（William Nordhaus）曾计算得出，当今的发明家和企业家能赚得的利润仅相当于其发明所创造的社会价值的2%。① 假如你是山姆·沃尔顿（Sam Walton），把条形码引入超市货架上摆放的商品，2%也足以让你个人赚一大笔钱。不过对于我们所有其他人来说，以2%的代价换来98%的收益，无论如何也太赚了。碎石铺就的大道、硫化橡胶、现代大学、结构混凝土和飞机所带来的社会收益，甚至惠及了我们中最穷的人们。

皮凯蒂，不相信供给方的反应，关注的是富豪们的这等极大罪恶，比如仅仅由于继承财富就能拥有七块劳力士手表。莉莉安·贝当古（Lillian Bettancourt），欧莱雅财富的继承人（英文版第440页），世界上第三富的女人，她“一生中从未工作过一天，却看着自己的财富增长得如比尔·盖茨的一样快”。哦，这就是皮凯蒂的全部伦理哲学。

澳大利亚经济学家杰佛雷·布伦南（Geoffrey Brennan）、戈登·孟奇斯（Gordon Menzies）和迈克尔·芒格（Michael Munger），先于皮凯蒂的巨著，在最近的一篇论文中提出了类似论点：财富继承一定恶化不平等的基尼系数，原因是“在人类历史上第一次出现这样的情况，即越富裕的父母越生育更少的孩子……即便财富增加的步伐不减，也会集中在越来越少的人手里”。② 富人

---

① Nordhaus (2004).

② Bnnan、Menzies and Munger (2013).

会把他们受过法语和数学强化教育的唯一的孩子送到悉尼文法学校，然后去哈佛大学。穷人则为了他们的好多个孩子倾尽本来就不多的家财。

不过，假如根据亚当·斯密所期望的“能惠及社会最底层的普遍富裕”，所有人都有机会受到良好的教育（这是一个伦理上合乎情理的社会政策目标，与降低基尼系数的主张不同，而且具有目标可以实现的额外优点），而且正变得越来越富的穷人也生育更少的孩子，就像意大利的情形那样，那么贫富继续分化的趋势就被削弱了。① 经济学家泰勒·科文（Tyler Cowen）还提醒我，低生育率也包括“零孩子”这种情况，正如即便在养育条件优越的皇室家庭也经常发生的那样。不存在的孩子，比如1737年佛罗伦萨大公吉安·加斯东·美第奇（Gian Gastone de' Medici）的孩子，不能继承财富。这时继承人会是第二代或第三代的众多堂兄弟姊妹。

而且，继承财富对子女的影响往往是削弱了他们的雄心抱负，正如我们每天都能在罗迪欧大道上目睹的那样。懒惰，或者另一种可能即能力平平，起着强大的平衡作用。皮凯蒂也不顾自己的观点而写道：“这样的时候总会到来，纨绔子弟败光了家庭财富”（英文版第451页），这正是英国法律中长达数百年之久的支持还是反对遗产继承的争论中的要点。想象一下，你在18岁品格还未成熟之时就拥有了1000万美元的财富。这将会是一个伦理灾难，正如经常发生在富豪的孩子们身上的那样。大富裕时期，我们这些已经脱贫的父母们更应该担心的是，我们的儿女们，尤其是孙子孙女们还有没有动力去努力成为经济学博士、认真的企业家或者严肃的慈善家。富人的孩子们不乏钻石手链，然而他们中的多数都不会为获得经济学博士学位而辛苦学习。何必如此呢？大卫·洛克菲勒（David Rockefeller）1940年在芝加哥大学拿到了博士学位，只是因为他的祖父非常幸运地将穷人的价值观传给了儿子小约翰，后来又传给了五个孙子（尽管没有传给他的一个孙女阿贝，她一生中从未工作过）。

皮凯蒂过分执迷于财富继承问题，而且他总是贬低企业家利润和让穷人变得富有的TTB。他重复了亚里士多德的观点，钱自身不会生钱，因此利息是不合常理的。在这一点上亚里士多德错了。与皮凯蒂的看法相反，通常情况下，且不论富人通过投资他们的财富给我们带来了价格更便宜的商品，钱财更多的人是借助（为了我们所有人的利益）更多的聪明才干才获得更多钱财的，比

① Smith（1776），第一本书第一章，第22页，第10段。

如获取博士学位、成为卓越的汽车制造商、优秀的恐怖小说作家、优秀的橄榄球员，或者如墨西哥的卡洛斯·斯利姆（世界上最富有的人之一，当然，其暴富或许离不开对墨西哥议会的贿赂）那样的卓越手机供应商。弗兰克·辛纳特拉（Frank Sinatra）比他的大部分粉丝都富有，这并不是伦理上的丑事。正如哲学家罗伯特·诺齐克（Robert Nozick）（皮凯蒂引用约翰·罗尔斯而不是罗尔斯的对手诺齐克）借用张伯伦（Wilt Chamberlain）的例子所说的，假如我们为了从精明的CEO或有天赋的运动员那里得到好处而自愿付费，这在伦理上根本没有问题。辛纳特拉、杰米·戴蒙（Jamie Dimon）和张伯伦等人所获得的超高收入得益于全球化和机械复制时代更广阔的市场，而非偷窃。在少数富裕国家（我们记得，皮凯蒂发现的只有加拿大、美国和英国）出现富人和穷人之间正在扩大的工资不平等，据他所说，主要是由“工资等级中的顶端群体——尤其是大企业的高管们——超高薪水的出现”造成的。注意，这个现象与 $r > g$ 无关。

* * * *

在皮凯蒂的论证中，技术缺陷也无处不在。只要你去挖掘，就不难找到。让我列举一下我自己发现的问题吧。据我所知，其他经济学家发现了更多的缺陷。只要 Google 一下“Piketty”就知道了。我没有借助 Google，因为我不打算简单地堆砌。我尊重他试图达成的目的，因此他理应从我这里获得独立的评价。

例如，一个大的缺陷是，皮凯蒂对财富的定义不包括工人所拥有的人力资本，而人力资本在富裕国家已经成为收入的主要来源，尤其因为人力资本与19世纪以来在知识和社会习惯方面的极大资本积累的结合，后者每个人都可以获准拥有。所以说，他辛苦收集和制作的关于资本/产出比的图表是错误的，其中的资本只是物质资本和私人资本。这些图表遗漏了现代世界中的一种主要资本形式。更关键的是，皮凯蒂坚持将资本界定为几乎总是被富人拥有的某种东西，他搞错了收入的来源，收入主要来源于被具体体现出来的人的才智，而不是积累起来的机器和被占用的土地。他在英文版第46页神秘兮兮地写道：“有许多原因让我们在资本的定义中排除了人力资本。”可是他只提了一项，即“人力资本不能被任何其他人所拥有”。人力资本确实只能属于工人自己。皮凯蒂没有解释，为什么不允许转让的洛克式的自身所有权就不能被称为所有权。假如我拥有一块土地且精耕细作，同时法律规定不允许转让（某些集体主义的法律就这样规定)，为什么它不能算作资本？毫无疑问，人力资本是一种“资本”，它通过节制消费而得以积累，它会贬值，它获得由市场决定的收益率，也会因为创造性的破坏而被淘汰。

当然，曾几何时，世界很接近皮凯蒂的没有人力资本的世界，那是李嘉图和马克思笔下的世界，其中工人只拥有他们的双手和腰板，而老板和地主们拥有一切其他的生产资料。然而，自1848年以来世界被人的头脑改变了。皮凯蒂在这部书中将人力资本排除在资本之外的唯一原因，似乎是想强行得出他想得到的结论，即不平等程度已经上升，或将要上升，或可能要上升，或令人担忧。第7章有一个小标题声称“资本的分配总是比劳动力的分配更不平等”。其实不然。假如将人力资本包括在内，比如普通工厂工人的文化知识、护士源自教育的技能、职业经理人对复杂系统的把握，以及经济学家对供给方的反应的理解，根据正确的会计核算，如今工人们自己拥有一个国家的大部分资本，自1848年以来皮凯蒂的论述就已经失效了。

由于皮凯蒂这部著作中的“解决方案”部分提出了加强教育和其他人力资本投资的建议，他在著作的“问题”部分忽视人力资本就更加奇怪了。他关注的是提高那些没有被政府项目所雇用的工人的边际产出，而不是通过纠正首先导致失业的政策扭曲来帮助他们，在这一点上他和大部分左派学者一样，尤其是那些大学教授们。比如在南非，左派们建议政府通过改善南非失业人员的教育，来解决由同一个政府通过提高最低工资标准和实施压迫性管制所造成的失业问题。对于改善教育，无论是左派、右派还是自由至上主义者，没有人会表示不满，尤其是假如像天上掉馅饼一样不存在机会成本，尽管软心肠的自由至上主义者会建议通过其他途径来实现这一目标，而不是将更多的钱投入负责提供基础教育的运行糟糕的国有教育行业或基本上优待富人而不是穷人的高等教育体系（法国的高等教育体制尤为明显，为更具素养的富裕家庭的学生提供通往统治阶层的免费教育通道）。无论如何，借助动听的“我们爱教育”的呼声，左派就可以不去面对南非失业问题的明显原因，即得到了南非工会支持的僵化的劳动力市场体系和其他管制，倒霉的是住在落后的夸祖鲁—纳塔尔省（KwaZulu - Natal）的小屋里拿着少量收入补贴的可怜而又贫穷的失业黑人。

皮凯蒂的著作也不乏很好的、有趣的、技术性的经济学观点。比如他在第14章提出了一个有意思的理论，即如今我们在英国尤其在美国看到的高管人员的高薪，是边际所得税率从1930—1970年间的高水平大幅下降的结果。在往昔风平浪静的年代，高管们给自己支付高薪是不明智的，因为在每月的15日都会被政府拿走。皮凯蒂大概认为，一旦消除这项负面的激励，经理们就能利用公司薪酬委员会成员们与人为善的性格弱点给他们大幅加薪。于是皮凯蒂建议恢复高达80%的边际税率（英文版第513页）。可是，等一下。从技术上来说，假如基于伦理上的理由我们不喜欢高管的高薪酬，为什么不通过立法直接禁止，或者说运用更具针对性的工具而不是对经济的重度干预来杜绝？或者，为什么不通过令执行和薪酬委员会蒙羞的方法？对此，皮凯蒂没有说明。

* * * *

不过，这本书在技术上的根本问题是，经济学家皮凯蒂没能理解供给方的反应。与他作为一名左派经济学家的立场一致，他对市场如何运行的理解是模糊的、矛盾的，尤其是关于供给方对价格上涨的反应方式。假如他想得出关于“以私有财产为基础的自由市场经济”的悲观结论，就最好要理解，关于“以私有财产为基础的自由市场经济”究竟如何运行，最基本的经济学到底是怎么说的，对此，那些学得足够多因而能理解的人都达成了一致看法。

皮凯蒂欠缺经济学教育的惊人证据在第6页就暴露无遗。他一开始看似对他的新古典派经济学对手做出了让步（我再重复一次，他是一个自豪的古典主义者，如同李嘉图加马克思）。“当然，理论上存在一个相当简单的经济机制，可以在这个过程（这里是导向李嘉图式末日的石油价格和城市土地价格不断上涨的过程）中恢复均衡状态：需求和供给机制。假如某种商品供给不足，价格过高，*那么对该商品的需求就会减少，这将导致其价格的下降*。”我标上的斜体字部分显然混淆了“沿着需求曲线的移动”与“整条曲线的移动”，这是第一学期的大学经济学课上会出现的错误。正确的分析（我们大约会在大学第一学年、第一学期的第四周给学生讲述）应该是，假如价格“过高”的话，恢复均衡的并不是整个需求曲线（尽管在短期内高价格会促使人们通过少用汽车或减少居住面积来节省汽油或城市土地，沿着否则就不会变化的需求曲线向上移动），而是最终供给曲线的向外移动。供给曲线之所以外移，是因为在中期和长期（这里采用马歇尔的定义），超常利润吸引了新进入者。人们发现了新的油田，建成了新的炼油厂，定居在新的郊外，开发了新储备的城市土地，正如事实上在1973年以后大规模发生的那样，除非政府限制石油开采（通常是基于环境保护的理由）和高层建筑（通常基于腐败的考虑）。

记住，皮凯蒂没有意识到，高价格导致不久后供给曲线的向外移动；他认为高价格会导致需求曲线向内移动，从而造成稀有物品（石油或城市土地等）的“价格下跌”。于是，皮凯蒂继续写道：“这种调整可能令人不快或太过复杂。”为了表达他对价格体系日常运作的轻蔑，他滑稽地想象“人们应该骑自行车出行”。排除了供给方的反应，发生在给定需求曲线或神秘地向内移动的需求曲线上的情况“可能会持续几十年，在此期间地主们和油田的所有者们对其他人的债权会越积越大”（这里需求曲线却向外移动了，出于某种原因要比供给曲线向外移动的速度更快），“（债权）如此广泛，以至于他们可以轻松拥有一切可以被拥有的东西，包括”，他再次提到那个滑稽的替代品，“自行车，而且一旦拥有就永远拥有下去”。在“屠杀”了关于进入和供给替代的基础分析（毕竟这就是实际发生的世界经济史）之后，他提到了“卡塔尔的酋长”，作为未来的那些自行车的永远的拥有者。他的这些措辞一定是近年来在加拿大和美国石油与天然气的迅猛开采之前写的吧。总之，他以典型的在第三周的基础经济学课上聪明的第一学年学生的风格，犯下了不少对富人很友好的新古典经济学家也常犯的愚蠢错误，之后，他成功地总结道：“供给和需求的相互影响绝没有排除如下可能性：特定相对价格的极端变化将导致巨大而持久的财富分配差异。这就是李嘉图的稀缺原理。”①

我对这段话感到非常震惊，于是查阅法文原版，努力运用我那点可怜的法语来确定这是不是英文翻译的错误。出于善意的阅读，一开始可能认为这是翻译的问题，哦！的确太善意了，因为我终究还是在法语版中读到了类似的毫无道理的话，比如“于是对该商品的需求（整条需求曲线?）就会减少”（*alors la demande pour ce bien doit baisser*）。皮凯蒂的英语比我的法语好多了，他曾经在麻省理工学院教了几年学，接受采访的时候能说颇有素养的英语。假如他默认 Arthur Goldhammer（数学博士，1979 年以来翻译的法语著作多达 75 本，尽管这是他翻译的第一本技术性的经济学著作）的翻译中那样毫无道理的段落，我们就不得不认为，他自以为这就是很好的经济学，对那些认为稀缺程度提高会导致供给曲线外移的母语为英语或德语的愚蠢经济学家，提出了尖锐而又决定性的批评。

---

① Piketty（2014），第 6—7 页。

那个段落中剩下的文字也不支持善意的阅读。剩余部分的翻译无可争议，表达了皮凯蒂显然持有的意见：在供给和需求的互动中，供给方的反应无足轻重，而且无论如何都令人不快或过于复杂。可是，国家以税收形式拿走了国民收入的更大部分，并且伴随着低效率；或者国家鼓励人们摈弃资本主义所有权，以支持“新的治理形式及介于私人所有和公共所有之间的分享所有权”（英文版第573页），而且伴随着腐败和不透明的规则，这些难道不会更令人不快吗？

看来，皮凯蒂没有读懂他所蔑视的诸多经济学家所论述的供给和需求理论，比如斯密（英文版第9页上有轻蔑的评论）、萨伊（在一个尾注中将他与斯密一道视为乐观派）、巴斯夏（没有提到）、瓦尔拉（没有提到）、门格尔（没有提到）、马歇尔（没有提到）、米塞斯（没有提到）、哈耶克（在一处注释中引证了他，及另外的问题）和弗里德曼（英文版第548—549页，仅涉及货币主义而不是价格机制）。简而言之，皮凯蒂没有资格蔑视可以自我调节的市场（比如英文版第572页），因为他还不理解市场是如何运行的。这就像有人在还不理解自然选择或高尔顿—沃森过程或现代遗传学的情况下，就抨击达尔文的进化论（相当于经济学家运用的自调节市场中的进入和退出理论，即供给方的反应，其早期版本曾经启发了达尔文）一样。

在某种意义上，这不是他的错。他在法国接受了教育，而法国的经济学教育风格是抽象的、笛卡尔式的、从不讲授人们可以用以理解1973年以来至今的石油市场的基本价格理论，正是针对这种风格，法国的经济学学生发起了名称不算贴切的后自闭经济学运动（Post - Autistic Economics movement）。① 正是由于供给方的反应，石油的实际价格自1980年以来已经下跌了，可在保罗·埃利希（Paul Ehrlich）这类非经济学家的书《人口爆炸》（1968年）中，或者不懂基本经济学的经济学家那里——从来都要考虑供方反应导致的价格变化。

说得深一点，皮凯蒂的结构化思维方式（structural thinking）是左派学者和那些对经济问题发表见解的物理学家和生物学家们在思考经济问题时的典型特征。这也是为什么在半个世纪以前《科学美国人》杂志喜欢投入产出分析，

---

① 另一方面，启发了这场运动的法国经济学家伯纳德·盖里安（Bernard Guerrien）对基础经济学的认识也有他自己的问题。参见McCloskey（2006b）。

并定期发表物理学家和生物学家论证环境固定系数的一些文章。这些非经济科学家宣称："我们发现了实际存在的这样或那样的结构，能说明现有的计算范围（accounting magnitudes），比如说已知的石油储量。"可是，他们忽略了寻找新油田也是一项经济活动；他们测算需求增加（需求数量的增加，没有与整条需求曲线的移动区别开）的后果，却假设不存在替代品、对价格不存在沿着需求曲线的反应、供给对价格没有反应以及不存在看得见的或看不见的后续行动，比如企业家对更大的稀缺程度的反应。这就是 19 世纪中期马克思的科学研究方法，皮凯蒂仍然遵循这种方法。

* * * *

在经济学的技术问题之外，这本书中根本的伦理问题是，皮凯蒂没有反思为什么不平等本身就是坏的。在安东尼·特罗洛普（anthony trollope）的政治小说《费尼斯·芬恩》（*Phineas Finn*）（1867—1868）中，自由派夫人帕里赛（Glencora Palliser）宣扬"我们要实现全面的男女平等。我认为这是我们的政治理论的要旨"，她反对保守派的等级和特权观念。然而，小说中的激进分子之一，与科布登—布莱特—穆勒（Cobden - Bright - Mill）① 一脉相承的约舒亚·蒙克（Joshua Monk）把这个伦理问题看得更清楚，他认为"平等是一个丑恶的词，它令人恐惧"，确实，长期以来"平等"让英国的政治阶层非常恐惧，又被不加节制的法国平等宣言和美国平等主义（对于男性、异性恋者、白人、英国人、中年人、非移民、新英格兰人、主流新教徒的平等）所伤害。蒙克继续说，真正的自由派的动机，不应该是平等，而是"每一个诚实可敬的人都希望帮助那些活得不如自己的人"。② 坚持自由至上的自由派芒克（如当时的理查德·科布登、约翰·布莱特、约翰·斯图亚特·穆勒、当时法国的巴斯夏③、我们当代的哈耶克和弗里德曼或者如《绝望主妇》一剧中的凯伦·

---

① 分别为英国国政治家理查德·科布登（Richard，Cobden，1804—1865）。他被称为"自由贸易之使徒"（Apostle of Free Trade），当时英国自由贸易政策的主要推动者。他领导一群商人成立了反谷物法联盟（1839 年），最终成功促使国会在 1846 年废除《谷物法》（规定谷物价格和供应的法律）。英国激进的自由派政治家约翰·布莱特（John Bright，1811—1889），当时英国自由贸易政策的主要支持者和推动者。他和科布登都致力于废除《谷物法》。英国著名哲学家和经济学家约翰·斯图亚特·穆勒（John Stuart Mill，1806—1873）。——编者注

② Trollope（1867—1869），第 1 卷，第 126 页、第 128 页。

③ 弗雷德里克·巴斯夏（Frédéric Bastiat，1801—1850）是 19 世纪法国的古典自由主义理论家、政治经济学家，以及法国立法议会的议员。——编者注

麦克劳斯基）认为，这个伦理目标不应该通过直接的收入再分配方案、管制或工会组织来实现，而要通过自由贸易、以税收为支撑的义务教育以及女性的财产权来实现。最终，这个目标是通过大富裕实现的，后者从 19 世纪晚期开始先是推动了欧洲、后来波及世界范围的实际工资水平的迅速上涨。

通过大富裕而不是收入再分配，穷人的绝对生活状况才实现了改善。经济史学家伊恩·加塞利（Ian Gazeley）和安德鲁·纽厄尔（Andrew Newell）在 2010 年写道："英国工人家庭中绝对贫困的几近消除发生在 1904—1937 年间。"他们表明，"工人家庭中严重贫困的消除在 30 年代晚期就基本完成了，远在福利国家制度被确立之前"。他们的图 2 展示了 1886 年、1906 年、1938 年和 1960 年以 1886 年的价格水平为基准的收入分配状况，从中可以看出英国工人贫困线（大约每周 1 英镑）的消失。①

当然，一位超级富婆花 4 万美元购买一块手表是够恼人的，从伦理上说，这项购买行为令人反感。她着实应该感到羞愧，她最好把她超出足够舒适水平（比如两辆汽车而不是二十辆，两栋房子而不是七栋，一艘游艇而不是五艘）的收入捐给有效率的慈善机构。安德鲁·卡内基（Andrew Carnegie）在 1889 年提出了一项原则，说"一个作为富翁而死去的人，死得不光彩"。② 卡内基捐出了他的全部财富（当然，他是在临死时捐的，此前他在其家乡苏格兰拥有一座城堡和其他奢侈的享受）。但是，很多富人以不光彩的方式死去并不意味着政府应该施加干预。人们以各种各样的方式不光彩地行动。假如这个不堪的社会统治者被赋予保证我们所有人都完成高尚的任务，那么政府必然会把我们的全部生活置于父亲般的监护之下，这样的噩梦就在 1989 年前的东德和现在的朝鲜上演。

有人可能像皮凯蒂一样争辩说，增长靠的是资本积累，而不是新的思想体系及其所鼓励的思想创新，更不是支持这种思想体系的伦理学。可是，与许多美国的高度自由派（High Liberals）、欧洲的马克思主义者和任何地方的保守派一样，皮凯蒂恰恰为现代高管们的道德姿态而恼怒。他写道，为了给他们经济上的成功提供理由，老板们总是"首先强调他们的个人美德和道德品质，在回答调查时拿严谨、耐心、工作、努力以及宽容、和善等术语来描述"。③ 正

① Gazeley and Newell（2010），摘要、第 19 页、第 17 页图 2。

② Carnegie（1889）.

③ Piketty（2014），第 418 页。

如经济学家唐纳德·布德罗（Donald Boudreaux）所说："皮凯蒂更倾向于接受保守派作家简·奥斯汀和巴尔扎克小说中的主人公们对超级财富的（在他看来）更诚实的辩护，即获取如此多的财富是为了过上舒适的生活，没有别的。不要提19世纪早期的富翁及其太太们的自我颂扬和寻求心理安慰的自圆其说！"① 皮凯蒂站在兼具保守和进步倾向的高度嘲讽道："奥斯汀和巴尔扎克小说中的男女主人公们从未觉得有必要把他们的个人品质与他们的仆人进行比较。"对此，布德罗回应道："的确，资产阶级的品德在19世纪早期远没有像后来那样受到广泛赞誉和钦佩。我们应该感到高兴的是，今天的高薪工人也炫耀他们的资产阶级习性和品德，是的，人们！他们明白，具备这样的品德并通过行为体现出来，理应受人尊敬。"

农民、无产者及其左派知识分子中的支持者们所信奉的财富思想是，应得的财富不能源于运气或盗窃。而贵族及其右派知识分子中的拥护者们所信奉的财富思想是，继承来的财富是理所当然的，无论这样的财富源于很久以前的运气还是盗窃，我们这样生来的贵族当然要继承，根本无须让自己更心安理得的理由。资产阶级及其自由派经济学家中的朋友们所信奉的财富思想是，在不借助暴力强制的前提下，通过提供人们愿意购买的东西而获得的财富，才是应得的。

资产阶级的品德无疑被夸大了，尤其被资产阶级夸大，有时还被资产阶级的友人们所夸大。不过，对于我们所有其他人来说，吹捧品德的后果一直都不算太坏。回想一下表现资产阶级生活的先锋戏剧家易卜生晚期的戏剧。在《玩偶之家》（*A Doll House*，1878）中，银行经理赫尔默（Helmer）把一位被发现伪造证据的职员描述为"道德上失足了"，发生了"道德上的崩坏"。②在整个戏剧中，赫尔默的言辞充斥着"维多利亚式"的道德修辞。然而，言辞中同样充斥着道德色彩的娜拉，赫尔默的妻子，犯了与那位职员一样的罪，尽管她是为了挽救丈夫的性命而犯下的，不像赫尔默那样只为获得不道德的利益。在戏剧的结尾，她离开了赫尔默，在1878年的挪威资产阶级社会中这是令人震惊的举动，原因是她突然意识到，假如赫尔默知道了她的罪行，就不会依据仁爱伦理来保护她免受原本为了爱而不是利益作伪证的后果。讲伦理的资产阶

① Boudreaux（2014），私人通信。

② Ibsen（1879），第132页。

级承担着复杂的义务，这是1876年之后易卜生在所有戏剧中一直探究的主题，后来阿瑟·米勒（Arthur Miller）的戏剧也是如此。资产阶级持续不断地言说品德，有时也实现了它。

与皮凯蒂对资产阶级的品德持轻蔑态度相反，我却认为，现代世界的原初动力和可持续动力在性质上的确是伦理的，而非物质的。①它们是越来越被广泛接受的两个理念：一是对普通人而言的关于自由主义的新的自由派经济理念，二是同样对普通人来说的民主社会的尊严理念。这两个联系在一起的荒谬的道德理念——同时适用于两者的一个词是有尊严的和法律面前的“平等”——引发了不时发生的社会改良。不应该像法国启蒙运动的某些思想家那样，把“平等”这个词理解为物质结果上的平等。左派和右派如今在他们的争论中往往不加反思地采用法国式的平等定义。“平等”的一个更根本的定义是，不管街道搬运工还是道德哲学家都持有的平等主义观念，把苏格兰人从教条主义睡梦中唤醒的苏格兰启蒙运动所鼓吹的也是这一平等观。② 道德哲学家亚当·斯密是平等主义理念的先驱之一，他把这个苏格兰式的理念描述为“根据平等、自由和正义的自由主义方案，允许每个人以自己的方式追求自己的利益。”③

历史已经表明，以不自由的方式强制推行法国式的收入平等，比如剥夺富人、嫉妒富人的绫罗绸缎、设想共享收入能给穷人带来共享一块比萨那样的快乐、把穷人视为需要知识分子和专家来提醒或敦促的不高兴的孩子，往往要付出破坏自由和延缓进步的高昂代价。

假如遵循斯密式的自由主义，一个自由且富裕的社会能造就法国式的、皮凯蒂式的平等，那当然是好事。可事实上，这也只是令皮凯蒂在内的一些人吃惊的陈旧消息了，从伦理上的相关标准来看，这样的自由社会大致上只是保证了基本人权以及在医疗、住房和教育等方面的基本舒适度，这要归功于自由主义和苏格兰式的方案。苏格兰方案的引入，就像在中国香港、挪威和法国那样，通常都带来了惊人的进步和真实的收入平等，穷人也拥有了先前的富人也

---

① McCloskey（即将出版）。

② Peart and Levy（2008）。柏林洪堡大学的 Kim Priemel 对我提出建议，将“平等”放置在苏格兰概念中会更好，但是我不想轻易妥协于有争议的概念，如法国的“平等”。的确，从最初革命性的角度来说，尽管我将它归于“法国”，但这一概念更有苏格兰的味道。

③ Smith（1776），第 IV 卷，第 ix 章，第 664 页。

不曾享有的汽车和冷热自来水，并且获得了先前除了富人所有人都没有的政治权利和社会尊严。

在最近几十年中，即使在高度发达的国家，普通人的实际收入也没有发生完全的停滞。你会听到“工资扁平化”或“中产阶级在萎缩”这样的言论。可是你也应该知道，对于报纸上所说的，不能全都信以为真。当然，这并不是说，在美国这样的富裕国家里，任何人都有技能、不吸毒、得到了良好的养育、不会受到歧视或不会遭遇重大不幸。乔治·帕克（George Packer）2013 年的新作《解密：新美国秘史》（*The Unwinding: An Inner History of the New America*）和芭芭拉·埃伦赖希（Barbara Ehrenreich）2001 年的《一贫如洗》（*Nickel and Dimed: On [Not] Getting By in America*）延续了漫长而杰出的传统，给资产阶级讲述穷人的生活，这个传统可以回溯至詹姆斯·艾吉（James Age）和沃克·埃文斯（Walker Evans）的《现在让我们赞美名人》（*Let Us Now Praise Famous Men*, 1944）、乔治·奥威尔（George Orwell）的《通往威根码头之路》（*The Road to Wigan Pier*, 1937）、杰克·伦敦（Jack London）的《深渊中的人们》（*The People of the Abyss*, 1903）、雅各布·里斯（Jacob Riis）的《另一半人怎么生活》（*How the Other Half Lives: Studies among the Tenements of New York*, 1890）和弗里德里希·恩格斯（Friedrich Engels）的《英国工人阶级状况》（*The Condition of the Working Class in England*, 1845）。这些著述都没有捏造事实。任何人读过这些书，都很难继续对另一半人的生活安之若素。不少小说以虚构的形式震撼了读者，斯坦贝克的《愤怒的葡萄》（1939）、法雷尔的《斯塔兹·朗尼根》（1932—1935）、赖特的《土生子》（1940）或欧洲作家左拉的《萌芽》（1885），很多人因为读了这些书而成了社会主义者。这样的震撼是有益的。据说，身为贵族后裔的温斯顿·丘吉尔相信，大部分英国穷人都生活在铺满鲜花的村舍中。醒来吧！温斯顿。

但是醒来并不意味着绝望，或者必须引入一些并不能真正帮到穷人的错误政策，或者建议直接推翻体制，因为正是这个体制从长期来看使穷人变富，或无论如何都比其他历史上曾经尝试过的体制更好地改善了穷人的生活。由“资本主义”的体制的幸存者对“受害者”的内疚所激发的“廉价”义愤，以及对富人的愚蠢消费的嫉妒气恼，是从来不能改善穷人生活状况的。“穷人仍然存在”或“有些人比其他人更有权势”这类评论，尽管让说话者占据了道德高地，可是既不深刻也不聪明。重复这样的话，或者在听到这样的话时自以为聪明地点头称是，或者买来皮凯蒂的书摆在咖啡桌上，并不表明你是一个好人。只有当你真的帮助了穷人时，你才是一个好人。比如开一家公司，发放一笔穷人负担得起的抵押贷款，发明一种新电池，为更好的学校投票，收养巴基斯坦的孤儿，周六早上在教会做义工，支持最低收入，反对最低工资标准等。相反，提出一些实际上减少了穷人工作机会的错误政策，或者在读完《纽约时报》周末版后向你的丈夫打抱不平，并不能真正帮助穷人。

事实上，美国的经济和社会并没有涣散，人们的生活比以前更好。艾吉和埃文斯的书中描述的对象，亚拉巴马州黑尔（Hale）县的佃农家庭的孩子们，尽管一直受到老一代家庭成员的抱怨，但现在生活得很好，他们有工作，子女们都上了大学。① 即使长期中仍然存在一些穷人，也并不意味着这个体制没有惠及穷人，只要他们的状况在持续改善（与报纸上的故事和悲观的书籍中的描述相反，事实的确如此），只要极度贫困的人口比重正在逼近零（事实也是这样）。有人仍可能在医院死去，可并不意味着医药应该被巫医取代，只要死亡率一直在不断下降。

贫困率确实在下降，甚至在近些年，甚至在早已经富了的国家。假如收入被正确测度以包含工作条件的改善、教育年限的延长、更好的健康服务、更长的退休年数、更多的贫困补贴以及最首要的大量商品的质量提高，穷人的实际收入水平一直在上升，尽管上升速度比20世纪50年代（大萧条和世界大战的灾难性时代之后）要慢一些。② 经济学家安格斯·迪顿（Angus Deaton）提到，“一旦重建结束（可以说，在1970年），新的经济增长必然要依赖于发明和应用新的做事方式，而开垦处女地总比重新耕种旧地更困难。”③ 世上的穷人却无须为增长付费。经济学家夏威尔·萨拉－伊－马丁（Xavier Sala－i－Martin）和马克西姆·皮科诺夫斯基（Maxim Pinkovsky）基于对个体收入分配的详细研究（而不是在国与国之间进行收入分配的比较）报告说：“世界范围内的贫困率正在下降。在1970—2006年间，全球贫困率（绝对指标）已经下降了近3/4。每天收入不足1美元（以2000年为基准，经过购买力平价调整）的人口比

① Whiford (2005).

② Boudreaux and Perry (2013).

③ Deaton (2013a).

例从1970年的26.8%下降为2006年的5.4%。”①

究竟什么是不平等？思考一下皮凯蒂全力以赴来对待的这个问题是非常重要的。物质资本以及人们所拥有的物质资本索取权是不平等的，当然养老金之类的权益可以在一定程度上加以弥补。来自一个国家的资本存量的大部分收益属于富人的收入，尤其是皮凯蒂最为忧虑的继承了财富的人。然而，假如资本被更全面地测度以包括重要性日益增加的人力资本（如工程学位）和公共拥有的资本（如公园和现代知识），那么源于资本收益的收入不平等程度就比物质资本索取权的不平等程度小得多。

进一步，消费享受的不平等程度要比得到正确测度的收入不平等程度更低。你或许以为，从享受上说，拥有七栋房子的富人要比只有一栋的穷人多6倍。当然不是这样的，因为在同一时间内她只能住一栋房子，穿一双鞋子，如此等等。躺在大首饰盒里一直没戴的钻石项链是一件不光彩的事，因为她本可以把她上一季在戛纳愚蠢地花费在珠宝上的钱财用来支付莫桑比克的上千家庭一年的学费。她应该为这样的奢靡消费而感到羞愧。这是一个重要的伦理问题，假如不是公共议题的话。但是无论如何，这种开支并没有增加她的实际有用的消费。

再进一步，更关键的是，如今基本能力（basic capabilities）或必需品的消费要比其他消费（比如收入、资本或金融财富）平等得多，并且会随着各个国家富裕程度的继续提升变得越来越平等。所以说，经济增长在其消费方面更加平等，尤其是必需品的消费，无论这一过程中积累的财富和赚得的收入多么不平等。正如美国经济学家约翰·贝茨·克拉克（John Bates Clark）在1901年所预测的那样，“普通劳动者的工资会从一天1美元增加到2美元，再从2美元增加到4美元，从4美元增加到8美元（依据人均实际收入，这个估算一直到2012年都是正确的，尽管不能把1901年以来商品和服务质量的巨大提高考虑在内）。这样的增长对普通工人的意义要远远大于任何幅度的资本增加对富人的意义……这样的变化将导致整个社会在生活舒适度方面不断趋近平等”。②

2013年，经济学家唐纳德·布德罗（Donald Boudreaux）和马克·派瑞

---

① Sala－i－Martin and Pinovsky（2010），Sala－i－Martin（2006）。“调整后的PPP”是指当地价格相较于美元的实际购买力平价，它是汇率法（容易受金融波动的影响）的一个改进。

② Clark（1901）.

(Mark Perry) 说:“根据美国经济分析局 (Bureau of Economic Analysis) 的数据，现代生活的基本消费——家庭用餐、汽车、衣服和鞋子、家具和家用设备、房屋和设施——的家庭支出占家庭可支配收入的比重从 1950 年的 53% 下降为 1970 年的 44%，再下降到现在的 32%。”这也是经济史学家罗伯特·福格尔 (Robert Fogel) 1999 年提出的涉及更长时期的观点。① 经济学家斯蒂芬·霍维茨 (Steven Horwitz) 统计了购买一台彩电或一辆汽车所需的劳动小时数，指出“这些数据不能反映出产品质量的变化……1973 年的电视最大 25 英寸，分辨率很差，或许没有遥控器，声音也不大，与 2013 年的电视不能相提并论……在 20 世纪 70 年代驾车 10 万英里外出是一件值得庆祝的事，而在今天驾车外出不足 10 万英里就让人以为你买的是二手车。”②

在美国，穷人也没有越来越穷。霍维茨观察到:“各种消费数据，从统计局关于穷人家里拥有什么的调查到购买多种消费品所需要的劳动时长，都表明美国穷人的生活状况比以往都好。事实上，从这些测度看，今天的美国穷人比 20 世纪 70 年代的中产阶级生活得更好。”③ 在 1976 年夏天，芝加哥大学经济系一位副教授的公寓里还没有空调。④如今很多非常穷的芝加哥人都有了空调。1995 年 7 月芝加哥发生的恐怖热浪使 700 多人丧命，多是低收入者。⑤在空调还未普及的年代，发生于 1936 年和 1938 年的热浪袭击使更多的人丧了命。⑥

* * * *

政治科学家和公共知识分子罗伯特·赖克 (Robert Reich) 认为，我们仍要警惕以基尼系数衡量的收入不平等，而不把全部精力用于改善穷人的绝对生活状况。他声称:“不平等的加剧将使这个国家关于机会平等的核心理念受到质疑，还妨碍了社会的向上流动性。因为社会等级的阶梯现在更长了，底部和最高阶之间以及每两个阶层之间的距离更大了，于是假如你向上攀爬的速度跟

---

① Fogel (1999).

② Horwitz (2013)，第 11 页。

③ Horwitz (2013)，第 2 页。

④ Horwitz (2013)。文中表 4 给出了拥有家用电器的贫困家庭占比: 1971 年拥有空调的家庭占到 32%，2005 年这一比重为 86%。

⑤ Klinenberg (2003)。2003 年发生的热浪袭击使不安空调的法国丧命人数达 14800 人，全欧洲有 70000 人死于这场热浪袭击。

⑥ Berrec 等人 (2013) 的研究发现，在热浪袭击时，美国的空调系统大大降低了超额死亡率。

以往一样，那么进步就比以往小了。”①其实赖克错了。霍维茨总结了茱莉亚·伊萨克斯（Julia Isaacs）关于1969—2005年间个体的（社会纵向）流动性的研究：“1969年时收入底端20%的家庭的孩子，在2000年时，有82%的人实际收入超过了他们的父母在1969年的收入。1969年穷人的孩子们的实际收入中值是其父母收入中值的2倍”。②毫无疑问，1937年的英国煤矿工人的子女和孙子女们要比其父母或祖父母们生活得好很多（在奥威尔的笔下，这些煤矿工人弯着腰在地下穿行1公里多，才到达煤炭采掘点，从那里才开始计算劳动薪酬）。同样毫无疑问的是，加利福尼亚州风沙侵蚀区的难民的子女和孙子女们也是如此。斯坦贝克在小说《愤怒的葡萄》中记录了这些难民们最糟糕、最恐怖的经历。事实上，几年之后这些流浪的求职者就在军工产业中找到了工作，他们的子女中有不少人还上了大学，其中有人还成了认为穷人正变得更穷的大学教授。

谈论贫困的通常方式，尤其是左派，总离不开收入分配的百分比，紧紧盯着相对意义上的“贫困线”。然而，正如进步的澳大利亚经济学家皮特·桑德斯（Peter Saunders）所说，这种对贫困的定义“每当实际收入（因而贫困线）上升时就自动地向上移动”。③我们之中总是有穷人，不过仅仅是这种定义的结果，与心理学上的乌比冈湖效应相反，即不可能所有的孩子都在平均水平以上，在任何统计分布中总有底部1/5或1/10。

哲学家哈里·法兰克福（Harry Frankfurt）多年前说过：“相比确定一个人需要多少收入才能足够生活，按照贫困线或基尼系数方法计算平等收入份额的大小要容易多了。”比如，将GDP除以人口数量，然后愤愤不平地报告说，有些人赚的钱太多，或无论如何得到的太多。④这是校园里的简化伦理学，或者说如同切比萨饼，大喊“这不公平”。可是，法兰克福还认为，不平等自身无关伦理：“经济平等自身没有特别的道德重要性。”从伦理上说，我们希望以蒙克的方式，帮助穷人提高收入水平以足够他们在民主社会中正常生活，而且活出丰满的人生。至于穷人是否拥有与对冲基金所有者同样多的钻石项链和保时捷汽车，在伦理上并不重要。不过，的确重要的是，他们是否有同等的机会

---

① Reich（2014）.

② Isaacs（2007），转引自Horwitz（2013），第7页。

③ Saunders（2013），第214页。

④ Frankfurt（1987），第23—24页。

去投票、受教育和拥有自己的住房。美国伊利诺伊州1970年的宪法就混淆了工人阶层的生活状况和贫富差距，在序文中宣称要“消除贫困和不平等”。① 我们最好聚焦于我们实际上想要实现的东西，即平等的基本生存和尊严，消除贫困，或者经济学家阿玛蒂亚·森（Amartya Sen）和哲学家玛莎·努斯鲍姆（Martha Nussbaum）所说的“确保有足够的生存能力”（insuring adequate capabilities）。基尼系数的大小或者最低10%人群的收入份额与高尚不相干，与“让穷人的生活有尊严”（即法兰克福所说的“足够”）这样的伦理上重要的目标也不相干。

多数关于不平等的经济学研究都在这个简单的伦理问题上失足了，它们关注的是对相对不平等的测度（比如基尼系数或顶层1%群体的收入份额），而不是对穷人的绝对福利水平的测度，聚焦于不平等而非贫困。在谈到哲学家罗纳德·德沃金（Ronald Dworkin）的平等主义的时候，法兰克福发现，在伦理上，德沃金实际上“主要关心的是人们生活的（绝对）价值，可他错误地把自己表现为主要关心人们的经济资产的相对富裕程度”。② 皮凯蒂自己也几乎不关心“最不富裕者”（英文版第577页，该书最后一句话的最后一个术语，尽管他的确在书中偶尔提到过，如在英文版第480页）。

换句话说，德沃金、皮凯蒂和多数左派忽视了自由主义者蒙克所说的消除贫穷这个伦理问题。如何消除贫穷，通过收入再分配？通过钻石项链的平均拥有？不！通过做大蛋糕。通过后一种途径，90%或95%的穷人已经脱贫；通过前一种途径，在没有做大蛋糕的情况下，只有10%或5%的穷人摆脱了贫穷。经济史学家罗伯特·马戈（Robert Margo，1993）指出，在1964年美国民权法案颁布之前，由于歧视，“黑人不可能得到高薪的白领工作”。可是，通过自己的努力，非洲裔美国人已经做好了当机会来临时胜任这类工作的准备。“黑人中产阶级将成功大部分归功于自己”，也归功于他们置身其中的受教育程度和生产率不断提高的社会。“回到民权运动前夕，假如黑人劳动力与当初林肯解放奴隶的时候一样没有文化、在农村过着赤贫的生活，而且还只是南方人，那会是怎样呢……黑人中产阶级能发展到今天这么多吗？显然不会。”③

出于最善意的动机，左派们不知疲倦地工作（皮凯蒂工作确实非常努

---

① http：//www. ilga. gov/commission/lrb/conent. htm.

② Frankfurt（1987），第34页，斜体字部分。

③ Margo（1993），第68页、第65页、第69页。

力），试图为他们对基尼系数和（尤其是）富豪们奢靡消费的伦理上不重要的关切，赋予重要的意义。

* * * *

在那些允许这样的伦理关注发生变化的国家，对穷人们来说，法兰克福所说的“足够（收入）”大体上已经实现了。我说的“大体上”远远超过了其他制度所能做到的程度。我没有说“完全”或“尽如每个人的愿望”。不过，就工人阶层的生活状况而言，在美国这样的“资本主义国家”与在荷兰、瑞典这样的社会民主国家之间，并没有太大差别，不管你从记者和政客们那里听到的情况如何，这些人根本没有考察过实际数据，或者从没有在一个以上的国家中生活过，却认为美国有一半人口是贫穷的非洲裔美国城市居民。在实践中，发达国家的社会安全网基本类似。

不过，无论是否有漏洞，在美国、荷兰、日本、瑞典以及其他发达国家，社会安全网却不是帮助穷人摆脱贫困的主要力量。主要的推动力是大富裕。布德罗曾注意到，他的研讨班上的一个亿万富翁看起来与一个做关于基尼系数的论文的穷困研究生差异不大。“在生活的许多基本要素上，几乎每个美国人都和巴克斯先生（亿万富翁的代名）差不多。在日常生活的绝大多数普通方面，假如亿万富翁与普通美国人之间几乎看不到明显的差异，那么，为基尼系数而苦恼就相当于不明智地将稀薄飘渺的抽象置于可以触摸的现实之上。”①巴克斯先生无疑比那位研究生拥有更多的房子和豪车。尽管如此，有人还是会问这样一个冒失但总是相关的问题：那又如何？

皮凯蒂的书中最根本的问题在于，过去两个世纪中发生的主要事件不是他所关注的收入分配，而是大富裕，就平均的个人实际收入水平来说，全球个人的平均富裕程度增长了10倍，而在发达国家则增长了30倍或更多。这个空前富裕的世界的出现，不能由资本积累来解释，而从斯密、马克思一直到皮凯蒂，经济学家们一直强调资本积累，正如“资本主义”这个术语自身所隐含的意思。财富的生成，不是通过砖块、大学学位和银行存款的堆砌而来，而是通过观念（idea）的积累。砖块、学位和银行存款余额（资本积累）当然是必要的，就像劳动力和液态水一样。氧气对火是必要的，但是拿地球大气中的氧气来解释1871年10月8日至10日发生在芝加哥的火灾就没有意义了。更好

---

① Boudreaux（2001）.

的解释涉及干燥的气候、城市的木质建筑、强烈的西南风及奥丽瑞太太的奶牛①。同样，现代世界不能由常规的垒砖头方式来解释，如印度洋贸易、英国的银行、英国人的储蓄率、大西洋奴隶贸易、圈地运动、对工人的剥削或欧洲城市中的原始资本积累，无论是物质资本还是人力资本。② 这些东西在世界史上都很平常，仅仅在数量上不足以解释过去两个世纪中人均收入10倍、30倍、上百倍的增长。关键是观念的积累而非砖块的累加。通过一种新的自由和尊严，也即欧洲人所谓的“自由主义”思想体系，观念在历史上第一次得到解放。现代世界不是由“资本主义”造成的，资本主义是古老的、无处不在的，而自由主义在1776年是革命性的。1800年至今的大富裕，历史上最令人惊讶的事，只能用有助于进步的观念来解释，而这样的观念萌生于自由主义。

在这个大富裕的脉络中，我们来考虑皮凯蒂和左派们最钟情的政策建议之一：通过向富人征税来帮助穷人。乍看起来，这似乎是一个好主意。当一个资产阶级的孩子第一次意识到邻近的居民中有人非常贫困时，她自然打算把自己的钱或爸爸的钱拿出来给他们用。正是在这样的年纪，16岁左右，我们形成了自己的政治认同，就像忠于某个足球队一样，认同一旦形成，就很难再接受事实的修正。而且我们的家庭就是小小的社会主义经济体，母亲就如同中央计划者。慷慨的少年建议道：让我们重新塑造社会吧，把它变成拥有3.15亿人的大家庭！将大笔的钱财用于救济穷人，比如被老板们“偷”去的20%或30%的国民收入，这样的重组当然可以解决贫困问题。在古代的奴隶社会，拥有奴隶的孩子没有这样的内疚感，因为那个时代的穷人与你我非常不同。然而，一旦等级制的自然性受到质疑，如在18世纪的西北欧和19世纪的更多地方，社会主义就显得合理了。可是，不要忘了圣书上的教导：你不能同时侍奉神和玛门（“玛门”在阿拉姆语中是“钱财”的意思）。

家庭中的平等是自然的，因为收入的唯一来源来自父亲（近年来也开始来自母亲），于是分配的任务就产生了。假如父亲是一名矿工，需要额外的热量才能完成长达10个小时的采煤工作，那他分到的食物可能更多一些，不过一般情况下分配理所当然是平等的。平等对于家庭是自然的。从20世纪20年代开始，瑞典的政治口号就是“人民的家园”（*folkhemmet*）。但是，国家不是

---

① 当年的大火事件是因奥丽瑞太太照料一头生病的奶牛，奶牛不小心打翻了马灯所致。——编者注

② McCloskey (2010).

小家。在大社会（Great Society，这一概念是由哈耶克先于约翰逊总统提出的，与部落、团伙和小家庭等共同体形成对比）中，收入的来源不是父亲的工资，而是我们每天要与陌生人进行的无数个专业化交易。对这样的社会来说，分比萨式的分配平等是不合常理的，比如拥有900万人口的瑞典，更不用说3.15亿人的美国社会了。除非人们的收入由努力的成果来决定，否则，大社会的运行会非常糟糕，就像曾经的德意志民主共和国一样。

还有，通过某些重要的方式，即便法国式的平等也能借着TTB的伦理得到提升。在传统社会中，垄断曾经使一群人富裕而其他人贫穷，市场的自由进入却削弱了垄断。劳动力市场消除了纺织工业中具有同等效率的工人间的差异，不管性别和种族如何，也缩小了用苏格拉底使用的简陋设备来教学的教授和运用技术文明的最精密成果的飞行员之间的差异。飞行员每小时所创造的运输服务的价值是公元前4世纪的希腊舵手所创造价值的几千倍。可是，只有足够出众而幸运的教授每小时给学生带来的智识才可以与苏格拉底相比。但是，在自由的大社会中，在充满交易和流动性的社会，物质生产率的平等并不重要，进入和退出市场才是重要的。从长远来看，教授可以成为飞行员，飞行员也可以成为教授，正是这个机制，才让2500年来生产率一直没有提高的教师这样的劳动者能够平等地分享现代文明的成果。

我们已经提到了TTB的社会在产出方面的高度平等，那么，在随后的劳动成果分配上又如何呢？我们（你或许会问，谁是“我们”？）为什么不把教授、飞行员和财富继承人的高收入弄来分给清洁工呢？回答是，人们所挣的钱并不是任意强加在我们所有其他人身上的税收。那是小家庭社会主义中的不平等方式，灰姑娘得到的食物比她的心怀怨恨的姐妹们少。然而，收益支撑着一个复杂得惊人的大致上未经计划的、自生自发的劳动分工秩序，这个秩序的下一步行动是由商业利润或职业收入的差异决定的。假如医生的收入是清洁工的10倍，自愿为他们付费的社会上的其他人会说：“假如清洁工能改行成为医生，那么长期来看，就会有更多的清洁工改行。”假如我们通过尽可能多地对富人征税而把大社会变成一个家庭，就破坏了这样的信号。假如没有关于他们未来几个小时的服务价值的信号，就会有人在清洁工和医生职业之间徘徊不定。这样，无论医生还是清洁工都会做不好。大社会变成一个非专业化的大家庭，假如拥有3.15亿人，这个大家庭将会可悲的平等，但会丧失源于专业化和累积的发明所创造的巨大收益。

再分配尽管缓和了资产阶级的内疚感，却不是穷人维持生计的主要手段。对此，简单的计算就可以说明。假如把美国经济的所有利润直接分给工人，工人（包括那些薪酬高得惊人的“工人”，如体育明星、歌唱明星和大公司高管）的年收入会立马提高20%左右。但是，这只是一锤子买卖。这样的征收不可能每年都来一次，而只会是一次，因为你不可能每年都剥夺相同的人，还期待他们一次又一次地奉上同等数额以便被剥夺。一次性征收使工人的收入提高了20%，此后他们的收入会返回先前的水平，或最多（假如利润只是被国家拿走却奇迹般地不损害利润水平，再由圣人般的官僚分配给我们其他人）保持经济所能实现的增长率（假定对资本收入的剥夺不会降低整个经济的增长率，这样的假定是不合乎现实的，且有悖于印第安纳州的“新和谐社会”[New Harmony]和斯大林的俄罗斯共产主义实验所给出的证据）。

另一种途径是通过管制来征收利润，比如通过国会立法命令资本家给8小时的工作付10小时的工资，这样也能把工人阶层的收入一次性提高25%。第一次这样做是有效的，不过也需要同样不合乎现实的假设，即“蛋糕”不会变小，而那时经理人和企业家会放弃如今不再盈利的决策。听起来再分配似乎是个好主意，除非你没有想到，在这种管制下，老板们首先就不再愿意雇用那么多工人，无论如何这些失去工作的人会发现，他们的实际收入下降了而不是上升了。

还有一种收入转移的建议。假如我们拿走1%最高收入人群的全部收入（以2010年价格计算，大约是国民收入的22%），分给我们所有其他人，那么我们这些人的平均收入将增加22%略低（22/99）。或者换一种方式，假设我们允许那些领导经济的人赚取利润，无论是社区中小便利店的所有者，还是巨大财富的不当获得者；再假定，由于信奉财富福音书，遵循天主教的社会教导，这些赚得了利润的人决定，他们自己应该满足于简朴的生活，把所有多余收入捐给穷人。经济学家戴维·科兰德（David Colander）声称：“假如世界上的所有富人都认为，临死前把大部分财富捐出去是一项义务，这样的世界将与我们当下的世界非常不同。”①可是等一下。富人们捐献20%的国民收入能提升我们所有其他人（其中不少人是获得古根海姆学者奖的大学教授，或获麦克阿瑟天才奖的左派人物）的收入水平，可是，与现代经济增长的成就相比，

① Colander（2013），第xi页。

就实在算不得什么了，即使在计算时假定所有利润都流向了“富裕的个人”。

关键在于，20%、22%和25%的提升与大富裕根本不是一个数量级的，从历史事实来看，大富裕与这样的收入再分配和慈善捐款无关。①就给穷人的帮助而言，一次性再分配所起到的作用比1800年以来由生产率提高所带来的高达2900%的增长要低两个数量级。从历史上看，一个是25%的增幅，另一个是19世纪至今实际工资10倍或30倍的上涨，也就是900%或2900%。换句话说，通过“剥夺剥削者”或劝说富人把所有钱财分给穷人和我，能稍稍改善穷人的处境，但是远不如从根本上更具生产率的市场经济。

假如我们想让一般人或穷人的生活获得明显改善，2900%的增幅总是胜过20%—25%的增幅。毛主席对阶级斗争的强调消耗了中国革命已经取得的成果。当他的后继者在1978年转向“社会主义现代化”之后，他们开始了市场导向的经济改革，在至今30多年的时间里中国的人均实际收入增长了20倍，不是20%，而是1900%！②邓小平反对平均化的格言是“让一部分人先富起来”。这是布尔乔亚的行事方式（Bourgeois Deal）：“你给予我在市场中践行各种设想的自由和尊重，并允许我保留利润（当然我首先必须能获得利润），尽管我不愿意接受存在竞争者的事实。作为交换，在这个新的正和游戏的第三步，我（和那些讨厌的、低质量、低价格的竞争者们）所带来的布尔乔亚式的进步将会让你们所有人都富起来。”事实的确如此。

与中国每年大约10%的增长率和印度每年7%的增长率不同，巴西、俄罗斯、印度尼西亚和南非等其他金砖国家则受困于反新自由主义的思想，例如阿根廷的自给自足、20世纪60年代英国的工联主义、20世纪90年代德国的劳工法以及对韩国出口导向型增长的误解。关于“中等收入陷阱”的文献（尤其会提及巴西和南非）依赖于一个重商主义观念，即经济增长依赖出口，而工资水平的上升会给出口造成困难。③各种鼓励出口的政策实质上都否定了比较优势，把注意力集中于外部环境，而对穷人的收入来说，最重要的是国内生产的效率。所以，在那些实施了否定市场的法律的国家，比如新产业的进入障碍和繁杂的管制，人均收入的增长率始终徘徊在不到3%的水平上，于是收入

---

① 德国历史学家于尔根·柯卡（Jürgen Kocka）告诉我说，穷人争取尊严一定程度上有助于他们获得更多的尊重。

② 于1978年，Coase and Wang（2013），第37页。

③ McCloskey（2006c）.

水平翻一番需要25年，翻两番需要50年。正如经济学家本杰明·弗里德曼（Benjamin Friedman）所认为的，经济缓慢增长引发嫉妒，嫉妒造就民粹主义，民粹主义又反过来阻碍了经济增长。①这才是真正的“中等收入陷阱”。要想摆脱它，就要接受布尔乔亚的行事方式，就像荷兰在16世纪、英国在18世纪以及中国和印度在20世纪晚期所做的那样。

假设左派和右派的共同目的是帮助穷人，从伦理上说也应当如此，那么左派的学者领袖们所主张的均等化限制（equalizing restrictions）、收入再分配和管制措施往好里说也是缺乏考虑的。或许，考虑到经济史学家如今所了解的关于大富裕的事实，左派知识分子和一些右派却坚决拒绝去了解，这类主张甚至可以说是不道德的。左派知识分子如托尼·朱特（Tony Judt）、克鲁格曼和皮凯蒂等人非常肯定他们自己在道德上的正确，反对托利党人、共和党人或人民运动同盟邪恶的自私，可是鉴于这里给出的历史证据，他们在道德上也是可疑的。他们所迷恋的建议对穷人帮助不大，甚至往往损害穷人的利益，他们对富人的奢侈消费充满恼怒的嫉妒，而有时候他们自己就是富人的代表。（皮凯蒂教授，您将如何处理自己的稿费呢？）这种消费的终止也无助于改善穷人的处境。他们很愿意通过向富人征税来扼杀在历史上极大地帮助了穷人的TTB，而这些穷人就是我们大多数人的祖辈。

1900年的时候，经济的生产率很低，1800年的时候更低。能使社会的大多数人包括那些最穷的人改善处境的唯一方法，就是提高经济的生产率水平。工人的收入份额大致上是稳定的（在19世纪和20世纪早期，劳动者的收入份额持续上升，原因是一度占国民收入份额1/3的地租的份额下降了）。正如美国的克拉克和瑞典的维克塞尔（Knut Wicksell）这样的经济学家在19世纪末所说明的，工人的边际生产率决定了他的收入份额。根据这些经济学家的论证，即使最贫穷的工人也有望从生产率的提高中获益10倍、30倍或100倍（考虑了质量的提高）。事实的确如此。例如，20世纪30年代赤贫者的后代远比其祖辈生活得更好。创造性毁灭不断推出新的观念，比如铁路创造性地毁灭了步行和马车，电的应用创造性地毁灭了煤油灯和衣物的手洗，大学创造性地毁灭了文盲无知和农业的低下生产率。大富裕需要的不是资本积累和对工人的剥削，而是布尔乔亚的行事方式。

---

① Friedman（2005）.

工人们自己很难理解左派的教义，即所有雇佣都是剥削，对此左派的解释是，工人们被错误意识所控制。① 假如布尔乔亚的行事方式是合理的，那么意识中发生错误的就不是那些被误导了的不幸工人，而是左派知识分子自己，这种政治学被颠倒了。全世界的工人联合起来，在以私有财产和利润为特征的体制下实现基于贸易的进步，进而成为有资产的阶级，正如在发达国家很大一部分工人（在美国这一比例接近100%）的确相信他们已经成为的那样，将自己认同为“中产阶级”。把这样一种意识称为“错误”至少有点奇怪，因为正是这样的意识才使贫穷工人的实际收入从1800年到今天增长了30倍，若考虑到医疗和住房质量的提高，甚至增长了100倍。这是认识到供给方对稀缺做出反应的经济学。假如说工人是受了愚弄才接受了布尔乔亚的行事方式，那么我们就应该为这样的愚弄方式欢呼。

皮凯蒂在这部书的倒数第二页写道：“找到一种同时是经济的、政治的、社会的、文化的、关注工资和财富的研究路径是可能的，甚至是必要的。”我们无疑赞同。可是，作者没有找到。皮凯蒂对文化问题的姿态主要基于对他肤浅地读过的几本小说的几处幼稚的引用，却为此受到了来自左派的令人尴尬的称赞。他的社会主题是一种狭隘的嫉妒伦理。他的政治学假定政府能做他们所建议的任何事情。他的经济学从头至尾是有缺陷的。

这是一本有勇气的书。可是它错了。

（山西省统计局晋中市调查监测中心　张彩琴　译　刘云鹏　校）

参考文献

Aristotle. *Politics*. Trans. Benjamin Jowett. https：//ebooks. adelaide. edu. au/a/aristotle/a8po/book1. html.

Baran, Paul, and Paul Sweezy. 1966. *Monopoly capital：an essay on the American economic and social order*. New York：Monthly Review Press.

Barreca, Alan, Karen Clay, Olivier Deschenes, Michael Greenstone, and Joseph S. Shapiro. 2013. Adapting to climate change：the remarkable decline in the U. S. temperature – mortality relationship over the 20th century. NBER paper 18692.

Bastiat, Frédéric. 1996 [1845] . *Economic sophisms* [trans. Arthur Goddard] . Irvington – on – Hudson (NY)：Foundation for Economic Education.

① Lemert（2012），第21页。

Boudreaux, Donald. 2004. Can you spot the billionaire? *The Freeman*, January 1.

Boudreaux, Donald. 2014. The consumption gap between the rich and the rest of us. Blog in Café Hayek, January 21, http: //cafehayek. com/2014/01/the – consumption – gap – between – the – rich – and – the – rest – of – us. html Boudreaux, Donald, and Mark Perry. 2013. The myth of a stagnant middle class. *Wall Street Journal*, January 23.

Brennan, Geoffrey, Gordon Menzies, and Michael Munger. 2014. A brief history of inequality. Working Paper no. 17, Economics Discipline Group, University of Technology Sydney Business School. url: http: //www. uts. edu. au/sites/default/files/edg_ wp17. pdf.

Carnegie, Andrew. 1889. Wealth. *North American Review*, (1891): June. http: //www. swarthmore. edu/SocSci/rbannis1/AIH19th/Carnegie. html.

Clapham, J. H. 1922. Of empty economic boxes. *Economic Journal*, 32: 305 – 314.

Clark, John Bates. 1901. The society of the future. *The Independent*, 53 (July 18): 1649 – 1651. Reprinted in *Democracy and the gospel of wealth* [1949], ed. Gail Kennedy. Boston: Heath, Problems in American Civilization, 77 – 80.

Coase, Ronald, and Ning Wang. 2013. *How China became capitalist.* Basingstoke (UK): Palgrave – Macmillan.

Colander, David. 2013. Introduction. To Gino Barbieri. 1940. *Decline and economic ideals in Italy in the early modern era* [*Gli economici degli Italiani all' inizio dell – era moderna*] [2013], translators S. Noto, and Marian Christina Gatti. Firenze: Leo S. Olschki Editore.

Deaton, Angus. 2013b. *The great escape: health, wealth, and the origins of inequality.* Princeton: Princeton University Press.

Easterly, William. 2001. *The elusive quest for growth: economists' adventures and misadventures in the tropics.* Cambridge: MIT Press.

Ehrlich, Paul R. 1968. *The population bomb.* New York: Ballantine Books, aa Sierra Club – Ballantine Book. Cited as "Revised" in reprint of 1975 by Jackson Heights, NY: Rivercity Press.

Ellenberg, Jordan. 2014. And the summer's most unread book is …… *Wall Street Journal*, July 3.

Fisher, R. A. 1925. *Statistical methods for research workers.* Edinburgh: Oliver & Boyd.

Fogel, Robert William. 1999. *The fourth great awakening and the future of egalitarianism.* Chicago: University of Chicago Press.

Fogel, Robert William. 2004. *The escape from hunger and premature death* 1700 – 2100. Cambridge: Cambridge University Press. Or is it 1999?

Frankfurt, Harry. 1987. Equality as a moral ideal. *Ethics*, 98 (Oct.): 21 – 43 .

Friedman, Benjamin M. 2005. *The moral consequences of economic growth.* New York: Knopf.

Gazeley, Ian, and Andrew Newell. 2010. The end of destitution: evidence from British working households 1904 – 1937. University of Sussex, Economic Department working papers, no. 2.

Harberger, Arnold C. 1954. Monopoly and resource allocation. *American Economic Review*, 44: 77 – 87.

Hayek, Frederich A. 1973. *Law, legislation, and liberty*, vol. 1: rules and order. Chicago: University of Chicago Press.

Hobsbawm, Eric. 2002. *Interesting times: a 20th – century life*. London: Allen Lane.

Horwitz, Steven. 2013. Inequality, mobility, and being poor in America. Unpublished paper, Department of Economics, St. Lawrence University, presented to conference on "Equality and Public Policy", Ohio University, Athens, OH, November 14 – 16, 2013.

Ibsen, Henrik. 1878. A doll house. In*Ibsen: The complete major prose and plays* [1965], editor and translator: R. Fjelde. New York: Penguin, 123 – 196.

Isaacs, Julia B. 2007. Economic mobility of families across generations. The Brookings Institution, http://www.brookings.edu/ ~/media/research/files/papers/2007/11/generations% 20isaacs/ 11 _ generations_ isaacs.

Judt, Tony. 2010. *Ill fares the land*. London: Penguin.

Kirzner, Israel. 1979. *Perception, opportunity and profit*. Chicago: University of Chicago Press.

Klinenberg, Eric. 2002. *Heat wave: a social autopsy of disaster in Chicago*. Chicago: University of Chicago Press.

Lemert, Charles. 2012. *Social things: an introduction to the sociological life* [5th ed.]. Lanham (MD): Rowman & Littlefield.

Margo, Robert A. 1993. What is the key to black progress? In *Second thoughts: myths and morals of U. S. economic history*, ed. Deirdre N. McCloskey. New York and Oxford: Oxford University Press, 65 – 69.

McCloskey, Deirdre N. 2006a. *The bourgeois virtues: ethics for an age of commerce*. Chicago: University of Chicago Press.

McCloskey, Deirdre N. 2006b. A solution to the alleged inconsistency in the neoclassical theory of markets: reply to Guerrien's reply [2006]. *Post – Autistic Economics Review*, Sept. 18 May 2007.

McCloskey, Deirdre N. 2006c. Keukentafel economics and the history of British imperialism. *South African Economic History Review*, 21: 171 – 176.

McCloskey, Deirdre N. 2010. *Bourgeois dignity: why economics can't explain the modern world*. Chicago: University of Chicago Press.

McCloskey, Deirdre N. forthcoming. *Bourgeois equality: how betterment became ethical*, 1600 – 1848, *and then suspect*.

Milanovic, Branko, Peter H. Lindert, and Jeffrey G. Williamson. 2011. Pre – industrial inequality. *Economic Journal*, 121: 255 – 272.

Mueller, John. 1999. *Capitalism, democracy, and Ralph's pretty good grocery*. Princeton: Princeton University Press.

Nordhaus, William D. 2004. Schumpeterian in the American economy: theory and measurement. National Bureau of Economic Research Working Paper W10433.

Peart, Sandra J., and David M. Levy (eds.). 2008. *The street porter and the philosopher: conversations on analytical egalitarianism*. Ann Arbor: University of Michigan Press.

Piketty, Thomas. 2014 [2013]. *Capital in the twenty – first century*. Trans. Arthur Goldhammer. Cambridge: Harvard University Press. Original French edition: Éditions du Seuil, 2013.

Reich, Robert. 2014. How to shrink inequality. *The Nation*, May 6.

Ridley, Matt. 2014. The poor are getting less poor. June 05, 2014.

Sala - i - Martin, Xavier, and Maxim Pinkovskiy. 2010. Parametric estimations of the world distribution of income. VOX 22 January 2010. http://www.voxeu.org/article/parametric - estimations - world - distribution - income

Sala - i - Martin, Xavier. 2006. The world' s distribution of income: falling poverty and convergence. *Quarterly Journal of Economics*, 121 (2): 351 - 397.

Saunders, Peter. 2013. Researching poverty: methods, results, and impact. *Economic and Labour Relations Review*, 24: 205 - 218.

Skwire, Sarah, and Steven Horwitz. 2014. Thomas Piketty' s literary offenses. *The Freeman*, September 11.

Smith, Adam. 1776. *An inquiry into the nature and causes of the wealth of nations* [Glasgow edition]. Campbell, Skinner, and Todd, eds. 2 vols. Indianapolis: Liberty Classics, 1976, 1981.

Trollope, Anthony. 1867 - 1868. Phineas Finn: the Irish member. Jacques Bertoud, ed. in Palliser Novels. Oxford: Oxford University Press, 1982.

Tullock, Gordon. 1967. The welfare costs of tariffs, monopolies, and theft. *Western Economic Journal*, 5: 224 - 232.

Waterman, Anthony M. C. 2012. Adam Smith and Malthus on high wages. *European Journal of the History of Economic Thought*, 19: 409 - 429.

Whitford, David. 2005. The most famous story we never told. *Fortune*, September 19.

Williamson, Jeffrey G., and Peter H. Lindert. 1980. *American inequality: a macroeconomic history*. New York: Academic Press.

不平等，我们能做什么?

安东尼·阿特金森

在美国，按照法律，国会预算办公室（CBO）需要估算国会各委员会批准的法律议案的预算成本。参议院和众议院正在讨论和辩论的众多建议也要由CBO进行成本估计。这个在上世纪70年代采纳的程序强制执行着一项基本纪律。同样，我也很重视自己建议的这些降低不平等的举措对政府预算的影响。我曾强调，大幅降低不平等需要税收和支出以外的举措，但用来影响再分配前的收入水平的政策举措本身也会影响预算。例如，提高最低工资将降低家计调查型福利（mean-tested benefit）的成本；它将带来社保缴费的增加，以及个人所得税的增加。在另一方面，如果企业限制高管薪酬，所得税款会减少。总体考虑这些举措，我们面临的挑战是看额外支出与额外税收能否平衡。批评人士常说，“这些数字加起来后不合理”，或者“还有财政空间支持更大胆的做法”。

本文有两个目标，一个总体目标和一个更为具体的目标。总体目标是描述经济学家如何分析处理此类财政问题，并说明对税收和福利建模的研究如何能够为公共讨论提供信息。人们往往认为，经济模型是脱离现实的抽象设计，但本文采用的税收—福利模型（Tax-Benefit Model）可以把高水平的政策讨论与政策变化对个人和家庭的影响联系起来。这类联系纽带对任何情况下的政策讨

* 本文选自《比较》编辑室即将出版的《不平等，我们能做什么》一书。

论都是至关重要的，所描述的方法也将适用于任何国家的财政议案的制定。具体目标则是要说明，就英国而言，一项具体的政策建议如何获得资金，以及如何进行合理的财政计算。这些计算必然涉及若干限制性条件，但它们表明，不应该仅仅以“我们负担不起”而抛弃此类建议。因此，分析是具体到某个特定国家和某组特定情形的，不过在政府如何能够负担得起降低不平等的举措方面，本文的分析对其他地区的读者也同样具有启发性。它们还使我们能够研究这个一揽子建议中的部分内容对不平等和贫困程度的影响。要强调的是，由此带来的不平等降低只是故事的一部分；还有其他一些政策建议，我们虽然能预测它们所带来的影响，但还不能量化影响的程度。

税收—福利模型

最近几十年来，评估税收—福利改革建议的可行性和影响的可用工具有了极大的进步，与过去遇到的决策困难形成了鲜明的对比。“二战”后不久，用公民收入（以社会分红的形式）替代贝弗利奇社会保障计划的观点在英国得到相当大的支持。因此，当时建立的皇家税收委员会认真研究了这种观点。但在讨论呈交给委员会的有关社会分红对分配影响的证据时，约翰·希克斯爵士对相关运算结果非常惊讶。他说：“最后一栏的加号这么多，减号这么少，这的确看起来很不同寻常……因为这本质上是一个再分配方案……总而言之，只有一些人有所失，其他人才能有所得”。① 支持者呈交给委员会的观点过于乐观，因为他们的计算是以宏观经济总量为基础的。但正如我们所看到的，这些总量和家庭获得的收入之间存在很大的缺口。社会分红的计算不是以英国家庭的实际情况为基础的，因此忽视了这一缺口。

如今，我们可以用非常复杂的方法来计算预算成本以及税收—福利方面的政策建议对单个家庭的影响，对以此为目的而建立的税收—福利模型也有大量研究。由于可以获得单个家庭收入和环境的调查数据和管理数据，在构建此类模型方面取得了积极进展。在前面的章节我已描述了这场数据革命。同样重要的，还有计算领域的发展。如今广泛使用的税收—福利模型在一定程度上应该归功于计算能力的巨大提升。当我在上世纪 60 年代第一次估计英国社会保障

① England Royal Commission on the Taxation of Profits and Income, Minutes of Evidence Taken before the Royal Commission on the Taxation of Profits and Income. First [etc.] Day. 21 June 1951, etc. (London, 1952), Question 444.

改革建议的成本时（利用汇总数据而非单个数据），我曾求助于剑桥最强大的大型计算机——那时大多为天文学家所用。20 年后的 1988 年，霍利·萨瑟兰（Holly Sutherland）和我能够在财政大臣结束讲话前，利用影子内阁会议厅的一台个人电脑算出劳森预算（Lawson Budget）对英国国民收入的影响。① 目前，霍利负责欧盟一体化模型（EUROMOD）项目，建立了涵盖 27 个欧盟国家的单一税收—福利模型，而且在几分钟内就能得出计算结果。借助这个项目，在考虑对税收—福利体制进行重大改革时，我们能够超越过去那种一厢情愿和粗略的计算。

什么是税收—福利模型？

此类税收—福利模型是如何运作的？本质上，它们遵循一个类似于《家庭收入指南》中显示的模式。对于参加代表性抽样调查的每个家庭，计算包括转移支付收入在内的各项收入和各种税费。然后把它们相加，再通过乘法运算，得到全英国的一个总数。也就是说，如果有 2.7 万个家庭参加了调查，而英国总共有 2700 万个家庭，那么就用样本平均数据乘以 1000。显然，样本的代表性很重要。这个方法不要求每个家庭被纳入调查的概率相同，但要求被纳入调查的概率是已知的，而且能够当作不同的乘数。因此，调查对于构建模型至关重要。同时，我们也要看到，家庭调查有局限性。有些人不住在家里，有些人拒绝参加调查；有些人没有对问题做出充分和诚实的回答。在对调查数据进行乘法运算来得到整个人口的估计数据时，我们必须考虑不同调查对象之间的回复率差异。例如，如果 65 岁及以上调查对象的回复率高于 65 岁以下的调查对象，那么对年龄较大的那一组就要使用一个较小的乘数。否则，养老金领取者就会被过分代表。

税收—福利模型是以家计调查为基础的，因为这样更便于计算税收和福利。在运用家庭数据时，模型利用个人和家庭的特征以及市场收入的信息来计算有资格获得的福利和应承担的税负。这样，模型不仅可以提供对当前状况的描述，还能提供更多信息：在改变一项政策时，要并行计算政策的当前影响和未来对家庭收入、税收和福利支出的影响。这些并行计算，正如图 1 所示，能

① 我们之所以能够这么做，也是受益于财政大臣的讲话被苏格兰民族主义者 Alex Salmond 突然打断，他然后被下议院逐出，但是因此耽误了进程。

告诉我们某项政策变化是让某个特定家庭受益还是受损。通过把单个家庭的变化进行加总，并适当加权，我们就可以看到对政府预算的总体影响。本文展示的结果，基于保拉·德阿戈斯蒂尼（Paola De Agostini）、克里萨·莱文蒂（Chrysa Leventi）、伊娃·塔舍娃（Iva Tasseva）和霍利·萨瑟兰等人利用EUROMOD模型的英国部分得到的计算结果，采用“2009—2010 年家庭资源调查”的数据，并更新到更近的 2014—2015 政策年度。① 请注意，税费不包括间接税，比如增值税和关税。

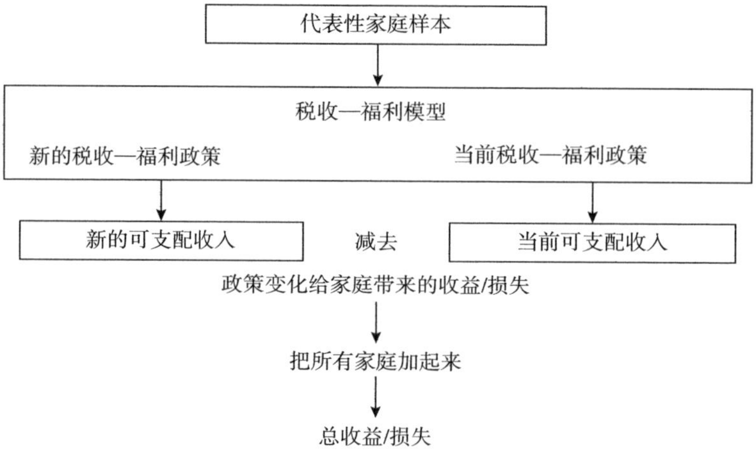

图 1　计算谁受益，谁受损

模型的限定条件

图 1 阐述的计划看似简单的算术问题，但下方是有待解决的问题。首先，必须为不同的税收—福利政策建模，考虑家庭的所有状况。运算不是以挣平均工资、与配偶和两个孩子住在一起的假定代表性人物为基础的。税收—福利模型力图包含与一个家庭有关的所有可用信息。对政策制定者来说，这样的模型包含“所有生活方式”是绝对必要的；否则就存在严重的风险，即引入的政策变化将带来意外结果。我曾不止一次目睹过，某项改革的受害者让某位部长

① 我非常感谢他们的计算，当然，我自己为计算结果负责。对模型的描述，参见 Paola De Agostini and Holly Sutherland，EUROMOD Country Report：UK 2009 – 2013（EUROMOD：University of Essex，June 2014）。

感到难堪，而这位部长对受害者的情况毫不知情。此外，不仅家庭状况多种多样，政策本身也往往错综复杂。儿童贫困问题行动组织的年度《福利和税收优惠手册》如今已经增加到1700多页。对EUROMOD模型的英国部分所用变量的描述已增至38页。仅举一例，在考虑增加（新应税的）儿童津贴时，我们要问，在评估是否有资格领取家计调查型福利时，是否要考虑儿童津贴增加这个因素？如果要考虑，那么是采用税前还是税后的收入增幅？

第二个问题是，由于税收—福利模型是以个人数据为基础的，因此可以把计算出的税收和福利与家计调查中记录的税收和福利加以比较。此类运算能够暴露原始数据的不连贯性。调查对象可能在回答具体问题时出现误解。这一运算还可能暴露模型的局限性：我们可能缺少信息来核实获得福利的资格（比如与过去缴费相关的资格）。一个更加令人担心的解释是，人们可能没有得到他们有资格领取的福利。正如我们看到的，有相当数量的人没有申领他们有资格领取的家计调查型福利。如果简单地假设所有家庭都获得了他们有资格领取的福利，那就会高估总成本和夸大福利体制的有效性。这里采用的税收—福利模型则考虑了未领取的情况。模型使用了英国就业与养老金部估计的领取率：例如，在有资格享受养老金税收抵免（pension credit）的人中，有23.5%的人没有申请；在那些只有资格享受储蓄税收抵免（saving credit）的人中，未申请的比例达到了51%。[①]鉴于这项政策改革的主要目的之一，是帮助那些根据家计调查有资格享受、但实际上没有享受福利的人，因此考虑未领取率是必要的。

第三个问题是，新政策可能引发行为变化。如果提高所得税，可能导致人们多干活或者少干活。如果增加养老金，可能导致人们减少储蓄。而在这里进行的计算中，以及在典型的官方成本核算中，假定是没有这类行为变化的。因此，它们都没有充分考虑行为反应。但考虑行为反应所需的工作远没有那么简单。一个方法是分析税收—福利的参数对重大决策的影响，比如对工作小时数和退休年龄的选择等的影响。这些决策历来是大量经济计量分析的对象，带来的结果也相当有趣。但它们只限于特定的行为领域，特别是与劳动力供给相关的行为领域。[②] 因此，在税收—福利模型中使用这些结果，只能涵盖可能的行为反应的一个子集。此外，这些结果通常只限于特定的人

---

① DeAgostini and Sutherland, EUROMOD Country Report, quote p. 59.

② 对这一领域的研究的调查，参见 Michael P. Keane, “Labour Supply and Taxes: A Survey,” Journal of Economic Literature 49 (2011): 961 – 1075。

口组，而且没有明显证据显示这些局部结果的应用得到了令人满意的效果。

另一个方法是分析一系列决策带来的总收入。人们收入的多寡取决于他们选择的工作、工作小时数、过去的教育决策、存款、资产组合和其他决策等。所有这些决策都包括在总收入对税收和福利变化的预期反应中。因此不足为奇，正如我们所见，预期反应会有很大的误差范围。不仅如此，为解读分配方面的影响，我们必须搞清潜在的决定因素。足球运动员的例子有助于说明这个问题。如果所得税率提高，而球员的工资总额保持不变，那么这名球员的净收入就会减少，简单的税收—福利计算结果就是正确的。但是，如果这名球员获取的是净收入，那么所得税增加的成本就要由俱乐部承担，然后以某种方式转嫁给观众。因此，我们必须追踪分配方面的影响，而这不容易做到。

由于这些原因，官方成本核算一般是以无行为改变偏差为前提开展的，我们也遵循这一做法。在美国，国会预算办公室从宏观经济角度讨论过这个问题："国会预算办公室的成本估算一般不反映会影响经济总产出的行为变化，比如财政政策变化造成的劳动力供给和私人投资的变化等。"国会预算办公室采用不包括行为影响的习惯做法，其部分原因在于，在估计行为影响时"具有高度的不确定性"。① 即便我们能非常有把握地估计行为影响，仍然会面临严重的解读问题。

对英国的建议及其成本

现在，我转向 2014—2015 年度的英国这个特定背景来讨论前述建议的预算成本。我提出了 15 条建议，分为三类。第一类包括那些不涉及预算的建议，因为它们的成本很可能可以忽略，或者取决于进一步的政策决策。第二类和第三类建议都包括在综合预算方案中，其中第二类只需投入一个总数，而第三类要根据税收—福利模型进行全面的分配效果分析。

对于第一类建议，它们的预算成本难以确定或者很可能可以忽略，因此它们没有包括在成本估算中。强化社会合作伙伴的作用，重新确定科学研究的方向，这些措施都可能影响税收和转移支付，影响大小不易量化，可能是正，也可能是负。但在这些情况下，最后的总数与其他建议动辄几十亿的结

① Congressional Budget Office website, Processes, https://www.cbo.gov/content/processes.

果相比很可能是微不足道的。因此，我在表1中将这些建议标示为“可忽略”。至于主权财富基金（建议7），成本仅指基金的运作。基金要获得新投资，要求政府要相应地有财政盈余，而这不包括在当前的计算中。对小储户保底收益的成本预测取决于利率的未来走势，我没有去估计这将在多大程度上提高借贷成本。

表1　对英国15条建议的分析

建议	预算成本（2014—2015）	分配分析
1. 技术变革方向	可忽略	
2. 竞争政策，加强社会伙伴以及社会和经济委员会	可忽略	
3. 失业率目标和保证公共就业率	预算一揽子方案	
4. 国家薪酬政策和提高最低工资	预算一揽子方案	
5. 小储户的保底收益	不易预测	
6. 资金捐赠	预算一揽子方案	
7. 英国投资局	可忽略	
8. 累进所得税结构	预算一揽子方案	是
9. 劳动收入税收优惠	预算一揽子方案	是
10. 终生资本收入税	预算一揽子方案	
11. 不动产税取代家庭税	税收中性	
12. 儿童津贴	预算一揽子方案	是
13. 参与收入	预算一揽子方案	是
14. 社会保险	预算一揽子方案	是
15. 海外援助	预算一揽子方案	

其余11条建议则都包括在预算一揽子方案中，见表1。其中，假定家庭税改革（Council Tax，建议11）对税收没有影响（税收中性）。捐赠资金（建议6）将由改革后的遗产税（建议10）来提供资金。这样，其余的

预算成本将来自当前的遗产税收入（2014—2015达到35亿英镑）的转移。在估计对失业者提供就业保障的成本时，是以每周工作35小时、每年工作52周来支付基本生活工资为前提假设的。这项净成本核算考虑了重新就业节省下来的求职者津贴和家计调查型福利，还考虑了接受者有资格获得儿童税收抵免、所得税和应税国民保险缴费增加的情况。在考虑管理成本后，净成本可能在65亿英镑左右。这里，像其他研究一样，没有考虑间接税缴纳金额的变化。按照国家薪酬政策，伴随着高管薪酬的减少，所得税和国民保险缴费（包括雇主缴费）将减少。在相反的方向上，把国民最低工资提高到基本生活工资的水平，又会导致这些收入增加。后者有完整的细节规定，但前者没有。因此在缺乏任何坚实的基础来进行收入估计的情况下，我简单假定，上述两个因素的影响大体上抵消。最后一项建议——把官方发展援助（ODA）提高到国民总收入的1%——在2014—2015年间将耗资约45亿英镑。

因此，总体来看，这些不同的因素需要145亿英镑的额外收入。与此相对的是，拓宽所得税税基和国民保险缴费所带来的额外收入（没有包括在税收—福利计算当中）。根据对税收支出的官方成本核算，这意味着在2013—2014年期间将增加116亿英镑，但如果采用我所建议的累进税率结构，额外收入很可能远多于此。把所有这些要素放在一起，我的分析所依赖的基础是，为实现总体上的预算中性，余下的举措应该带来约25亿英镑的盈余。我必须提醒大家注意，这种计算是非常粗略的估计。

第三类建议包括那些利用税收—福利模型进行分配影响估计的部分——表1最后一栏标注为“是”的建议。这样的估计不仅能更加准确地计算预算，还能更加准确地评估对不平等和贫困程度的影响。应当强调的是，分配结果只与这个建议的子集相关，只涵盖15条建议举措中的5条。

对这5条建议的详细说明

我需要更加详细地说明构建税收—福利模型所涵盖的这5条建议。

（1）有关所得税的第8条建议

- 个人所得税应实行累进性质更强的税率结构，应税收入的初始税率为25%（对收入超过起征点的部分）；应税收入达到每年3.5万英镑，税率为35%；应税收入达到5.5万英镑，税率为45%；应税收入达到20万英镑，税率为 55%；应税收入超过 20 万英镑，税率为 65%。

• 国民保险缴费率不变，但高收入人群的国民保险费限额（第一类雇员和第四类自雇人员）提高到每年 5.5 万英镑。

• 废止现行的取消高收入个人免税额的做法。

• 保留额外的高龄津贴、盲人津贴、10% 的储蓄率，但取消已婚夫妇津贴。

（2）有关劳动收入税收优惠的第 9 条建议

• 劳动收入（包括个体经营和养老金收入）税收优惠为 20%；当劳动收入达到 23333 英镑，优惠逐步取消，方式是减去超出部分收入的 40%，这样，税收优惠在收入达到 3.5 万英镑时完全取消。

• 个人收入所得税起征点从年收入 1 万英镑降至 8000 英镑；税收优惠为 20%；实际上，在收入全部是劳动收入的情况下，起征点保持不变（因为 1 万英镑的 20% 加上 8000 英镑，得到的免税总额仍是 1 万英镑）。

（3）有关儿童津贴的第 12 条建议

• 恢复高收入人群的儿童津贴，这样使所有儿童都能获得，但应税儿童津贴由配偶中应税收入较低的一方决定。

• 儿童津贴为每周每个孩子 40 英镑（按目前规定的资格）。

• 通过降低孩子和家庭保险费——减去儿童津贴相对现行标准（第一个孩子为每周 20.50 英镑，随后的子女为每周 13.55 英镑）增加的部分，减少儿童税收抵免金额以及住房补贴和家庭税补贴中属于子女的部分。

此时，有两个选项：

要么

（4）有关参与收入的第 13 条建议

• 引入所有成人都可获得的参与收入（Participation income，简称 PI），成人指 16 岁及以上人口（不包括正在上中学和未婚的 16—18 岁人口）。①

• 参与收入在个人基础上支付，并结合个人的国民保险收益来计算。这样，如果 T 表示支付给个人的政府养老金，那么个人将获得 PI 和 T 中数额高的那一个；如果 PI 更高，那么继续支付 T，但 PI 变为（PI－T）。

---

① 这一项需要与儿童津贴相结合，使那些没有资格获得参与收入的能被儿童津贴覆盖，同时避免正在接受教育的人的参与收入高于儿童津贴。事实上，对于中学辍学者而言，更好的选择是给其支付儿童津贴，超过那个年龄之后再支付参与收入。

• 在计算家计调查型福利时将考虑个人获得的 PI。

• 所得税起征点和国民保险缴费门槛设为零。

要么

(5) 有关社会保险的第 14 条建议

• 把国民保险政府养老金(基本养老金和附加政府养老金)提高 25%。

• 缴费型求职津贴提高到每周 113.10 英镑(现行基本退休金水平);缴费型就业支持津贴和丧亲津贴增加 25%。

• 比第 12 条建议更大幅度地提高儿童津贴,第一个孩子每周补贴 50 英镑(使支付给第一个孩子的总金额达到每周 90 英镑),第二个和以后的子女每周追加 20 英镑(使支付给每名子女的总金额达到每周 60 英镑);根据第 12 条建议,这些津贴应纳税。

在所有情况下,联合政府提供的福利上限(限制支付给 16—64 岁人口的补贴金额)都将被取消。

预算成本

第一步是计算净预算成本。这看似简单,但此项计算必须考虑不同要素之间的相互作用。例如,我们不能只研究每个收入区间内有多少人和他们再多缴多少税,然后把这些数字加起来。缴纳的税款会影响人们是否有资格领取家计调查型福利,因为这项福利是以税后收入为基础的,纳税越多,纳税人有资格领取的福利就越多。如果家计调查型福利支出增加了,就必须从增加的所得税收入中扣除增加的支出。这就是税收—福利模型需要涵盖复杂的税收—福利规定和各类家庭情况的原因。

转向结合劳动收入税收优惠[步骤(1)和(2)]的更具累进性的所得税,可以使 2014—2015 年的净收入增加大约 310 亿英镑。所得税收入将大幅增加——大约增加 1/5。考虑到一揽子方案中其他项目需要的额外资金,这意味着一揽子方案中的支出建议的成本可能会达到 285 亿英镑。

一揽子方案中几项支出建议的共同点是,都增加了儿童津贴。把儿童津贴提高到所有儿童每周都是 40 英镑,这一举措表面上将带来一笔庞大的总成本(大约 160 亿英镑),但将其纳入应税收入、并在计算家计调查型福利时考虑到这一增加额,就能使净成本显著降低。在计算这项成本时,我们假定第 8 条建议发挥效力；也就是说，计算是累计的。① 如果无子女的读者认为每周 40 英镑令人眼馋，那我要提醒他们，这笔津贴已经变成应税的了。对那些处于初始税阶的人来说，这一增加额确实可观：每周的税后金额为 30 英镑，相比之下，目前的津贴是第一个孩子 20. 50 英镑，其余子女都是 13. 55 英镑。随着收入增长，净津贴逐渐缩小。对那些处于 55% 税阶的人来说，税后津贴 18 英镑。此外要记住，2013 年欧盟贫困线所包含的儿童津贴为每周 55 英镑，每增加一名子女的最低收入标准津贴（之前在涉及基本生活工资时讨论过）为每周 90 英镑及以上。

提高儿童津贴后，可用于一揽子方案中其余项目的资金将有 229 亿英镑。可以有两种使用渠道，而上述举措的设计可以获得所需的 25 亿英镑盈余（四舍五入）。第一个渠道是通过参与收入，这是对现行系统的补充，这样，利用税收—福利模型来模拟运算将是关键环节。在获得 25 亿英镑盈余后，能够支付的参与收入为每人每年 3110 英镑，这轻松超过了目前 25% 的初始税率的起征点（2500 英镑）。如前所述，在进行计算时，没有使用参与条件；在这种情形下，成本有所夸大。每人每周 60 英镑的参与收入将提供一个起点。如果像支持公民收入的人经常建议的那样，把税率定得更高，那么参与收入也会更高：参与收入的水平和根据第 8 条建议征收的税率之间存在着一种权衡。如果全部收入的所得税率（除 65% 的最高税率外）都增加 5 个百分点，那么参与收入就会增至 4061 英镑，即每人每周近 80 英镑。

第二个供选择的路径是社会保险的改革。上述这些建议的成本稍高于一揽子方案中所允许的总成本（高出大约 2. 5 亿英镑）。请注意，模型构建没有涵盖之前所提建议的两个要素［由以上对（5）的描述可见］。我们假定所有养老金领取者的政府养老金都会增加，而不是采用最低养老保障（Minium Pension Guarantee）的形式。前一种形式（即提高政府养老金）的成本要高于后一种形式（即最低养老保障）。在相反的方向上，模型没有考虑扩大社会保险范围这一建议，比如扩大享受缴费型求职津贴的范围等。这将导致成本被低估。

① 在计算儿童免税额时，要将儿童津贴计入总数；对其他根据家计调查的补助，采取的是基于额外儿童津贴的收入所得税。

(部分) 建议的影响

这样，我们就有了这样一套建议，粗略地把有关数字加起来，可以说它们相对于当前政策来说是税收中性的。对于其中的5条建议，我们可以利用税收—福利模型来研究它们对不平等和贫困的影响。这些建议分别是第8条（累进所得税）、第9条（劳动收入的税收优惠）、第12条（儿童津贴）、第13条（参与收入）和第14条（社会保险）。在看待结果时，我们必须记住还有其他10条建议，它们合起来很可能对降低收入不平等产生重要影响。这些建议的净成本已经纳入了分析。

我之前曾指出，整体不平等程度显著降低是指基尼系数下降3个百分点，从当前的32.1%（如在EUROMOD模型中计算的）降至29.1%及以下。同样，贫困人口的显著减少也意味着从当前的16%（也是EUROMOD数字）降低3个百分点。最后一项非常接近欧盟2020战略的降低1/6的目标——把该数字降至13.3%。

第一个步骤，是通过所得税改革和劳动收入税收优惠，估计可以把基尼系数由32.1%降至30.4%，这将使我们在实现显著降低不平等的目标上完成一多半的任务。要强调的是，这些是估计值。降低1.7个百分点存在着一个误差范围（95%置信区间），即大约0.2个百分点。儿童津贴改革希望在有子女家庭和无子女家庭之间实现公平，因此不足为奇的是，基尼系数仅会稍稍降至30.2%。最后一个步骤，将取决于选择哪条路径。如果选择参与收入和相同税率，那么基尼系数将降至28.2%。这些以及下述的数字分别对应计算所涵盖的所有建议举措的总体影响，也就是上文提到的编号为（1）、（2）、（3）和（4）的建议。如果所有税率都提高5个百分点，从30%的档次直至60%的档次，只有最高税率仍保持在65%（请记住，从再分配角度来看，要紧的是平均税率，不是边际税率），那么基尼系数将降至26.6%。如果是社会保险改革，那么在编号为（1）、（2）、（3）和（5）的建议的综合作用下，基尼系数将降至29.4%。这比3%的显著标准略有差距。而采用包括参与收入方案在内的建议配套方案，即使以较低的税率，也能轻松达到显著降低不平等的标准。如果以较高的税率，这些举措结合在一起能使基尼系数降低5.5个百分点。

对贫困的影响

就总体贫困率而言，第一个步骤——所得税改革和劳动收入税收优惠——作用不大，与儿童津贴改革相结合，贫困率也只能从16.0%降至15.6%。请注意，在改变这些政策时，贫困线保持不变；中位数收入改变，但贫困线（中位数收入的60%）仍在基线的中位数设定水平上。这种较小的减贫作用，反映出那些目前领取家计调查型福利的家庭几乎得不到多少好处，同时，数量并不太少的家庭（32.8万）将不再能依赖税收减免和其他家计调查型福利。最大受益者则是那些有资格领取、但目前没有申领家计调查型福利的家庭。这些家庭在当前属于最贫困的家庭。最后一步再次取决于选择哪条路径。如果是社会保险改革，那么贫困率将降至13.9%——这仍是所有举措的共同作用，在这种情况下是（1）、（2）、（3）和（5）的配套。如果选择参与收入和相同税率，那么贫困率将降至12.1%。如果把所有的税率都提高5个百分点（但最高税率仍保持在65%），那么贫困率将降至10.4%，误差范围约为10.0%—10.9%。重要的是，这些建议不仅会缩小贫困范围，还会降低贫困程度。贫困程度是用贫富差距来衡量，以平均差额占贫困线的百分比表示。在基准情况下，贫富差距为4.7%，对于配套措施执行后仍处于贫困线以下的人口，这个数字将降至2.2%，压缩幅度超过一半。因此，参与收入改革不仅能确保英国达到欧盟2020目标（如果采用社会保险改革，也几乎能达到目标），而且可以向仍处于贫困线以下的人口提供相当大的帮助。

儿童贫困显著降低。社会保险改革［举措（1）、（2）、（3）和（5）］将把儿童贫困率从16.8%降至14.6%，把儿童贫富差距从4.6%降至3.7%。后一项显示，那些仍处于贫困线以下的儿童也将得到相当大的好处。如果是参与收入和相同税率，那么贫困率将降至13.4%。如果把所有的税率提高5个百分点（但最高税率保持65%），那么贫困率将降至12.1%——也就是说，接近5个百分点——贫富差距也将降低一半以上。

对分配的总体影响

这里建议的收入方案看起来可能涉及令人担心的高税率，但正如之前强调的，区分边际税率和平均税率很重要。决定所得税多少的是平均税率。平均税率的升幅要小得多。例如，对于这里研究的税率方案，边际所得税率在总收入为6.3万英镑时将达到45%，但平均所得税率在收入超过20万英镑时才会达到45%。还应当记住的是，劳动收入税收优惠建议是为了确保累进税率结构的引入不会提高低水平收入（和养老金）的税率，同时不把这一好处扩大至所有收入水平。这将向低收入者提供帮助，又不会惠及那些有投资收入的人。在这两方面，它都不同于引入一个新的较低的所得税阶，后者会让高收入者和有投资收入的人都得到好处。

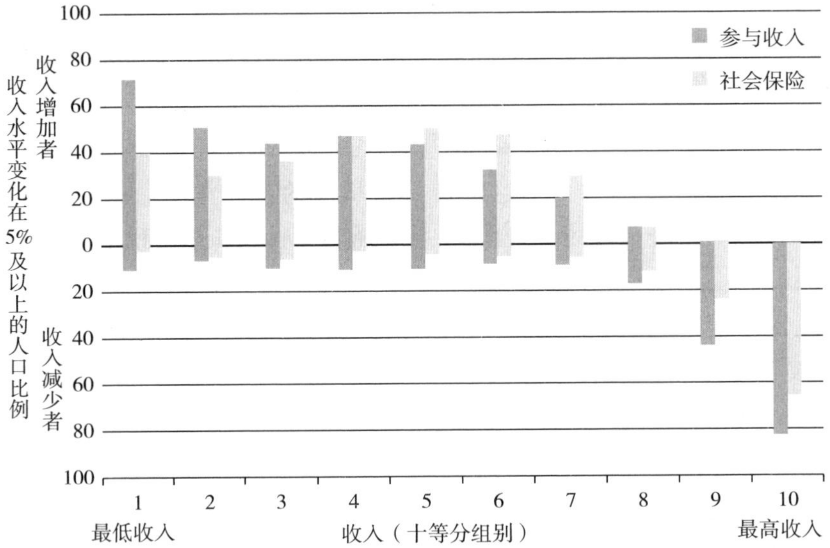

图2　参与收入方案和社会保险方案对收入的影响

注：这张图显示参与收入（PI）和社会保险（SI）建议对收入的影响；要想详细了解，请参见文中第13条和第14条建议。这两条建议都与第8条、第9条和第12条建议相结合。建议对不同的收入群组有不同的影响；这里将人口划为十等分，第一组是收入最低的家庭（后10%），第十组是收入最高的（前10%）。在每个收入组中，都有一定比例的家庭的收入增加了5%以上（在0以上的条柱部分）；也有一定比例的家庭，其收入减少5%以上（在0以下的条柱部分）。请注意在PI和SI建议中，往往都是低收入家庭收入增加，高收入家庭收入减少。这些结果只与本书提出的15条建议中的5条有关，但它们能产生25亿英镑的盈余，能帮助负担预算一揽子方案其他部分的净成本。

图2根据收入分配每个十分位（以家庭等值可支配收入排序）中收入增加或减少5%以上的人口比例，给出了参与收入和社会保险这两种政策建议所产生的影响，它们都涉及第8条、第9条和第12条建议。其中，“1”代表收入最低的1/10，显示其中主要是获益者，但也有些受损者。实际上，对参与收入方案来说，两组人都更多，72%为获益者，10%为受损者。后一个数字是令人担心的一个理由；但受损者可以通过其他没有被计算涵盖的建议举措得到帮

助。例如，由于起征点降低，投资收入不高的退休人员要缴纳更多税收，但他们很可能受益于提高小储户储蓄回报率的建议。

总的来说，参与收入的方案更具再分配性，而且相比社会保险方案，收入增长比例超过5%的情况会更有规律地随收入变化。对于社会保险方案，处于收入分配中间人群的收入增加者的比例较高。对于参与收入方案，处于收入分配下半部分（bottom half）的大多数人（52%）的收入增长5%及以上；而社会保险方案，该比例是41%——当然仍是一个令人印象深刻的数字。如果提高参与收入的水平，加之提高税率，那么处于收入分配下半部分的收入增长5%及以上的人口比例将升至62%。大规模再分配是有可能实现的。

对模型结果的补充说明

上文分析的对不平等的影响，只是这里提出的一部分建议的结果。实际上，第8条建议中还有额外的、没有进行建模的财政举措，它们往往也有助于降低不平等的程度。例如，取消投资者的税收优惠，税收优惠带来的好处本来大多归于收入上层的那些人。此外，必须结合基本的税收—福利模型的局限性来看待上述结果。虽然数据丰富，并且这些计算要比之前的计算方法有更加牢固的基础，但依然需要对结果保持警惕。就像保拉·德阿戈斯蒂尼和霍利·萨瑟兰在描述这个模型时所强调的那样，“高收入者、个体经营收入和投资收入通常没有被充分代表，有可能是因为相关类型人群对调查的无回复率较高，以及这类收入来源申报不足，尤其是高收入调查对象申报不足”。① 因此，这些结果很可能少报了由提高所得税最高税率带来的额外收入。

最大的缺陷是，这些计算没有考虑税收—福利变化引发的家庭总收入变化。提高最高税率可能导致税收收入被夸大。不过，在一揽子方案中也有其他因素会导致家庭总收入增加。我们建议采用的政策措施立足于降低人们对家计调查型福利的依赖，这种福利不仅无法惠及所有有资格获得的人，增加了繁杂性，还严重抑制了许多人的就业和储蓄。采用社会保险方案，将领取家计调查型福利的人数由2230万减少到1810万。采用参与收入方案，将更大幅度地把领取家计调查型福利的人数减少到1710万人，如果连同税率提高，还可以减少到1540万人。这将把用于家计调查型福利的支出由632亿英镑减少到408

---

① DeAgostini and Sutherland, EUROMOD Country Report, quote p. 72.

亿英镑，如果连同税率提高，还可以减少到359亿英镑。这是很大规模的调整：500万人乃至多达700万人将不再依赖家计调查型福利。这将减少税收减免额和其他家计调查型福利，从而减少面临高边际税率的人数。最重要的是，这将降低管理成本，并让许多人的生活更为轻松。

总结

简而言之，这些计算表明，税收中性的政策措施能显著降低整体不平等、整体贫困和儿童贫困。随着基尼系数由32%降至28%左右，英国将逐渐变得更像是一个走中间道路的经合组织国家，而不是与美国之类的高度不平等国家为伍。这些建议将显著减少领取家计调查型福利的人数。英国政府已经实施了“全民税收优惠”并保留家计调查型福利政策，而我在这里证明，还有其他选择。

不过，这只是迈向降低不平等的一个步骤。这些计算警示，税收和福利这类传统再分配方式效果有限。由此凸显了本文所提建议的重要性，因为这些建议试图在采用税收和转移支付的手段之前先降低市场收入的不平等。实现充分就业、更为公平的薪酬分配格局、更平等的资本所有权，这些是任何降低不平等策略中必不可少的要素。

法和经济学

Law and Economics

Comparative

监管型国家的法治

约翰·科克伦

1. 引言

美国的监管机构拥有巨大的权力。监管机构可以毁掉你的生活、你的企业，很快你拥有的资源就会变得很少。这种正在破坏经济的权力已经受到普遍的抱怨。更少被认识到但可能更为重要的是，日益膨胀的监管型国家对我们的政治自由构成了新威胁。

银行敢向美联储说不，或者商家敢向美国证监会说不吗？医院或者医疗保险公司敢向美国卫生福利部或者奥巴马医疗法案说不吗？项目需要得到环境许可的企业敢向环境保护署说不吗？药品企业敢挑战美国食品药品监管局吗？我们面对的问题不仅是国家层面的。地方上的房地产开发商如果需要得到分区规划许可，它敢向当地的分区规划委员会说不吗？

首先，这些监管机构自己需要得到政治支持。他们就像君主政体下的公爵，国王的问题是次要的。但是，他们现在需要为他们的政治议程寻求更广泛的支持。同时，在大的政党政治体制下，政治党派逐渐发现，新增强的监管权

---

* John Cochrane，胡佛研究所研究员，斯坦福大学金融学教授，美国国民经济研究局研究员。本文为提交给 2015 年 6 月 25 日胡佛研究所组织召开的“自由的创立：800 年后的大宪章”会议的文章。

力是用来加强其自身政治支持的非常理想的手段。

在过去800年美国和英国的历史中，最大的亮点就是缓慢并艰难形成的政治制度，这大体上可以用“法治”来概括，即限制政府的权力并保障我们的政治自由。在我们拥有民主前，美国的法治已经存在了两个世纪，而且可以说我们的民主就来自于法治。

迄今，这种法治一直处于危险状态中。但是，今天的危险不是来自于国王的专政，国王的专政促成了大宪章。也不是来自于多数人的暴政，暴政推动了权利法案的形成。今天，这种对自由和法治的威胁来自于监管型国家。监管型国家的权力过度扩张，并缺乏现有法律的制衡。于是，我们要么坐等这种政治权力滥用的更大扩张，要么提前意识到危险，并从现在开始着手建立制衡机制。

是的，我们今天面临的问题的一部分来自于法律本身，比如宽泛模糊的法律、政治化和武断的指控。现在，大多数“法律”是由监管机构起草并负责执行的，而不是国会。

当然，利用法律和监管来回报支持者和惩罚政敌，并不是什么新鲜事。富兰克林·罗斯福明白新政中的工作和合同急需得到政治支持，于是他利用“对资本的战争”① 来打击政治对手。新政也许没有取得经济上的成功，而且极有可能延长了大萧条的时间，但是它取得了巨大的政治成功，使民主党的权力保持了长达一代人的时间②。理查德·尼克松也曾试图让国税局来审查他的“政敌名单”。但是，现在对这种工具的利用有越来越厉害的趋势。

一种标签?

作为政治控制的工具，我还没有找到一个真正合适的词，来描述这种广泛的任意监管带来的威胁。

许多人称之为“社会主义”。社会主义意味着生产资料和方式的政府所有制。但在我们美丽的新世界中，私人企业是存在的，虽然他们受到严格的控制。奥巴马医改法案，就是由一个巨大的官僚机构控制着一个大型的卡特尔私

---

① Amity Shlaes, 2008, *The Forgotten Man*, http://www.amazon.com/Forgotten-Man-History-Great-Depression/dp/0060936428/ offers a good account。中文版见《被遗忘的人》，中信出版社，2008年。

② 关于这一点的新的学术研究，参见 Harold Cole and Lee Ohanian, 2004, “NewDeal Policies and the Great Depression: A General Equilibrium Analysis”, *Journal of Political Economy* 12, 779-816. http://www.jstor.org/stable/3555138。

人企业，这个企业与政府做着政治和经济方面的交易。奥巴马医改法案不是退伍军人管理局，也不是英国国民健康服务局。社会主义不会带来那么多钱。

它不是“俘获”。乔治·施蒂格勒描述了被监管企业“俘获”监管者的过程，这些企业利用监管来赶走竞争者。施蒂格勒提到，被监管企业肯定从政治上支持他们的监管者。但是，施蒂格勒指出，监管者和被监管企业一起打高尔夫，一起喝酒，而且这种权力的平衡牢牢掌握在被监管企业的手中。“俘获”看不到数十亿的犯罪案件和资金。同时，“俘获”不能描述国家的政治力量是如何运用监管权来获取政治支持的。

它也不完全是“裙带资本主义”。这个词比“俘获”更具有一些政治味道。是的，在企业和监管者之间有一道旋转门，通过它，企业可以让监管者按照企业的偏好去行事。但是，“俘获”和“裙带主义”都漏掉了权力的反向流动，从被监管企业和个人的观点来看，这是一种与魔鬼的交易，监管者利用监管来压制政治上的对手。

我们正在走向一种经济体系，其中许多行业被几家大型卡特尔化企业所占有，如6家大银行，5家大医疗保险公司，4家大的能源公司，等等。的确，这些企业受到免于竞争的保护，但代价是这些企业需要从政治上支持监管者和政府，并与他们进行交易。如果政府想让它们雇用某位员工，或者在不合适的地方建厂，它们需要照做。这样合作的好处是可以带来平静的生活。但越线的代价则是个人和企业的毁灭，很快的陨落。这既不是俘获，也不是裙带主义。

“官僚专制”，乔治·纳什引用赫伯特·胡佛的术语①相对比较合适。查理斯·穆雷，最近就监管型国家②写了一些文章，指出了其中存在的许多问题。他汇集了4450个不同的联邦犯罪案例——只是法律层面上的，并没有包括刑罚方面的监管条例和大量的民事处罚规定。他收集了17500页的联邦监管条例和模糊的授权性立法，对这些授权性立法，国会只是规定一些原则，如“普遍公平和平等”、“公正和合理的”，禁止“不公平竞争”或者“超额利润”等。在文章中，他指出了行政法庭和司法权的缺失、大范围的监管和相比而言微不足道的执法（但这些执法对那些被指控的企业和个人可能是毁灭性的）等问题：

① http://www.hoover.org/research/herbert-hoovers-life-and-his-crusade-against-collectivism.

② http://www.wsj.com/articles/regulation-run-amokand-how-to-fight-back-1431099256.

职业安全和健康管理局，管辖着800多万个工作场所。但是每3700个工作场所只有1名检查员。环境保护署对国家的每一片土地都有监管权力，但在2013年，它仅执行了大约18000次检查，这相对于它发布的命令而言只是很小的一部分。

穆雷提议，采取不合作主义，比如向监管机构抓住的那些少数“斑马”们提供保险。但是大体上来说，穆雷只是批评了监管型国家在经济上的无效率。我认为，这忽略了最大的危险，即监管对我们政治自由的威胁。刚刚参观过环境保护署的人可以体会到这种强大的压制作用。同时，我认为，他也没有解释我们是如何走到今天这个地步的。监管者和政客都不是傻子。自由主义者认为监管是如此的愚笨（事实上也是），但他们忽略了一点，即这些监管规则都是真正精明的人制定的。监管型国家作为政治权力斗争的理想工具，并没有被它的设计者所遗忘。

同样，亚历克斯·塔巴洛克和泰勒·考恩①很好地论证了，伴随信息化进程，监管的大多数经济理由已经消失了。优步公司远比出租车委员会更有效率。但是从政治上寻求支持贸易保护的需求和渴望并没有改变。在优步和出租车委员会之间的争论中，就像中世纪行会所提出来的那样，“保护者消费”还是作为一个重要的论据。

法治：魔鬼在细节中

“法治”和“监管”都是危险而又模糊的大概念。法治拥有道德上的巨大力量，以至于最坏的专制者都必须走走过场。斯大林也会为公开审判而操心。普京将“猫咪乐队”送上法庭，他们因“流氓行为”罪，被“合法”指控并被送到监狱。甚至亨利八世在砍人们的头前，也要进行审判。这不是法治吗?

这当然不是法治。但是，这也提醒我们，凭什么我们就认为官僚机构不会走过场呢?“法治”最终是对国家的一系列限制，防止它利用可怕的权力去强迫你给予政治支持。如果你反对卡斯特罗，你将会被送到监狱。如果你反对赫伯特·胡佛，你还能经营你的企业吗？当然可以。如果你反对奥巴马总统或者未来的总统希拉里·克林顿，你还可以这么做吗？如果你反对任一监管机构的政策，或者反对这些机构的领导人，你还可以这么做吗？如果你支持的候选人

---

① http：//www. cato – unbound. org/2015/04/06/alex – tabarrok – tyler – cowen/end – asymmetric – information.

并不持主流的立场，你还能得到监管机构的许可吗？答案不是很清楚。这就是美国今天面临的危险。

“法治”不仅仅是指书面的法律，以及表面上的审判、法官、律师和判决机制等。法治深深地蕴含在这些机制运作的细节中。你拥有咨询律师、询问证人、发现证据、上诉等方面的权利吗？法律对监管产生影响（主要从监管的经济效率和监管机构的政治独立性等方面），不是因为它的存在，而是因为它内在的特征和运作机制。

监管者也起草规则。他们根据明确的书面规定，罚你的款，关闭你的企业，把你送到监狱，或者只是用没完没了的要求骚扰你。因此，我们需要一个标准，去思考监管程序是否适用“法治”。这里有一些建议：

- 规则还是自由裁量？
- 简单/明确或者模糊/复杂？
- 事前可知的规则还是事后控告？
- 监管许可还是按规则文本行事？
- 明确的文本还是需要解读？
- 普遍执行还是随意执行？
- 发现、查阅证据和挑战决定的权利？
- 上诉的权利。
- 相对于政治过程的独立性。
- 快速决定还是拖延？
- 协商以及获得被监管者的同意。

规则还是自由裁量

这的确是一个核心区别。在实践中，监管是按明确的规则运作的吗？或者它只是监管者将其意愿强加给公司或个人的一个简单借口？有时，自由裁量权是明确的。有时，自由裁量权则来自于长达数千页的充满复杂、相互矛盾且模糊不清的规则文本。

简单/明确还是模糊/复杂

监管可以是简单清晰的，甚至是傻瓜式的。“任何建筑必须建造在地界线6英尺外的范围内”，这样的规定就是简单明确的。监管也可以是冗长、模糊和复杂的。如“企业不得从事不当行为”。许多监管规则长达数百页，冗长、模糊和复杂，加大了自由裁量权。

事前可知的规则还是事后控告

规则文本是事前可知的吗？还是在实践中，只是一个用于事后控告的设置？内幕交易规则是后者的一个很好例证。“内幕”的定义随着时间变化有所不同，事实上很难希望一家企业通过阅读全部规则文本，去知悉该做什么和不该做什么。更好的选择是与监管者保持良好的关系。

监管许可还是按规则文本行事？

有一种类型的监管，是存在一种规则文本的。你只要按照规则文本行事，就没有什么问题，你可以提前并且可以做你想做的事情。但在其他很多监管中，你必须首先得到监管者的许可，这种许可包括了大量的自由裁量权。环境评审就是一个很好的例子。

明确的文本还是需要解读？

一个正常人能够读懂规则的明确文本，并理解什么样的行为被允许或者不被允许？或者规则是如此复杂以至于需要专家来解读这些规则，或需要监管机构对这些规则做出解释？特别是，与监管机构有内部联系的专家是必要的，或者专家们曾经在这些机构工作过？

作为一个私人飞行员，我经常抱怨联邦航空管理局盲目的官僚主义和许多明显愚蠢的监管。但是，值得赞扬的是，他们有着一种强大的文化氛围，即规则文本比较通俗易懂，每一个飞行员都应阅读这些规则并能理解他们的意思。这是一个很难被误操作的体系。但是，金融、银行、环境、卫生保健和住房等方面的监管规则处于频谱的另一端，那就是晦涩难懂。

普遍执行还是随意执行？

那些很少被执行的监管规定，如果偶尔被用于严重惩罚，则更具有政治滥用的明显倾向。如果美国人在一天内①采取“共谋”的方式，在网络使用、濒危物种、湿地或者就业和移民等方面犯了3种重罪，但可能成百上千个人中，只有一个人被控告，而且体现出明显的政治滥用。

发现、查阅证据和挑战决定的权利

你有权利知道一个监管机构如何裁决你的案子吗？一步一步，它采取了什么样的假定，如何推断的，或者如何解释说明？通常很难知道，即使是在非常

---

① Harvey Silverglate (2011), *Three Felonies A Day: How the Feds Target the Innocent.*

重要的案例中。

例如，《华尔街日报》① 在关于大都会人寿保险公司被认定为“系统重要性金融机构”的专题报道中指出：

> 政府仍然拒绝准确地说明，是什么（威胁）促使大都会人寿保险公司具有系统性风险，或者公司如何改变才能够避免出现这样的风险。

该报继续报道说：

> 大都会人寿保险公司认为，政府的决定基于简单的推测和“没有披露的证据材料”。

由于这一案子还在裁决中，这里的问题不在于这些指控的正确与否，而是这些指控表明监管可以走向错误的方向。事实上，大都会人寿保险公司案例中令人惊讶的地方，在于这家公司敢于起诉，他们下了一个很大的赌注，即相信联邦金融稳定委员会不会进行报复。

上诉的权利

在法律上，上诉权是核心。监管中，往往只能向做出决定的同一机构提出上诉。谢夫林原则（The Chevron doctrine）严重限制了就监管决定（及监管机构自身）向其他任何外部机构进行上诉的权利。

我们继续以上面的大都会人寿保险公司为例：金融稳定委员会在立法、调查、起诉和裁决方面，没有任何分离的职能，再加上大都会人寿保险公司无法看到做出决定的全记录，这使召开一个公正的听证会几无可能。

在法律上，秘密证据、秘密裁决、秘密证词以及集立法、起诉、判决、陪审和执行于一身，应该是对法治核心原则的颠覆。最终的结果，是运用法律机器来压制政治上的反对。

相对于政治过程的独立性

有许多结构性的设计力图确保独立机构的“独立性”。同时，还存在一种矛盾力：我们生活在民主社会中，因此独立机构如果有很大的自由裁量权，就不能太独立。

这些重要的结构设计试图限制政党政治明目张胆地利用监管型国家，但是

---

① http：//www. wsj. com/articles/metlife - takes - on - jack - lew - 1434669950.

在限制官僚机构利用监管权来巩固自己的领地方面不是很成功，在限制难以察觉的政治合作方面也不是很成功。当绝大多数官僚同属一个政党，或者当政府雇员工会悄悄支持该政党候选人时，当监管机构的决策受到很强的意识形态影响时，明确的合作不太必要。

并且，监管型国家的规模、权力和自由裁量权等方面的巨大扩张，使这种独立的结构设计更加重要，因为它们正在变得支离破碎。

快速决定还是拖延

监管过程可以长达数年，一个精明的监管者并不需要针对政敌的明确规则，拖延就足够了。洛伊丝·勒纳（Lois Lerner）并不否决申请，她只是无限期地拖延。美国食品药品监管局也采取类似的措施，有时会拖延几十年。一个针对监管机构的新的大宪章的核心要素，应该是当事人享有要求监管机构快速做出决定的权利。如果决定没有及时做出，比如说6个月内，许可就应自动生效。

协商以及获得被监管者的同意

起草规则的过程需要改革。国会起草的授权性立法，经常是含糊和宽泛的。监管机构采用自己的程序来起草规则。他们经常邀请各方利益团体发表评论，但是常常随心所欲地忽略各方意见。我们就像站在国王面前的求助者，请求给予仁慈的待遇。

这是改革前的情况。以下的例子可以说明这种情形，包括环境保护署将二氧化碳定性为污染物的决定①，将“可通航水道”的定义扩大到包含几乎每一道水沟；卫生福利部就平价医疗法案做出的许多新解释；以及教育部的“亲爱的同事”信件等；不受限制的规则制定程序甚至超越了它先前温和的法律与协商方面的制约。

治理我们的制度结构如果有更正式的代表权、有更正式的起草规则的权力，就更能与法治传统下的议会制度相一致。

2. 对监管型国家的概述

我们真的有理由担心监管型国家吗？让我们来概述一下。

这里所举的案例大多来自媒体的封面报道，可以让我们很快对监管型国家

---

① http：//www. wsj. com/articles/barack – obama – re – founding – father – 1433373010.

有大致的了解。这里所举的每一个案例、更多没有被报道的案例，以及对这个庞大的监管型国家结构的认真调查，可以写成一本书。

我的要点并不是描述当前的丑闻。我的案例表明，目前已经形成的监管型国家结构很容易导致浮士德式政治交易的产生。利用监管权来压制政治自由的趋势已经形成，并且只会进一步增强。

当我们考察目前的监管态势时，需要思考当前的体制如何才能更好地体现“法治”，如何才能更好地尊重言论自由、拒绝的自由（freedom to object）以及反对监管和监管体制的自由。我们应该思考如何更好地让监管机构保持独立，以抵制日益极化的、赢家通吃的政党政治体制将监管权作为维护政治权力的工具。

银行

首先来看看金融。金融当然是指有钱的地方。

《多德—弗兰克法案》有2300多页，其中从来没有定义过“系统性”，对“系统性”的认定几乎是不可能的战斗。这个法案已经产生了成千上万页的附加规则，还有一些仍在制定过程中。仅仅是沃克尔法则中不允许用有保险的存款开展自营交易的规定，就有近1000页。如果称它为犹太法典式的法律，显然是对清晰简洁的犹太法典的侮辱。①

这样的结果就是形成了巨大的自由裁量权，这里既有偶然因素，也有人为设计的因素。人们只阅读监管规则，并不能知道哪些活动是被允许的。每一家大银行现在都有几十个或数百个监管机构长期插手。银行的每一个重要决策，都必须得到监管者的允许。

“压力测试”就是一个很好的案例。从这个案例看，我怀疑《多德—弗兰克法案》中的大量监管规则都是无用的，2009年春天的事后评估表明“压力测试”明显是成功的。这些测试已经成为美联储监管活动的基石。但是曾经发挥作用的未必能再起作用。

在“压力测试”中，美联储的员工设计各种情景，运用他们自己的计算

---

① 两篇优秀的评论文章总结了《多德—弗兰克法案》实施一周年后的状况：Phil Gramm, *Wall Street Journal July* 23 2008, “Dodd – Frank’ s Nasty DoubleWhammy,” http://www.wsj.com/articles/dodd – franks – nasty – double – whammy – 1437692851, and Jeb Hensarling, *Wall Street Journal July* 19 2015 “After Five Years, Dodd – Frank is a Failure,” http://www.wsj.com/articles/after – five – years – dodd – frank – is – a – failure – 1437342607。

机模型和银行的计算机模型来观察银行是如何经营的。然而，美联储并不提前告知情景。每一次，他们都设计出新的情景。他们知道，如果银行提前知道这些情景和标准，银行里聪明的员工会确保银行都能通过测试。而且，测试的结果与数十亿美元挂钩。

现在，美联储员工正在从事这项测试，据我了解至少与我曾经交流过的员工，都是诚实和独立于政治的。但是，这能持续多久呢？美联储抵制受惩罚银行（特别是那些在银行压力测试中跌出底线的银行）的诱惑能持续多久？令人惊奇的是，很少有大银行公开反对整个体制。他们明白，作为美联储的“敌人”是很难得到支持的。

从事压力测试的员工帮助银行通过美联储的压力测试，银行则给他们提供待遇优厚的工作邀请。伯南克现在就在为 Citadel 对冲基金公司工作。

这听起来像“俘获”的舒适世界，但是，请不要忘了冗长的刑事检察和数十亿美元的和解金。这些活动是由总检察长和司法部发动的，主要围绕着违反证券法规展开，而这两个部门和政府的关系更为紧密。标准普尔公司调低了美国债务的评级，使政府陷入尴尬的境地，但被指控欺诈性评级，而不得不面临 14 亿美元的和解金。穆迪公司也给出了同样的评级，但是它并没有这样的遭遇。这难道是一种巧合？拿钱、闭嘴、不招惹麻烦，是当前的上策。

在描述今天的华尔街时，《华尔街日报》很恰当地引用了摩根士丹利前董事长约翰·马克①的话“你的第一客户是政府”，这里面包含着“大约 50 个全职的政府监管者”。

消费者金融保护局

另一个例子是消费者金融保护局（CFPB）和司法部，指控联盟银行（Ally Bank）在汽车借贷方面存在歧视行为，并给予近 1 亿美元的处罚②。联盟银行向借款人提供汽车贷款，借款人和银行协商利率。所有人不得收集借款人的种族数据，所以法官对借款人的姓氏和邮编进行了统计分析——利用贝叶斯统

① http：//www. wsj. com/articles/SB10001424127887324324404579044503704364242.

② http：//www. wsj. com/articles/washingtons – latest – bank – heist – 1428362436；http：//files. consumerfinance. gov/f/201312_ cfpb_ consent – order_ 0010. pdf；http：//dealbook. nytimes. com/2013/12/20/ally – in – 98 – million – settlement – on – bias – in – auto – loans/；Seealso followup WSJ coverage on the conundrum of how to distribute settlement moneyhttp：//www. wsj. com/articles/do – two – half – victims – make – a – whole – case – 1428966741.

计方法——裁定少数种族被收取了过高的费用，这堪称将种族笑话编进了法律。

联盟银行为什么要付这笔罚金？当然，他们也许能在法庭上胜诉。但是没有人愿意被贴上种族主义的标签。同时，司法部和消费者金融保护局手里还有很多牌可以打。消费者金融保护局可以否决任何它认为是“不当行为”的金融零售安排，这样就可以把联盟银行扫地出局。

注意在这个案例中，并没有任何关于歧视性做法或意图的指控或者证据。这个案例只是表明，司法部和消费者金融保护局不喜欢没有证据这样的统计结果。

更为重要的是，这是一个事前可知的监管规定还是剥夺权利的法案？消费者金融保护局和司法部是否做到了，在它们的网页上能够查到利用贝叶斯方法改进后的姓氏地理编码程序，并告知金融机构“请下载贝叶斯姓氏地理编码程序，确定你是按此发放贷款，这样就可以得出正确的统计结果”。显然没有。这并不是一个被人知悉的监管规定。联盟银行没有办法确保他们的借贷恰好是按姓氏来的。

不幸的是，在《华尔街日报》的报道中，更大的罚金安排可能会出现。J. P. 摩根在最近提交的文件中指出，正在和法官讨论汽车信贷中可能存在的“统计差异”问题。摩根去年的资产负债表上有 500 多亿美元的汽车贷款，无论实际上的还是想象的差异，无疑都会产生一笔更大的罚金。

当奥巴马医改法案和同性恋婚姻的决定在 2015 年夏天充斥荧屏时，法院对统计歧视和差异影响的支持，是对自由的最大冒犯①。没有明确宣称的歧视意图，没有遵循规定的程序，司法部可以按照自己的感觉咀嚼数字的含义，同时根据统计分析结果将你定性为种族主义者，并将你拖入法庭。

美国证监会

美国证监会对内部交易的监管，是自由裁量权过度扩张的一个很好的例子。对内部交易，法律上并没有给出定义。除了与内部人合作（内部人承担不能基于信息优势而从事交易的法律责任）外，几乎没有经济理由进行这种政治迫害。这个游戏被描述为有着大笔罚金安排和新理论支撑的大诉讼。

---

① Texas Department of Housing V. inclusive communities project, http://www.supremecourt.gov/opinions/14pdf/13 – 1371_ m64o. pdf.

因此，这种自由裁量权很大。美国证监会可以毁灭任何它想毁灭的。如果你正在运作一个对冲基金，这时证监会指控你从事内部交易，他会把你的电脑掠走，并关闭你的企业。当然，从现在开始5年内，你可能在法庭上赢了他们，但是你的顾客已经离你而去，基金从拿走你的电脑那天开始就已经被关闭，而且你还只能起诉证监会本身。

自动签收（Robosigning）

金融危机期间，许多银行在行使房屋止赎权时，没有正确填写所有的表格。对银行的指控完全是程序方面的，而不是针对银行驱逐那些正在支付抵押贷款的人。从美联储的新闻发布会上①，我们了解到，美联储发现银行在“不安全和不合理的程序与做法”方面有过错。于是，美联储与5家银行、总检察长、司法部等部门原则上达成了全面的和解协议……这种和解协议需要银行为住房抵押贷款的借款人提供250亿美元以及其他指定类型的资金援助和补偿。

美联储被认为是一个非政治性的独立机构，致力于保证银行安全和制定货币政策，与政府一起，将250亿美元从银行股东手中转移给抵押贷款的借款人（这些借款人不是自动签收的受害者，而是其他借款人）和“非营利性住房咨询机构”手中。这是一个很小的例子，但却很具体。

监管正从传统的广泛应用规则，转向偶发性的大规模执法行动，经常涉及刑事诉讼方面的威胁，并以高额和解金了结。《华尔街日报》② 记录了这种趋势。例如，环境保护署“采取了规模更大、更复杂的执法策略，尽管数量不多”。

同样，拉里·帕金森，另一位前联邦检察官负责对联邦能源监管委员会（FERC）的调查，他指出，联邦能源监管委员会的监管主要针对诸如市场操纵等更严重的问题，而不再关注更传统的违法行为。例如，2008年该机构的大多数处罚都是针对能源公司违反天然气托运人需维护天然气权利的要求。“操纵市场”与天然气权利检查相比，显然具有更模糊和更大的自由裁量权。

《平价医疗法案》和奥巴马医改法案

《平价医疗法案》有2700多页，还有很多复杂的附属规则，以至于人们对其实际法条（regulations）的页数争论不休。斯卡利亚大法官引用禁止残酷

---

① http://federalreserve.gov/newsevents/press/enforcement/20120209a.htm；http://federalreserve.gov/newsevents/press/enforcement/20120213a.htm；我的更多讨论请参见 http://johnhcochrane.blogspot.com/2012/02/fed-independence-2025.html。

② http://www.wsj.com/articles/SB21243517353677433384204580564650048326296.

和异常惩罚（cruel and unusual punishment）的第八修正案来驳斥这一法案。

美国传统基金会统计了 1327 项豁免情形①。显然，需要得到某种酌情豁免的人，不应对卫生福利部或者这部法律大加批评。

根据《平价医疗法案》，医疗保险和卫生保健企业的卡特尔化几乎是社团主义的教科书式案例。大医院的医生和保险公司成为受保护的小型卡特尔。卫生福利部和各州大搞交易，以换取对《平价医疗法案》的政治支持，如此等等。同时，《平价医疗法案》自身成为一个高度党派性的问题，对它的支持早已沦为政党政治。

在医疗保险公司合并成为两个或三个大公司方面，《华尔街日报》② 引用安泰保险金融集团（Aetna）CEO 马克·贝托里尼的话说，联邦监管机构“对我们大多数人而言，已经成为我们最大的客户”。同时，他补充道：

> 所以，你必须知道其中的关系，如果你准备与最大的客户长期保持积极的关系。我们都可以有自己的政治观点，不管这些观点对错如何，但是在目的分析（end – analysis）中，监管机构为我们带来了大量金钱，因此有权在如何管理我们的企业方面告诉我们一些他们的真知灼见。

《华尔街日报》指出，“这种驯化正是奥巴马医改法案实现政治控制目标的一部分”，这回应了我的担心。

联合健康公司（United Health）③ 想加入加利福尼亚州的健康保险交易所 Covered California。加利福尼亚州的许多地区现在只有 1 家或 2 家保险公司，因此，显然需要有竞争和选择。但是，加入交易所首先需要得到监管机构的批准，联合健康公司被拒绝了。为什么？洛杉矶时报写道：

> 彼得·李是 Covered California 的执行董事，他表示，老牌保险公司不能随意进入加州。他说，不允许老牌保险公司削弱那些刚刚起步、并做出了重大投资、在第一次开放投保期间（open enrollment，在此期间，保险公司必须接受所有投保申请）签下了 120 万人的公司。

---

① https：//www. askheritage. org/how – about – a – national – obamacare – waiver/.

② http：//www. wsj. com/articles/obamacares – oligopoly – wave – 1434755295.

③ http：//www. latimes. com/business/la – fi – obamacare – unitedhealth – 20150116 – story. html.

彼得·李进一步说道：

> 我们认为，帮助加利福尼亚成为全美典范的医疗保险计划不应被其他外部人的保险计划所削弱。

这个例子最清楚地说明了，一个监管者如何利用自由裁量权来使他所监管的产业卡特尔化、保护在位企业的利润、对不支持其政治目标的企业予以惩罚。对于联合健康公司是否有能力服务加利福尼亚州的客户，或者是否遵守监管规则，他没有任何说法。

还是在加利福尼亚，《华尔街日报》报道①，一家名为 Daughters of Charity Health System 的保健公司想将 6 家破产的医院卖给普莱姆（Prime）公司，普莱姆公司已经同意接收债务，并愿意承担 3 亿美元的养老金责任。按照州法律，非营利医院的销售和收购必须经过检察长卡马拉·哈里斯的批准，但这方面只有一个模糊的指引，即这类交易需要符合“公共利益”。由于普莱姆公司在加利福尼亚州的 15 家医院中，只有 4 家成立了工会，所以服务业雇员国际联合工会（Service Employees International Union，SEIU）反对这次合并。于是，哈里斯女士否决了这一合并。

就像所报道的那样，这一事件是向工会的政治投降吗？也许是，也许不是。这里的关键是为什么能够这么做，因为总检察长在是否批准医院合并方面拥有极大的自由裁量权。

联邦食品药品监管局

胡佛研究所的亨利·米勒讲述了三文鱼审查过程中的悲惨故事，这一申请在 1996 年就已提交，但直到现在还在审查过程中②：

> 考虑到联邦食品药品监管局曾经对转基因的大西洋三文鱼施以处罚，这种转基因三文鱼的成熟率比野生三文鱼要快 40%，其基因组中加入了奇努克三文鱼（Chinooksalmon）的生长激素。
>
> 联邦食品药品监管局花了十多年时间来决定如何监管三文鱼。特别是，他们采取了最繁杂艰巨的路径，在监管新的转基因动物工程时，把它视为对兽药（类似于一种跳蚤药或者镇痛药）的监管。经过数年的审议，

---

① http：//www. wsj. com/articles/when – unions – trump – hospitals – 1426721146.

② http：//www. hoover. org/research/fda – department – stagnation.

监管部门在2012年得出结论，认为三文鱼没有检测到差异性，“与作为食物的传统大西洋三文鱼一样安全……”

当联邦食品药品监管局在2012年4月份完成了环境评估并准备发布时，三文鱼进入市场前的最后一道障碍出现了，白宫进行了秘密干预。审查过程从我们的视野里消失了，直到那年的12月份，联邦食品药品监管局最终被允许发表环境评估（评估结果毫无悬念：没有重大影响），并提到，在正式批准前还要经过短暂的公众评论时期。

科技作家乔恩·恩蒂尼（Jon Entine）揭露了联邦食品药品监管局环境评估延迟发布的原因。他指出，白宫的干预发生在2012年春季，当时卫生和公共服务部长凯瑟琳·西贝利厄（Kathyleen Sebelius）的办公室与总统行政办公室瓦莱丽·贾勒特的相关官员之间发生了一次争论，他们当时正在争论批准转基因三文鱼带来的政治影响。转基因植物和动物一直是总统政治基石中的有争议话题，在总统的民意降到低点时，被认为对其连任的努力具有关键意义。

不用说，20年的拖延足以使一个项目无利可图。

这是一个很好的例子，因为联邦食品药品监管局在评估一种食品时，规定了非常精确的基于科学的程序。但它忽略了一点，即做出决定应有时间上的限制。但是强大的政治力量不喜欢转基因食物，科学在这里受到了打击。

环境保护署

清洁的环境是非常重要的。污染具有明显的外部性。我们也可以把它当作一个纳什均衡。一个行业中的每一个竞争对手都愿意支付额外的钱用于生产干净的产品，如果他的所有竞争对手都这么做的话。

但是，现在的环境保护署违背了我所建议的在监管型官僚机构中维护法治的每一个要点，政治滥用愈演愈烈。自由裁量权、潜在的无休止拖延、事前许可以及派系化的官僚政治才刚刚开始。

在卵矿石矿井的争议①中，环境保护署在某个矿井开采项目提交环境评估

① http：//www. washingtonpost. com/national/health – science/internal – memos – spur – accusations – of – bias – as – epa – moves – to – block – gold – mine/2015/02/15/3ff101c0 – b2ba – 11e4 – 854b – a38d13486ba1_story. html；http：//www. wsj. com/articles/the – greens – back – door – at – the – epa – 1431645574.

申请之前，就事先否决了这个项目，后来发现它和该项目的竞争对手之间有一些密谋。请注意，我在这里并没有评论开采矿井是好还是坏，只是指出，评估程序明显因政治目的而被滥用了，矿井所有者也知道，绝不能说环境保护署的坏话或批评政府对环境保护署的这种控制。

Keystone 管道的案例，是监管拖延和政治化的典型案例。可能仅次于环境保护署将碳作为污染物的裁决。

先前，任何人因为其他原因反对一个项目，比如它会挡住我的视野，都可以利用环境评估来阻止它。现在，在任何商用项目中，拖延和否决一样有效。

在阿里·阿门达里兹（Al Armendariz）的小故事中①，作为环境保护署第六区的负责人，他提出将一些受到惩罚的石油公司列入“十字架名单”，作为案例来警示其他公司。他在录音中说：罗马人过去征服地中海的小村庄时，会进入一个土耳其小镇，然后对发现的头 5 个人进行严刑拷打，从而震慑村里的其他人。如此一来，这个小镇在随后几年中就会比较容易管理。我们确实有一些非常有效的执法工具。通过利用这些工具，服从度很快就会上升。

借用这个故事中的做法，阿门达里兹关闭了 Range 资源公司——第一批用“水力压裂法”来开采油气的公司之一。Range 公司进行了回击，最终有一位联邦法官支持了它。监管机构通过将几家公司列入惩罚“十字架名单”的做法，以明示服从的成本，但是它所选择的案例往往是那些基于政治原因而受到惩罚的公司。

互联网

互联网是我们这个时代最具破坏性的技术创新。与当代美国的其他任何活动不同，它迄今为止还“无需许可”，你在创建一个网站时并不需要得到监管机构的事先批准。

但在看似合理的“网络中立”的旗帜下，互联网面临越来越大的监管压力，而真正重要的是，某些企业是否有权利支付额外费用以获得更快捷的服务。“网络中立”意味着禁止乘坐商务舱。联邦通讯委员会，一个所谓的独立机构，对此问题进行了研究，发现没有找到任何理由来监管互联网。

2014 年 11 月的一个晴朗的日子里，联邦通信委员会委员汤姆·韦勒一定

---

① http：//www. forbes. com/sites/christopherhelman/2012/04/26/epa - official - not - only - touted - crucifying - oil - companies - he - tried - it/.

发现放在他床上的马的头，更具体地说，奥巴马总统发布的公告令他大吃一惊。《华尔街日报》① 描述道："这些措手不及的美国通信委员会官员们"。

结果不再仅仅是"网络中立"，而是互联网要全部适用1935年的电信监管规则。特别是，包括第二章的费率管制，美国通信委员会将全权决定什么样的费率是"合理的"。联邦通信委员会宣布，它将"克制"着去行使这一权力。同时，它还拥有限制网络内容方面的权力，是的，它会告诉你什么可以放在你的网站上，即必须符合"公平原则"。但是这种克制具有极大的自由裁量权。因此，如果一家公司要想投资光纤线路，最好先与联邦通信委员会和政府搞好关系。

监管机构的独立性是防止利用监管权力诱导政治支持的一个关键制度设计。《华尔街日报》关于决策背后的政治方面的报道，很好地描述了特定企业是如何接近和驱动白宫做出这种决策的。在委员会3:2的投票结果中，2位共和党人针对监管的党派性质，发表了极具讽刺性的不同意见。

哎，互联网都正在向华盛顿靠拢。优步公司直接从政府雇用了著名的技术顾问大卫·普鲁斐。考虑到优步在劳动法方面遇到的麻烦，加利福尼亚州的一个法院最近裁定它的承包商是雇员，同时需要适用整个美国的出租车监管规则，因此投资于政治对优步公司来说是不错的生意。

竞选资金

竞选资金方面的法律和监管，都是关于限制言论自由和改变谁能当选。因此，对于这一目的，人们不应该感到惊讶。

然而，最近的趋势比平常更令人不安。

洛伊兹·勒纳，国税局免税部主任，在2012年总统大选前，阻挠保守派非营利组织的申请。她的主要策略是无限期拖延，一切都要等到选举过后。

斯科特·沃克的麻烦也同样享有盛誉。密尔沃基地区检察官约翰·启森就"John Doe"探头②事件，向保守派宣传组提起诉讼，"向保守派发了传票，突袭了他们的家园，并发布了调查对象不得透露调查事实的禁言令"。后来，尽管真相被曝光，并上了法庭，也是直到选举结束后。不管怎样沃克赢了，但也

---

① http://www.wsj.com/articles/how-white-house-thwarted-fcc-chief-on-internet-rules-1423097522.

② For example, http://www.wsj.com/articles/wisconsin-goes-to-the-supremes-1429744522.

可能没有赢。

自2010年以来，政府一直在推动非政府组织公布所有的捐赠者，就像竞选活动必须公布捐献者一样。这听起来似乎平淡无奇，“披露”？谁能反对？将“大笔的钱”捐献给政治，难道不应该公开吗？

是时候不能再由拥有巨大权力的监管型国家随意惩罚它想惩罚的人了。专制者往往从制定名单开始。尼克松至少需要编订他自己的政敌名单。

斯诺登

斯诺登事件教给我们一些关于政府的重要教训。美国国家安全局收集电话的“元数据”。你可能会说，它只是收集谁给谁打了电话，并没有收集电话的谈话内容（除非你向国外打电话）。

即使这些元数据也能揭示一些问题。假定你把电话打给了三位癌症医生、匿名的戒酒者和两位离婚律师。如果你想竞选参议员，这类信息将是政治炸药。

国家安全局收集的内容，不仅仅是元数据，还有发往国外的所有电子邮件。国家安全局可能拥有希拉里·克林顿的许多丢失的邮件，包括杰布·布什的。那些将竞选拖下水的信息也许就躺在国家安全局的电脑里，除非他们俩的任何邮件都不会出现像米特·罗姆尼关于47%选民那样的尴尬言论。

你说，这些信息永远不会被泄露出去？斯诺登证明情况恰恰相反。政府电脑上的任何一条信息都可能是斯诺登、洛伊兹·勒纳或者黑客推特网上的资料来源。

约翰·奥利弗对斯诺登的采访①包含一个有趣的启示。互联网是非常神奇的事物。美国人用它做什么？他们将自己的私人照片传到电脑上。这样，国家安全局的员工就可以定期通过欣赏这些照片获得极大的乐趣。

电子身份验证

作为大多数移民协议的一部分，我们很容易发现，移民要想找到工作必须进行电子身份验证。每一个人如果想在美国找到工作，必须得到联邦政府的事前许可。

在这里，我们先不谈同一个政府如何运作奥巴马医改法案网站的问题。在我写这篇文章的时候，所有前往美国的签证申请因为硬件问题已经停办了2周。让我们关注一下这里面的政治含义。

---

① https：//www. youtube. com/watch？ v = XEVlyP4_11M.

身份验证这种权力会自然而然地扩张。首先，人们没有正当合理的移民文件。但是，如果有了，为什么还要执行移民法呢？对于谁可以工作以及什么时间和在哪里工作，已经有一大堆法律来监管：人们必须有合适的许可证，良好的背景检查，是工会会员等。你在美国证监会最新的调查中是否有罪？如果有，电子身份验证系统可以让你再也不能从事金融工作，甚至不能做一个银行出纳员。或者一个违反《濒危物种法》的裁决，就可以让你永远离开劳动队伍。

每一个专制政体通过控制人们工作的权利来控制它的公民。每一个想找到工作的美国人，必须得到有爱德华·斯诺登和洛伊兹·勒纳的政府的事前许可，这是我们真正想要的吗？

交易

在反恐和反毒品的战争中，我们已经失去了私下交易的权利。政治异见人士拥有私下自由言论的权利。人们尽管反对政治，但拥有谋生的权利，以及私下交易的权利。这三项权利都在逐步消失中。

也许你会陶醉于斯蒂芬·金的《肖申克的救赎》中的结局，其中的英雄从银行取出了现金并前往墨西哥。但根据今天的银行法，这种故事再也不会发生。

最近的一个政治例子是，丹尼斯·哈斯特①近来被指控在银行提款中，违反了10000美元的限额规定。哈斯特想要得到这笔钱，因为勒索者掌握了他某些令人尴尬的隐私，他必须向勒索者支付这笔钱。

哈斯特退休了。但是有抱负的政治家在他们的个人交易中真的不应该有隐私吗？

教育

正如丹尼尔·亨宁格②所说：新体系下的历史学家会把教育部公民权利办公室2011年发布的一封“致亲爱的同事”的公开信③，作为针对性骚扰的分水岭事件。

这封信甚至不算是正式的规定，它要求所有美国的大学必须建立一套应对性暴力的准司法体系。司法部的特殊诉讼科和住房与民事执法科已经强迫警察

---

① http：//www. washingtonpost. com/news/morning - mix/wp/2015/05/29/jaw - dropping - dennis - hastert - indictment - stirs - deeper - mystery/.

② http：//www. wsj. com/articles/barack - obama - re - founding - father - 1433373010.

③ http：//www2. ed. gov/about/offices/list/ocr/letters/colleague - 201104. html.

部门、学区、监狱和住房机构等设置了大量诉讼点。无论是非曲直，当地人知道抵抗司法部的代价实在太高了。

《国家评论》杂志①关于劳拉·可皮尼的报道，就是这一监管的政治运用方面的很好例子。可皮尼教授“在高等教育纪事报上写了一个专栏②，认为大学校园是产生‘性妄想症’（sexual paranoia）的地方”，她很快就成为其文章中论证的“教育法修正案第九条”的审查目标。尽管最终被还以清白，但这说明了监管权力对言论自由的压制。

3. 针对监管型国家的大宪章

监管型国家的权力正在稳步增大，然而它缺乏很多制衡，正是这些制衡构成了法律体系中的某种“法治”。目前我们面临的一个显而易见的危险是利用监管来进行政治控制。每一个行业都被几家听话的寡头企业所垄断。课以重惩的威胁和常规法治资源的缺乏，促使个人和企业必须与控制监管机构的政治组织或党派保持一致。

我们还没有完全走到那个地步。科赫兄弟公司还不在环境保护署惩罚“十字架名单”上，环境保护署也还没有对该公司拥有的每一家工厂展开调查，公司也还不必面临司法部、国家劳资关系委员会、均等就业机会委员会、职业安全与卫生条例管理局等一系列监管机构的调查。尽管我写了这样一篇文章，胡佛研究所还能保留它的免税状态。自由的媒体依然存在，我在早晨还可以阅读《华尔街日报》上的恐怖故事，现在还可以自由上网。

但是，我们已经走在这条路上。什么能够阻止它的发生？答案再简单不过了。“拆除监管”，但不是简单地“撤除法律”。自大宪章以来的800年中，我们学到的是，法律的特性及其在运作中的具体结构是重要的。法律是好的，因为它保护了公民免受专横权力的侵害。

针对监管型国家，是时候该有一部大宪章了。监管需要遵循我前面开列的单子。人们需要有挑战监管机构的权利，也就是说，能够查阅不利证据、挑战监管决定、对监管决定提起上诉。

人们有权利要求监管机构做出快速决定。要对监管实施“人身保护令”

---

① http：//www. nationalreview. com/article/419359/Laura – Kipnis% 27s – title – ix – show – trials.

② https：//chronicle. com/article/My – Title – IX – Inquisition/230489/.

(habeas corpus)，也就是说，如果监管机构在6个月内未能对某一监管事项做出裁定，就应当自动视为监管机构支持被监管者一方。

恢复经济增长依赖于对监管型国家的改革。但是，更深层次也可能更为重要的是，通过改革来保护我们的政治自由。

(徐兰飞　译)

新书架

New Books

Comparative

评《人为制造的脆弱性》

廖　岷

以史为镜，可以知兴替。

美国学者查尔斯·凯罗米里斯（Charles Calomiris）和史蒂芬·哈伯（Stephen Haber）合著的《人为制造的脆弱性：银行业危机和信贷稀缺的政治根源》（*Fragile by Design*：*The Political Origins of Banking Crises and Scarce Credit*），2014年出版后，被英国金融时报和麦肯锡推荐为“2014年最好的18本商业书”。金融时报首席经济评论员马丁·沃尔夫在推荐词中用“资料丰富（informative）”形容本书，《金融之王》的作者利雅卡特·艾哈迈德对本书赞誉有加：“如果你正在寻找几个世纪以来银行业发展的丰富史料以及政治在其中所扮演的角色，本书所做的研究无出其右者，不愧为经典之作”。我们在翻译过程中，对此也是感同身受。

两位作者以其多年研究金融危机、政治制度、产权制度以及经济史的深厚学术积淀，通过纵横对比英国、美国、加拿大、墨西哥和巴西五个国家自17世纪以来的银行业发展及政治环境变迁，得出了本书的核心观点，即金融危机和信贷稀缺并非随机分布，而是来源于“银行交易博弈”（Game of Bank Bargains）。作者认为，银行体系是“银行交易博弈”的产物，政治交易下的“利益伙伴关系”主导着银行业政策的制定，决定着从牌照发放、网点设置到信贷分配，从监管模式到银政关系等内容，而这些内容反过来又决定了该国实体经济获得信贷的便利性以及发生系统性银行业危机的可能性。

本书的写作缘起于2007—2008年金融危机，但本书试图回答的问题绝非仅限于此次危机。作者首先列出了一系列惊人但却一直被人忽视的事实：一是危机广泛存在，在1970—2010年间，117个国家中仅有34个国家（29%）未遭遇过银行危机①，62个国家遭受一次危机，21个国家经历两次及以上的危机；二是国家间对比鲜明，自1840年以来，美国遭遇过12次银行危机，但邻国加拿大却从未遭遇过危机，加拿大比美国天气严寒的解释只能是一个笑谈；三是稳定且信贷充裕的地区极少，只有六个，其中一半是小型经济体，如新加坡、中国香港，较大的经济体中仅有加拿大和澳大利亚。基于以上事实，本书提出了其核心需要回答的问题，既然金融能促进经济增长，为什么稳定且高效的银行体系如此稀少？

作者的回答是，银行体系的脆弱性和银行信贷的稀缺性反映了一个国家的根本政治制度结构，政治是银行赖以运行的产权制度的核心元素，各国无法“选择”其银行体系，只能在政治制度允许范围内形成和发展各自的银行体系。银行体系要得以运行，必须解决三大产权问题：大小股东和存款人权益均需得到保护免受政府侵害；存款人和小股东利益需得到保护，免受大股东侵害；大小股东以及存款人权益均需得到保护，免受债务人侵害。三大产权问题的解决都需要借助政府力量，但现实情况是，政府与银行又有着内在的利益冲突：政府既监管银行也从银行融资；政府以法律形式确保贷款合同执行，紧逼借款人偿还债务，但在政治上需要借款人的支持；政府在银行破产时决定损失的分配，但又需要存款人的政治支持。

正是这种相互关系，决定了各国的银行体系都是政府和私人部门之间博弈的产物，即“银行交易博弈”。银行交易博弈很大程度上遵循政治逻辑而非效率逻辑。博弈的结果决定了市场准入与竞争，信贷标准与定价，银行破产时的损失分配，以及银行业监管制度的设计。在不同国家的不同时期，博弈参与方各不相同，取决于其在政治上的重要性。

作者查尔斯·凯罗米里斯是美国哥伦比亚大学教授，金融制度学和金融史是其专长，史蒂芬·哈伯是斯坦福大学胡佛研究所教授，对产权有长期的研究，两位学者各自居于美国东西海岸，历经四年时间的思想碰撞，最终共同完

① 不同于一些泛泛探讨金融危机的文章，本书首先对“银行危机”进行了较为准确的量化定义，即银行负净值或政府救助成本超过GDP的某个关键百分比，或系统性流动性中断（如大范围银行挤兑），但不至于出现银行严重资不抵债或代价高昂的政府救助性干预。

成了这本跨历史、政治和经济学的长篇巨著，为世人观察各国银行体系发展提供了“银行交易博弈”这一独特的视角，阐述了不同的银行体系为何是由政治交易塑造的，又是如何被塑造的。在浩如烟海的现代银行业危机研究文献中，这样的研究视角的确是另辟蹊径。其翔实的史料和独特的视角，无论是货币当局、监管者、银行家，还是普通金融消费者都可以从自身的角度，获得对银行业发展新的认识。

在研究路径上，本书不拘泥于特定的理论流派和体系框架，而是以一种更为平衡和实用的研究路径，通过借鉴众多学术传统中的概念、理论和方法来阐释重要的社会问题，忠于知识的探究和问题的解答，既包含纯粹的学术辩论，也试图回答决策者和从业者的现实困境。诚如作者自己所言，“我们并不试图兜售一个精巧的、永恒不变的模型来解释银行成败的一切。相反，我们只是尝试一种特殊的思考方法来展示政治和银行体系的关系，以理解银行体系在不同时期、不同国家的运行方式。我们的框架结合了历史知识和博弈逻辑。这一思维方式为我们理解所观察到的世界提供了独特视角，但也具有重要的否定意义——即我们需要对现存的主流观点进行修正”。通过数据模型分析，找出国家间共性因素解释某一宏观问题的研究方法在此次危机后已饱受质疑，后危机时代的迷思呼唤更多从制度和历史角度出发的研究，更多不仅限于欧美的比较研究，更多对复杂问题的解释框架的构建而非强调单一要素作用的大理论探索，本书体现的正是这样一种更趋包容、开放、平衡和实用的研究范式。而作者对于史料的充分掌握和娴熟运用，读来兴趣盎然，也是使之超越同类书籍而有望成为经典的核心要素。

以史为鉴，正如已故诺贝尔经济学奖得主道格拉斯·诺思曾说过，“历史总是重要的。它的重要性不仅仅在于我们可以向过去取经，还因为现在和未来都借由社会制度的连续性与过去连接。今天和明天的选择是由过去决定的”。本书在历史视野下关注政治因素对于金融制度变迁的影响，既揭示了各国银行业发展中的路径依赖，也为宏观和微观金融制度安排提供了有益借鉴。

首先，在银行准入、市场竞争和市场效率方面，本书用令人印象深刻的历史比较，给出了鲜明的答案。1694—1825 年，英格兰银行业高度垄断，仅有一些微小的乡村银行和金匠银行，以及唯一一家大型商业银行英格兰银行，所有银行几乎都没有分支机构。而同一时期，苏格兰却形成了完全不同的竞争性的银行体系，三家特许银行平均各有 15 家分支机构，放开银行特许权后出现了众多普通商业银行，平均下设 3 个网点。由此形成的结果是：苏格兰的人均银行资产是英格兰的 1.25 倍，存贷款利差比英格兰低 1 个百分点，银行倒闭率仅为英格兰的 1/5，同时苏格兰银行业出现了大量的组织形式和业务工具创新，成为当时全球银行业的典范。事实上，多国经验表明，微观主体的多样性和差异化是有“牌照准入”行业实现市场效率和提升竞争的重要保障，一个能够稳健应对冲击的金融系统应该是多样化的。我国目前以银行业为主的金融体系结构，决定了在提升金融体系整体效率和服务水平的过程中，除了进一步发展直接融资之外，提升间接融资配置金融资源的效率也是重要方面，其核心就在于如何激发银行业微观主体的活力。具体来说，一方面要允许并鼓励现有银行业金融机构深化改革，完善公司治理机制，提升经营管理水平；另一方面也要扩大对内开放，引进更多符合条件的民营资本进入银行业。但作为新的市场参与者，民营银行如何找准市场定位、明确发展战略，如何互补发展、错位竞争，都是现在和未来需要解决的重大课题。

其次，贯穿本书始终的三大财产权问题是各国银行业发展面临的共性问题，但在不同国家的表现不同，政府的解决方式也必然有所不同。在大小股东权益与公司治理方面，确保小股东以及存款人的权益得到保护，免受大股东侵害，这是本书提出的银行运行的三大基本财产权问题之一。对于大股东对公司治理的两面性已有很多讨论，即股权集中有利于克服外部性障碍，为其他外部股东提供“监督”这一公共产品，但大股东追求其收益的代价有时需由全体股东承担。商业银行的资本结构、风险属性、受政府监管以及担保的程度都与普通工商企业不同，大股东控制权滥用的形式也有其特殊性，既有关联交易下的内幕交易或欺诈，也有大股东蓄意引导银行从事高风险业务，而且存款保险以及最后贷款人等制度安排在提升系统稳定性的同时，也在一定程度上影响了市场自律，使银行债权人的约束机制难以发挥应有作用。在全球范围内，既有英美银行高度分散的股权结构，也有大量股权相对集中的商业银行，面对中小股东所有权与控制权分离，终极股东的控制权与现金流权随着控制层级的增多而逐渐偏离的情况，如何推动董事会内部制衡与独立性建设，最大限度减少大股东侵害少数股东和存款人的可能性，维护各方利益，提高公司治理效能，所有这些，都是我们需要继续思考并解决的问题。

最后，在后危机时代，本书探讨的政府、银行和市场三者间的互动关系问题更显突出。美国自 1840 年以来发生了 12 次银行业危机，而加拿大同期却从未发生过银行业危机，一个重要的原因就在于美国各州严格限制银行跨州经营，银行无法分散风险，而长期以来加拿大在政府监管部门的政策扶持下，始终保持由全国范围经营的少数大银行组成的银行体系，这一体系有效地实现了银行风险的分散与银行体系的稳定。本书通过对英格兰和苏格兰，美国和加拿大银行体系的不同发展路径比较，本书对特许行业中如何培育竞争，如何实施适度监管，如何防范道德风险都给出了令人信服的答案，对于全球金融危机后思考银行业的发展具有重要的启发和参考意义。无论对于何种政体的国家，如何通过适度和有效的监管体制，让商业银行在资源配置和财富管理中起到主导作用，使商业银行在支持国家战略中保持商业主体的可持续发展，如何形成政府、银行和市场三者间的良性互动关系，让市场发挥决定性作用，并更好地发挥政府的作用，本书都提供了有益的思考。

亚当·斯密在《国富论》里提出："在人类社会的大棋盘上，每个个体都有其自身的行动规律，和立法者试图施加的规则不是一回事。如果他们能够相互一致，按同一方向作用，人类社会的博弈就会如行云如水，结局圆满。但如果两者互相抵牾，那博弈的结果将苦不堪言，社会在任何时候都会陷入高度混乱之中。"可见，制度是重要的，是解决政府与市场关系必不可少的领域。政府与市场关系中最核心的内容是，市场必须是自主的，政府不能直接干预市场，政府的作用是辅助市场和保护市场。政府通过解决三大财产权问题，提供银行运行的基本条件；通过提供独立司法来保证合同执行；通过采取政策措施应对市场失灵。政府的这些作用在经济学中得到了充分的讨论。中国金融体系以银行业为中心，政府与银行的关系更为突出。近年来银行业市场化水平逐步提高，减少各级政府对银行的直接干预，在改革开放的实践中被证明是正确的选择。另一方面，银行业也影响着政府，银行业在各国不同的政治经济变迁中始终发挥着历史性作用，这一点在本书的阐述中得到了充分的印证。从最早期的国王融资工具、战争和扩张融资工具，到后期的支持帝国贸易发展，银行业与政治间的相互塑造关系始终存在。在今天的现代国家，无论是发展中国家还是发达国家，银行业也同样发挥着相应的历史性作用。银行业风险中仍然有源于政治的部分。比如，中国的地方政府融资平台就是一个金融机构与银行业、政府与市场博弈的产物。银行业必须坚持服务实体经济，但也必须是在风险可控的前提下。

此外，在金融监管框架安排方面，各国监管框架安排的差异也受到各国历史与政治的影响，并非完全出于效率考虑。美国金融危机之后，并没有采用“双峰”或“统一”的监管模式，美国监管同人曾介绍，最终的选择其实是国内政治力量角力的结果，而非纯粹为监管效率所左右。现代金融的历史已经证明，危机发生的可能性和信贷的充足性与具体采取何种监管架构和制度安排没有必然的对应关系，分业监管或混业监管，并不必然导致风险监管能力的差异，与银行业的最终盈利能力更无直接关联。以中国当前的互联网金融监管为例，既要考虑监管框架，更要考虑在历史和体制机制形成的监管架构下，监管能力是否能与市场变化同步提升。按照良好监管原则，决定一个国家金融监管和风险管理水平的因素主要包括：货币当局与监管当局的独立性、专业性以及资源的质与量；整体金融信息体系的优化以及数据分析和共享的提升；系统性风险的前瞻监测预判与单体重大风险的及时干预和化解能力；依法监管与合规经营的坚守与坚持等，这些问题，无不与“银行交易博弈”有关。总体而言，对于尚处金融深化过程中的新兴市场国家，建立现代银行业体系，塑造政府与银行体系的良性互动关系，建立有效的监管体系，是国家治理体制和治理能力建设的重要环节。在这方面，本书无疑具有一定的参考借鉴意义。

作为译者，在翻译中，尊重原文是译者遵循的重要原则，但不容否认，书中的部分观点及论述，特别是对于中国的诸多观察与判断，由于作者或许未能及时跟进中国金融和银行业的最新发展，分析有失偏颇，有些结论也比较简单。例如，作者提到“国企将其成功建立在……银行亏损之上”，实际情况是，从不同类型企业贷款质量看，国有大型企业信贷的不良率一直低于中小企业，2015 年 6 月末全国商业银行的数据显示，大企业和小微企业的不良率分别为 0.74% 和 2.46%；从银行业利润看，2014 年中国银行业净利润 1.56 万亿元人民币，这当中相当部分来源于银行服务国有企业；从不同类型银行看，仅国有银行，在华外资银行也同样努力并成功地拓展国有企业客户。不难出，原因不是因为“银行由政府控制”，实际上我国银行业在审贷标准中并有对于不同所有制企业的不同标准，近年来小微企业、三农等薄弱环节的信贷增速也一直高于各类信贷的平均增长水平。当然，贷款难、贷款贵的问题还需要探索更多的办法加以解决。

当前中国银行业真正的问题所在，依笔者的观察，主要集中在两个方面：

一是规模扩张与能力缺陷的矛盾。自 2008 年以来，中国银行业信贷长期刚性扩张，各项贷款余额从 32 万亿元增至 87 万亿元，年均增长 18%，远超同期 GDP 增速。中国银行体系整体规模目前在世界各国中位居第一。若与美国相比，2004 年，美国四大银行（摩根大通、美国银行、花旗和富国）资产共计 4.2 万亿美元，利润 427 亿美元；中国四大行资产 2.1 万亿美元，利润 126 亿美元。2015 年第三季度，美国四大银行资产 8.1 万亿美元，年化利润 864 亿美元；中国四大行资产 11.8 万亿美元，年化利润 1412 亿美元。中国银行业之大已举世瞩目，然而其背后存在的最大问题在于“大而不强”：一方面，仍以利率管制庇护下的传统银行业务为主要利润来源，另一方面，呈现严重的经营同质化现象。下一步，有必要引导各类金融机构发挥各自特长、各司其职，而不是推动一类机构“通吃”所有业务。比如，对于当前最主要的综合化经营和国际化经营需求，监管机构可以设置必要的清晰明确的评价标准、特定的监管框架和指标约束，允许满足相关风控和经营质量要求的金融机构获得经营资格。这种安排，也有助于引导金融机构不断通过做强，而不是通过做大来获得更多金融创新的机会。如果最终能产生 1—2 家具有全球竞争力的国际性银行，3—5 家具有区域竞争优势的地区性银行，几十家各有业务特色的全国性银行和一大批根植于社区、服务于基层的地方性银行，则将是一个较完善和更加稳定的差异化银行体系。

问题之二在于经营环境变化与风控滞后的矛盾。一是面临国内外经济环境和信用环境的变化，银行业的风险管理正在经受考验，有些领域表现得差强人意。商业银行普遍严重依赖抵质押物和担保，缺乏从一群客户中主动发现其不同风险水平的能力，如过去几年一些地方发生的钢贸风险，就暴露出银行业风险管理能力的严重不足。另外，“当铺式”银行、“官僚式”银行、“独立王国式”银行屡见不鲜。一位长期在中国工作的西班牙银行家曾评论，中国大型国有银行的各地方分行有各自不同的管理体系、业务品种和操作流程，还有不同的“脾气”，每次与一家不同的分行接洽，就像是接触一家全新的银行。二是对于正在不断推进的资本项目开放、利率汇率市场化等重大变革，商业银行在更开放体系下，管理国别风险、流动性风险、银行账户利率风险和市场风险等，都将面临更大挑战，是否能做出适应性安排，是摆在我国商业银行面前的重大课题。

如果从制度的角度来看待这个问题，过去几十年我国金融改革，尤其是银行业改革，是一个从原来计划经济体制下充任财政会计逐步转向市场经济体制下的商业化经济主体的根本性制度转型过程，期间伴随着政府、银行、各类股东和存款人关系的不断协调，这个制度转型过程至今仍在继续。当然，中国银行业在解决这些问题的时候，最大的挑战是，如何在一种相对较长、偶有反复的转型过渡期中，更好地平衡政府与市场、监管与创新的关系。理论上，我们似乎可以一夜之间找到多种多样的建议和意见，但在实践之中，这些问题的解决往往极其复杂，需要艰辛探索。往往解决旧问题的新制度一旦建立，马上就会带来新的问题和挑战。这是这本书完全没有触及的问题或考虑的角度，这也是很多西方学者在研究中国经济金融问题时往往容易忽略的问题。

正如书中所说，“用实践检验想象，眼见为实，不再凭空幻想”，不以“简单堆砌事实”来“得到科学”，本书的理论和分析框架是否适用于包括中国在内的其他众多国家，还有待未来用更多的案例来验证，用“事实”组成科学，用“实践”检验结论。从这一意义上说，本书只是在银行危机的研究领域开启了新的视角，如何结合我国金融和银行业三十多年改革开放的成就，以及依然存在的问题去客观分析总结，应是当代中国金融从业者和学者共同的历史使命。

图书在版编目（CIP）数据

比较 . 第 81 辑 / 吴敬琏主编 . —北京：中信出版社，2015.12
ISBN 978-7-5086-5691-5

I. 比… II. 吴… III. ①比较经济学 IV. ① F064.2

中国版本图书馆 CIP 数据核字（2015）第 277013 号

比较・第八十一辑

主　　编：吴敬琏
策 划 者：《比较》编辑室
出 版 者：中信出版股份有限公司
经 销 者：中信出版股份有限公司 + 财新传媒有限公司
承 印 者：北京华联印刷有限公司
开　　本：787mm × 1092mm 1/16　　印　　张：15　　字　　数：200 千字
版　　次：2015 年 12 月第 1 版　　印　　次：2015 年 12 月第 1 次印刷
书　　号：ISBN 978-7-5086-5691-5/F · 3543
定　　价：28.00 元

服务热线：400－696－0110
010－58103380

http://www. caixin. com

E–mail: service@caixin.com